高等学校经济与管理类教材 · 旅游管理类系列

第二版

会展文案

写作与评改

向国敏　刘俊毅◎著

华东师范大学出版社
·上海·

图书在版编目(CIP)数据

会展文案:写作与评改/向国敏,刘俊毅著. —2 版. —上海:华东师范大学出版社,2015. 8
ISBN 978 - 7 - 5675 - 4079 - 8

Ⅰ. ①会… Ⅱ. ①向…②刘… Ⅲ. ①展览会—文书—写作—高等学校—教材 Ⅳ. ①H152. 3

中国版本图书馆 CIP 数据核字(2015)第 215330 号

会展文案——写作与评改(第二版)

著　　者　向国敏　刘俊毅
策划编辑　张继红　曹利群
项目编辑　孙小帆
特约审读　洪　淏
责任校对　高士吟
版式设计　卢晓红
封面设计　张　季

出版发行　华东师范大学出版社
社　　址　上海市中山北路 3663 号　邮编 200062
网　　址　www.ecnupress.com.cn
电　　话　021 - 60821666　行政传真 021 - 62572105
客服电话　021 - 62865537　门市(邮购)电话 021 - 62869887
地　　址　上海市中山北路 3663 号华东师范大学校内先锋路口
网　　店　http://hdsdcbs.tmall.com

印 刷 者　常熟市文化印刷有限公司
开　　本　787 × 1092　16 开
印　　张　18.25
字　　数　393 千字
版　　次　2016 年 1 月第 2 版
印　　次　2021 年 1 月第 6 次
书　　号　ISBN 978 - 7 - 5675 - 4079 - 8/F · 344
定　　价　37.00 元

出 版 人　王　焰

第二版前言

《会展文案——写作与评改》一书出版已经8年。8年来，我国的会展业突飞猛进，对会展策划与管理的人才需求日益增长。会展文案写作是每一位会展策划师和会展管理者必备的基本能力。只有具备较强的写作能力，才能把会展策划的创意、构思以及会展管理的目标、方法和过程准确完整地表达出来，清晰有效地传递出去。为了更好地满足广大读者的需求，根据会展业发展的实际情况，我们对本书的内容作了充实和修订，其中会展公文一章依据中国中央办公厅和国务院办公厅2012年4月16日发布的《党政机关公文处理工作条例》、国家质量监督检验检疫总局和国家标准化管理委员会2012年6月19日发布的《党政机关公文格式》，作了较大幅度的调整和修订。

本书修订过程中，得到了向隽永、陶英等同志的大力协助，在此一并表示感谢。

向国敏

2015年6月于华东师范大学

第一版前言

在华东师大上海会展学院和上海市会展协会的关心、支持下，我与市会展协会副秘书长刘俊毅先生合作撰写的《会展文案——写作与评改》一书终于脱稿。会展文案是会展信息的重要载体，是实施会展管理不可或缺的工具。无论是政府对会展行业进行宏观管理，还是会展企业内部的日常管理或会展项目的立项策划、组织实施和评估总结等流程管理，都要依靠会展文案来推动信息的环流，进而实现管理的目标。随着我国会展业的迅速发展，会展文案越来越受到业内人士的重视，许多高校也在会展专业中开设了“会展文案”的课程。掌握会展文案写作技能、提高会展文案写作水平，已经成为许多会展人士的迫切愿望。与目前我国已出版的会展文案专著和教材不同，《会展文案——写作与评改》一书不仅介绍各种会展文案的含义、作用、与其他相关文种的区别、写作的内容与结构等基本知识，还围绕每一种文案的写作，进行实例分析和评改。这些写作实例都是经过精心挑选的，既有在各方面都值得学习、仿效的范文，也有需要进一步修改、调整的问题文案，甚至还有必须推倒重来的错例。为了帮助读者提高分析、鉴赏和改错的能力，进而提高会展写作技能，我们从主题表达、材料组织、结构安排、语言运用等方面，对每一种写作实例进行了具体、细致的分析和评价。对范文，分析其写作特色，说明值得借鉴和仿效的理由；对问题文案或者错例，指出其问题或错误所在，剖析其问题或错误产生的原因，并提出修改的方法，有的还作了全文修改列于其后，以便读者将原文和修改后的参考例文作一比较。这也许是本书的一大特点。我相信我们的这种努力一定会使读者受益。

本书第一章、第二章、第四章、第五章由向国敏撰写，第三章、第六章和第七章由刘俊毅和向国敏共同撰写，各章节的写作实例评析和评改由向国敏撰写，全书由向国敏最后修改统稿。

在本书编写过程中，我们得到了华东师大上海会展学院副院长陈建国、上海市科委国际合作处宋杨、上海市外经贸商务展览有限公司骆也舟、上海市会展行业协会陈灵麟和沙少华等同志的帮助，在此一并表示感谢。

向国敏

2007 年 8 月 1 日

目录

第一章

会展文案写作概述

章前导语

本章介绍了会展文案的含义和构成，对会展文案写作的含义、学科性质、特点和作用做了分析，重点阐述了会展文案写作的基本要求以及会展文案的结构元素学体例。

第一节　会展文案的含义和构成要素

如果把写作活动看作是一个系统的话，那么任何一种写作都是由写作主体(作者)、写作客体(事物)、写作本体(文章)、写作载体(物质)和写作受体(读者)五要素构成并且相互作用的动态系统。在会展文案写作(简称会展写作)中，“会展文案”这一概念具有重要意义，它不仅是会展写作的本体、客体和载体的结合体，而且是会展写作的主体与受体进行沟通的媒介。因此，在解释会展写作的含义和学科性质之前，必须首先了解会展文案的含义及其构成要素。

一、会展文案的含义

“文案”一词的原意是指与公务活动有关的文书以及由文书整理归档的案卷。“会展文案”就是指在会展管理和会展活动中形成并使用、以语言文字为主要工具、记载和传达会展信息的各种文书材料及其整理归档后的案卷。

二、会展文案的构成要素

(一) 信息要素

会展文案是记载和传递会展信息的重要工具。会展信息是会展文案的内容，没有信息，便没有会展文案的产生和存在。会展文案的信息要素包括主题信息和辅助信息两部分：

1. 主题信息

会展文案的主题信息是指写作主体通过文章的主旨和材料的有机结合所表达和传递的意图及事项，是会展文案的核心内容，体现着会展写作主体的自发目的和动机。会展文案所表现的主题信息主要有两个方面：一是会展管理过程中产生的信息。会展管理可以分为宏观管理、中观管理和微观管理三个层次。宏观会展管理是指由政府及行业协会对会展行业实施的管理，如制定发展政策和规范、协调业内关系、自律行业行为等；中观会展管理是指会展组织的管理，如会展企业的人力资源、财务、营销、物流等方面的管理；所谓微观会展管理，即会展的主办者和承办者对会展项目的流程进行管理，如会展的调研、策划、报批、宣传、招展、招商、接待、开幕、闭幕、总结、评估等等。以上三个层次的会展管理不仅需要大量的信息支撑，而且在实施过程会又会产生大量的信息，从而形成会展管理的信息流。会展管理的过程就是会展信息收集、加工、传递、反馈的环流过程。信息环流一旦中断，会展管理的过程必然中止。二是会展活动本身产生的信息。会展活动从本质上说，是一种有组织、有目的的，在特定时间和特定空间进行的信息交流活动。会展活动为主办者、与会者、参展者、客商和普通观众创造了一个巨大的信息互动平台。利用这一平台，与会者之间、参展者与客商以及观众之间通过相互的交流、切磋、研讨、洽谈，使各种信息相互碰撞、相互融合，最终取得谅解、达成共识、发表宣言、签订协议，从而汇聚成会展活动的成果性信息。会展活动的过程，自始至终伴随着这样的信息运动。

任何文章的主题信息总是要借助一定的形式来表达。在一份具体的会展文案中，主题信息主要是通过的文章的正文以及与正文密切相关的标题、主送机关或称呼、发文机关署名和成文日期等要素来表达的。

2. 辅助信息

会展文案从起草、发布到归档，是一个动态的管理过程。辅助信息是指为了加强对会展文案的管理，根据不同的主题信息而附加的要素，每一种要素表达一种特定的管理要求。以会展公文为例，如发文机关标志、发文字号、密级和保密期限、紧急程度、签发人、抄送机关、印发机关和印发日期等要素，一方面补充说明了会展公文的主题信息，另一方面也是对会展公文进行管理的重要依据。

(二) 符号要素

会展信息必须通过一定的符号系统才能记载、表达、传递、感知。会展文案记录和传递信息所使用的符号系统主要有以下几种：

1. 文字符号

文字是记录语言的书写符号系统(包括辅助记录语言的标点符号)，是会展文案记载和表达信息的主要工具。文字具有形音义结合的特点，因此对于会展写作主体来说，一方面要具备驾驭语言的高超艺术，做到语言达意、得体，另一方面要做到文字书写的规范性。

2. 图形符号

图形符号包括图像、照片、图表以及具有指示和象征意义的符号。在会展文案中，图形符号的作用主要有三个方面：一是辅助说明文字符号所表达的信息，如会展调研咨询报告、会展可行性性分析报告、会展评估报告等文案中，常常需要运用图像和图表来说明某些指标；二是用于展示特定的形象，如会展企业概览、展览手册(参展商手册)等会展文案，就必须配有大量的图像、照片以及具有象征意义的符号，做到图文并茂；三是表达特定的管理要求，如会展公文密级后面的“★”符号就表示该文案属于国家秘密文书。

3. 格式符号

格式符号包含两个方面：一是会展文案内部结构要素(如标题、主送机关或称呼、正文、署名、成文日期等)的组合方式；二是结构布局的表现形式——结构体例(如大小标题、层次序号、章条款项等)，这种格式符号的功能在于体现作者的写作思路和文案的主题信息；三是组成文案的各项书面视觉要素的形体样式，包括各种文字、图形、结构要素、段落的字体、字号、色彩、位置和标注方式等，又称版式、标印格式，既可以起到突出显示文案辅助信息的作用，又可以增强文案或庄重或美观的视觉效果。

实例评析

请　柬

尊敬的王水照总经理：

定于2014年10月18日上午9时在我商厦(××路××号)一楼大厅隆

重举行“××商厦开业典礼”，恭请拨冗光临。

××商厦总经理　肖刚

二〇一四年十月八日

【评析】

这份请柬篇幅虽小，但标题、称呼、正文、署名和成文日期等结构要素完整、齐全，各自具有特定的功能和位置：标题居中，字体醒目，揭示“请柬”这一特定文种，表达邀请者的诚意；称呼顶格书写，写明特定的邀请对象，礼貌得体；正文采用独段式结构体例清晰、准确地传递时间、地点、活动名称、邀请意图等主题信息；署名和成文日期位于正文的右下方，写明邀请者的身份并由邀请者亲署姓名，最后注明发出请柬的具体日期。上述各项结构要素搭配恰当，布局合理，形体样式庄重得体，有效地提高了信息表达的效果。

（三）物质要素

物质要素是文案赖以记录、传递信息的介质，它随社会科学技术水平的发展而发展。目前通行的文案物质要素主要有两大类：一是纸质类，一是电子类。

1. 纸质类物质要素

纸质类物质要素由书面载体和显字材料组成。书面载体即书写用纸，是会展文案符号要素赖以附着的物质。会展文案的书写用纸的选择应当根据具体的发布目的和对象挑选合适的纸型和质地，如发布新闻稿或广告，可以使用新闻纸，但如果书写具有保存价值、需要立卷归档的会展文案，要求用质地良好、能永久保存的白纸，具体质量要求和纸幅尺寸应符合《党政机关公文格式》(GB/T 9704—2012)的规定。

显字材料是附着于书面载体之上而组成文字字形的物质。显字材料应当同书面载体在颜色和亮度上形成明显反差，并且在书面载体上附着牢固，不褪色，能永久保留文字字形。根据国家档案局的规定，书写归档文件，应当使用蓝黑墨水或碳素墨水。

2. 电子类物质要素

电子类物质要素所形成的文案称为电子文件，以数字形式存储于磁带、磁盘、光盘等载体，它具有纸质文件的视觉外观，依赖计算机系统阅读、处理并可在通信网络上传输。电子文件分成两类，一类是电子公文，必须经特定的发文机关统一配置的电子公文传输系统处理、形成并传输，适用于各级党政机关、企事业单位之间的传输和处理。电子公文在计算机显示时，外观格式必须与纸质公文相同，拷贝后的纸质副本的标印格式应当与纸质公文完全一致，并具有与纸质公文同等的法定效力。

另一类是电子公文以外的电子文件，一般无规定的外观格式，可以通过电子邮件等方式传输，也可直接在网页上直接公布，在会展文案的写作和发布中，尤其是在网络展览会中运用十分广泛。

第二节 会展文案写作的含义、学科性质、特点和作用

一、会展文案写作的含义及其学科性质

(一) 会展文案写作的含义

会展文案写作的含义可以概括表述为:以语言文字为工具,以规范或约定的文章体式为载体,记录和表达会展信息的活动。我们可以从以下三方面来理解这一含义。

首先,会展文案写作是一种文章写作活动。文章写作是用语言文字表达思想和感情的一种高级的思维活动。写作必须借助语言文字,但语言文字并不等同于文章。除了运用语言文字的工具外,文章写作还要求内容与形式的完整和融合,有所材料都必须具有内在的逻辑联系,做到主题鲜明、层次清楚、文脉贯通。文章写作的这些基本要求对于会展文案写作同样适用。

其次,会展文案写作是一种应用写作活动。会展文案写作不同于诗歌、小说、散文、随笔、杂文等文体的写作,是应用文体写作在会展领域中的具体运用,具有应用写作的基本性质和特点。应用写作区别于一般写作的基本性质和特点在于具有规范或约定的文章体式,并以记录和传递实用性信息为目的。会展文案写作作为应用写作的一个分支应当体现应用写作的基本性质和特点,遵循应用写作的基本规律。

再次,会展文案写作是围绕会展管理和会展活动进行的写作活动。会展文案是由于会展业务的需要而产生并在会展管理和会展活动举办过程中使用的文书。会展文案写作说到底,是会展领域中的一种特殊的应用写作活动。会展文案的写作主体将写作的客体(会展信息)、写作的本体(会展文章)和写作载体(书面载体和显字材料)创造性地、有机地融汇于一体,形成了会展文案。因此,会展文案写作应当以记载和表达会展信息为使命,以揭示会展管理和会展活动的规律为宗旨,以推进会展业的健康发展为目的。

(二) 会展文案写作的学科性质

会展文案写作是写作学科体系中的一朵新葩,同时又是会展学的重要分支学科。因此,就学科性质来说,会展文案写作具有会展学和写作学两门学科的双重属性,是会展学和写作学的交叉学科。

二、会展文案写作的特点和作用

(一) 会展文案写作的特点

1. 写作主体的法定性

文章写作的主体有两种:一是自由写作的个体;一般的文章,如诗歌、小说、杂文、随笔、学术论文、一般书信的作者是一种个体写作,自由抒发作者个人的感情或发表个人的观点;二是公务文书写作的法定组织,公务文书代表法定组织的意志和权威,并以法定组织的名义对外发布或传递。毫无疑问,会展文案写作属于公务写作范畴,写作主体具有法定性,具体包括以下三方面的含义:

一是发布和传递会展文案的主体必须是合法组织。会展文案写作的主体众多,有立法机关(制定有关的会展法律和法规)和行政管理机关(制定有关会展行业的政策、规

划和规章，审批有关会展举办申请），有会展活动的主办者、承办者、协办者、赞助者、支持者，甚至还包括会展活动的与会者、参展者、观众等等。只要同会展活动有关的国家机关、政党、企事业单位、社会团体、国际性的政府组织和非政府组织，都可以成为会展文案写作的主体。但是，成为会展文案的写作主体有一个必要前提，那就是必须具有法定性，即会展文案的作者必须是与会展管理或会展活动相关的合法机关或者其法定代表。一个组织如果是以会展主办者的名义发文，那就必须具有主办会展的合法资质；如果是以与会、参展、观展者的名义发文，就必须具备与会、参展、参观的合法资格。有些会展文案，如会展公文、会展合同、会展法规，一旦签署或发布，就具有法定效力，写作主体就得承担相应的法定责任。

二是会展文案的拟写必须体现法定组织的意志。会展文案写作需要依靠集体的智慧，但最终要由具体的作者完成写作任务。这样，会展写作的主体就包含了发布会展文案的法定组织以及承担具体的会展文案写作任务的人员两个层面。其中法定意义主体是特定的社会组织，而承担具体写作任务的作者则是特定社会组织的内部成员或者是特定社会组织委托写作的人员，二者关系具有主从性。会展文案写作主体的法定性特征决定了承担会展文案写作具体任务的作者必须树立强烈的服从意识，自觉服从法定组织的大局，积极维护法定组织的利益，完整、准确地体现社会组织的意图，有效地向写作受体传播、反馈会展信息。

三是会展文案的发布必须获得法定主体的核准或授权。任何一份会展文案只有在法定组织及其领导人的授意或授权下才可起草、讨论、修改，也只有经过法定组织及其领导人的认可或核准（如签发或签署），才能以法定组织或其领导人的名义公开发布或个别传递。

2. 写作客体的广泛性

写作的客体是指写作所要反映的对象。毫无疑问，会展文案写作的客体是会展管理和会展活动，这是决定会展写作与其他写作具有不同性质和特点的重要因素。会展文案写作的客体可以分为狭义和广义两种。狭义会展文案写作的客体仅仅指会展的行政主管机构、行业组织以及经营单位在实施会展管理和开展会展业务活动过程中的需要做的工作、必须办理的事项和应当传递的信息；而广义会展文案写作的客体则十分广泛，凡是与会展活动有关的事件和信息，都可以纳入会展文案的写作范畴。

会展文案写作客体的广泛性特征是由会展活动的性质决定的。今天，会展活动已经渗透到政治、经济、军事、科技、教育、文化等国际和国内社会活动的各个领域，日益成为现代社会文化交流与物质交换不可或缺的重要形式，同时也为会展文案的写作提供了取之不尽的素材，开辟了广阔的写作舞台。

3. 写作动机的功利性

写作动机是推动写作主体进行写作活动的源头，也是写作活动赖以进行的动力。任何写作总有一种动机，如古人所云，或“为情而造文”，或“为事而造文”。会展文案写作的动机显然属于后一种，即“为事而造文”。这里的所“为”之“事”是包括开展会展管理和举办会展活动的一切事件，可以是颁布一项新的会展法规、政策，也可以是发布一条招展招商的信息。总之，会展文案写作是一种实用写作，其动机具有鲜明的功利性。

4. 写作受体的针对性

会展文案的写作受体即会展文案的阅读对象，也就是传播学意义上的受众。会展文案在传播时大体上采用以下几种做法，一种是通过主送机关、抄送机关、称呼等格式符号来明确表达具体的阅读对象。比如按我国的有关规定，举办涉外经贸展览会、交易会，必须由国务院和地方政府主管外经贸工作的机构分级审批。这样，展览会的主办者同主管审批事项的行政机关彼此之间就构成了请求和审批的关系，在文案往来中互为特定的主送机关即阅读对象。另一种是无特定的主送、抄送机关或称呼等格式符号，但采取定向发送方式，如参展手册、会展调查报告、展览评估报告、会展工作总结等。再一种是公开发布。比如举办一个商业性展览会，招展、招标、邀请观展的文案都可以通过媒体公开发布，广而告之，但其传播对象总是特定行业的或者特定专业内的目标客户或潜在的合作伙伴。

5. 写作格式的规范性

写作学中的"格式"一词包括两方面的含义：文章的内在结构和文章的外部形体样式。写作格式的规范性是一切应用写作的重要特点，因而也是会展文案写作必须遵循的重要原则。具体包括两方面的要求：一是会展文案的格式要符合法定规范和标准。二是会展文案写作的格式要符合社会约定的规范。会展文案种类繁多，不可能、也无必要对所有的会展文案都制定法定规范。在长期的应用写作实践中，人们对应用文体的格式形成了一系列行之有效、简便实用的约定性规范，如书信体格式、简报格式、广告文案格式等等。大多数的会展文案的格式都应当遵循社会约定的规范。

6. 学科知识的综合性

会展活动是一项涉及多个学科领域的综合性活动。会展项目的策划、组织、管理过程需要综合运用经济学、策划学、管理学、信息学、传播学、公关学、旅游学、广告学、营销学、市场学、物流学等诸多学科的知识。会展文案写作要反映会展活动的过程和成果，必然要融会贯通相关学科的知识。同时，会展文案写作本身是一种写作活动，必须具备文章学、语法学、逻辑学、修辞学等学科的知识，掌握相关的写作技能，才能胜任。因此，会展文案的作者应当具有较高的理论和政策水平、敏锐的思维能力和科学的创新精神，熟悉会展活动的工作流程，具备良好的会展职业的素养，能够综合运用、融会贯通与会展文案写作相关的知识，并在实践中不断学习、总结，提高自己的写作技能。

7. 拟稿、制发的时效性

会展文案是为反映和解决会展管理和会展活动中的现实问题而制发的，因此会展文案从拟稿到制发过程中时效性显得尤为重要。延误时间，错过机会，不仅会使会展文案失去应有的效用，成为一纸空文，而且会给实际工作带来一定的损害。时效性原则还要求会展文案的制发要适时，要恰到火候。时机未到，过早发布，也会给工作造成被动。时效性原则体现在会展文案制发的全过程，拟稿、审核、签发、缮印、校对、传递和发布，每一道环节都要做到及时、适时。

（二）会展文案写作的作用

1. 记录会展信息

会展活动是人们交流和互动信息的平台，需要运用会展文案来记录信息，并在记录的基础上进行发布、沟通、交流、保存，发挥其现实和历史的效用。因此从这一意义上说，会展文案写作根本的作用就是记载会展信息，其他的作用都是由此派生的。

2. 推动会展管理

会展文案是国家行政机关以及法定的会展机构实施会展管理的工具。从会展管理的宏观来看，国家行政管理机关以会展文案的形式发布会展法规和规章，制定会展管理的政策，施行会展管理的措施，从而使会展产业有法可依、健康发展。

从会展管理的微观来看，会展活动本身具有高度的组织性，任何一次会展活动的成功举行无不需要依靠一系列的会展文案才能完成策划（如会议预案、会展策划书等）、立项（如请示与批复）、实施（如会议议程、会议日程等）、总结评估（如会展总结、会展评估报告）等工作环节，从而实现对会展活动流程的科学管理，提高会展项目的社会效益与经济效益，打造会展项目的品牌。

3. 保障会展服务

会展的成功，多半取决于优质的会展服务。会展服务的内容包括策划、信息、接待、翻译、记录、广告、观光、考察、礼仪、金融、布展、撤展、物流、通关等诸多方面。会展文案则是提供各种会展服务的必要工具。比如，会展公司为客户提供会展策划服务的成果最终必须以会展策划书、会展工作方案等文案形式提交；主办者或承办者需要通过会议通知、参展和观展邀请函、展览手册等文案向参加对象提供有关会展活动目标、主题、背景、方式、服务项目等重要信息，以便参加对象掌握情况，决定是否参会、参展，并选择自己需要的服务项目。

4. 促进交流和沟通

会展是一种信息密集的交流活动，会展文案则是会展参加对象信息交流与沟通的媒介。会议议案、会展简报、大会报告、展品介绍等会展文案能使信息以最快的速度在参加对象之间相互交流，从而发挥沟通思想、交换意见、弥合分歧、促成共识、协调关系、宣传品牌、达成交易等作用。

5. 体现过程和成果

会展文案是会展活动的缩影，既全面反映会展活动的过程，又集中体现会展活动的成果。比如，会议记录、会谈记录等文案是对会展活动真实情况的客观记载；决定、决议，宣言、意向书、协议书等文案，体现了会展活动的成果，标志着会展活动的圆满成功。

6. 提供查考和利用

会展写作所形成的各种文案，反映了会展管理过程以及相关组织参与会展活动的情况，在完成现实使命后，其中有保存价值的部分经过立卷、归档，便转化为档案，成为会展活动的历史见证，以供后人查考、研究和利用，为后人实施会展管理、举办会展活动提供历史借鉴。

第三节　会展文案写作的基本要求

一、主题要正确、集中、鲜明

会展文案写作的主题是作者通过文章的全部材料所表达出来的中心意思或内容主

体。会展文案写作在主题方面必须做到：

（一）正确

会展文案主题的首先要准确反映会展管理和会展活动的客观实际，帮助写作受体正确认识和把握会展管理和会展活动的发展规律。

其次，会展文案的主题要符合有关会展的法律、法规和政策。法律、会展文案作为会展管理和会展活动信息的载体，要在内容表述、措施安排各方面符合国家的有关法律、法规和规章，与中央和地方行政管理机关制定的会展产业政策保持一致，促进会展管理的法制化和会展活动的规范化。

再次，会展文案的主题要有切实可行的意见、措施或办法。会展文案是为了解决会展管理和会展活动中的实际问题而写作、发布的，能否正确有效地解决当前存在或预知将来可能发生问题，是衡量会展文案写作成败的最终标准。

（二）集中

主题集中是指一篇会展文案的主题要简明、单一，做到一篇文案说明一个方面的事项，请示一个方面问题，布置一个方面的工作，即“一文一事”，避免出现“一文多事”。

（三）鲜明

主题鲜明一是要求会展文案中所表达的立场、观点、态度、原则，必须旗帜鲜明，是非、可否、褒贬、奖惩，都应当黑白分明，不可似是而非、含糊笼统、模棱两可、回避要害；二是要求会展文案中提出的任务、要求、措施、办法应当清楚、明白，有鲜明的针对性。

二、材料要切题、典型、真实可靠

凡是在文章中用来说明主题的事实、数据、公理、原理、引文、资料等，都可称为材料。会展文案写作在材料方面的具体要求是：

（一）切题

主题和材料是相互联系的，主题必须统帅材料，反过来，材料是为表现主题服务的。因此，是否围绕主题，能否体现主题，这是选择材料的首要原则，也是决定材料取舍的主要标准。

（二）典型

会展文案总是通过个别材料来反映会展活动和会展管理的一般规律。为了使会展文案的主题能够得到充分的体现，就需要运用既有广泛代表性，又能够深刻反映事物本质规律的材料。

（三）真实可靠

作为会展信息的重要载体，会展文案应当能帮助会展主体（包括主办者、与会者、参展者、客商、观众等）正确把握会展活动的规律，方便会展主体之间的交流和沟通，因此材料必须真实、可靠。

三、结构要完整、规范、连贯、合理

结构是指会展文案的部分与部分、部分与整体之间的内在联系和外在形式的统一。如果说主题是会展文案的灵魂，材料是会展文案的血肉，那么结构就是会展文案的骨

骼。会展文案结构安排的要求是：

(一) 完整

会展文案的结构一般由标题、称呼或主送机关、开头、主体、结尾、署名(发文机关名称或领导署名)、成文时间等要素构成。每个部分之间相互联系，共同组成会展文案的整体，为表达会展文案的主题服务。结构完整首先要求会展文案的各个部分相对齐备，不可无故残缺；其次，各个部分应比例适当，详略得体，首尾呼应，使会展文案的结构表现出整体的完美性。

(二) 规范

会展文案的结构具有较强的规范性，这是由会展文案写作具有应用写作性质决定的，具体表现在以下几方面：

首先，会展文案结构的每一部分具有特定的功能。如标题应当揭示会展文案的主题或事由；开头要阐明制发会展文案的目的、依据和原因；主体应当详细说明情况、经过、任务、要求、办法、意见等；结尾或发出号召、提出希望，或请求批复，或予以强调。

其次，结构的每一部分都有特定的写作模式。如会展公文标题的模式一般为：发文机关＋事由＋文种；开头常常用“根据”、“为了”、“遵照”等词语；结尾用语在同一文种中具有相同性或类似性，如请示的结尾用语一般为“以上请示请批复”、“特此请示”。

再次，结构的每一个部分都有相对固定的位置，不可随意更动。比如标题应当置于文案的首部并居中，主送机关或称呼应当在正文的上方顶格书写，等等。

(三) 连贯

结构的连贯性包含两方面具体要求：

首先，会展文案正文的各部分要做到意脉相通，逻辑严密。比如，为了阐释政策、说明任务和工作要求，会展文案中必然会出现关于政策、任务、要求的提法。这些提法必须前后一致，不能一方面强调要严格执行，另一方面却说可以灵活掌握；前面指出某种现象的危害性，后面却又解释这种现象的合理性。

第二，会展文案在语言形式上要有必要的过渡和照应。过渡是把相邻的层次或段落之间的关系加以提示，承上启下，使上下文之间能自然地衔接起来，引导读者的思路从上文过渡到下文。会展文案的过渡一般有三种方法：一是使用过渡词语，如“但是”、“否则”；二是使用过渡句，如“现将有关情况报告如下”；三是使用过渡段，即用一个简洁而又完整的自然段落承上启下。照应是使会展文案的内容相互呼应。前面说过的后面要有着落，后面准备提到的前面要有伏笔或者暗示。会展文案的照应一般有三种情况及其作用：一是开头和结尾相互呼应，使结构显得更加严谨；二是内容和标题相互呼应，使主题更为突出；三是在行文中随时相互呼应，使文脉更加清楚。

(四) 合理

所谓结构合理，是指会展文案正文的结构安排必须适应主题表达的需要，具体表现为两个方面：一是结构的内部形式方面，一是结构体例方面。

会展文案正文结构的内部形式指的是安排、组合观点和材料的方式，通常有以下三种方式：

第一种是并列式结构，又称横式结构。它的特点是，将所要表达的主题划分为若干并列而又相互关联的层次，分别从不同角度、不同侧面来叙述、说明或证明主题，使文案呈现出一种多管齐下、齐头并进的格局。会展说明书、招标书、会展合同等文案，大多采用这类结构形式。

第二种是递进式结构，又称推进式结构或纵式结构。它对需要表达的主题，采取一层深于一层的形式安排、组合观点或材料，使层次之间呈现一种层层展开、步步深入的逻辑关系，从而使主题得到深刻透彻的叙述、说明或者论证。从表现的内容来看，递进式结构又分为时序递进、主从递进、因果递进、表里递进（即从现象分析递进到本质分析）等等。会展通报、调查报告、会展报告、会展请示、会议纪要等文案，常常采用这类结构形式。

第三种是混合式结构，又称纵横交错式结构。有些会展文案需要表述的内容比较复杂，相对应的层次关系也比较复杂，不能只用单一的结构形式，需要把并列式和递进式结合起来，形成一种混合的结构形式。混合式结构又分成两种具体形式：一是在横向并列的过程中，在每一个并列的层面上，又展开递进（即并列中的递进）；二是在纵向递进的过程中，在每一个递进的层次上，又展开横向的并列（即递进中的并列）。

会展文案的结构体例是结构形式的外部标志，下一节将作重点介绍。

四、语言要朴实、精炼、准确

文章的语言是表达写作主体的意图、构成写作本体（文章）的物质手段。会展文案种类繁多，不同的会展文案写作，对语言的要求各有侧重，风格也各不相同，但朴实、精炼、准确，是任何会展文案写作的语言都必须达到的基本要求。

（一）朴实

朴实，这是会展文案写作对语言的起码要求。会展文案是写给人看的，有的还在会上宣读、演讲，尤其是会展邀请函、公告、通告、公报、会展消息、会展新闻发布稿等周知公布性的会展文案，传播面广、受众量大，语言一定要做到朴实、明白，确保沟通的效果。具体而言，一要做到语言通俗，不生造词语，不使用生僻字；二要语言质朴，不刻意雕琢，不玩弄辞藻；三要语言自然，不装腔作势，不说空话套话。

（二）精炼

语言精炼、篇幅精干的会展文案能大大减少阅读的时间，提高阅读的效率，因而更能激发受众的阅读兴趣。使语言精炼的具体方法有以下几种：

1. 力戒浮文

会展文案的开头部分要“开门见山”，主体部分应“要言不烦”，结尾部分应“当断即断”，必要时，可以掐头去尾。

2. 避免重复

请看下例：

在会展行业中，确实存在一些需要加以纠正的不良倾向。

上句中“需要加以纠正”倾向当然也是“不良”的倾向，意思重复，因此“不良”一词可以精简掉。

3. 使用约定语

当有些概念、术语已经成为社会约定或会展行业的基本常识时,可省略多余的解释。尤其是专业对口的往来性会展文案,只要双方有约定,适当使用代号和行业俗语,可使语言显得十分简要,如"特装展位"、"标准展位"等会展约定语。

4. 运用数概

即把若干并列的事项用数字概括的方法来简称,既可以节约文字、便于引述,又能够帮助记忆和掌握,如"三个代表"、"八项规定"。

5. 以规范性、通用性简称代替全称

如以"广交会"代替"广州中国进出口商品交易会"。不过,当第一次使用非规范性、非通用性简称时,应当先写全称,然后注明:"(以下简称××××)",以免产生误解。

6. 共用共同中心语

若干词语的中心语相同时,可共用一个中心语。如"主办、承办"可简写为"主、承办";"进口、出口"可简写为"进、出口"。

7. 适当运用书面语

如"凡……者"、"欣闻"、"函复"等。

(三) 准确

准确是会展文案语言的生命。会展文案语言的准确性,主要表现在以下几个方面:

1. 遣词准确、概念清楚

具体要求是:

(1) 避免产生歧义。请看下例:

第六届××啤酒节于今天上午在××市时代广场隆重开幕,市长钱××、副市长王××和其他市领导出席了开幕式。

上例中的"其他市领导"既可以指本市的其他领导人,也可以指其他市的市级领导,很容易产生歧义。

(2) 区别感情色彩。汉语中有些词语的意义相同或相近,但感情色彩却不同。如:"成果"、"结果"、"效果"、"后果",都表示事物发展到最后所产生的情况。其中"成果"是褒义词,只指好的成效,好的结果;"结果"是中性词,可指好的结果,也可指坏的结果;"效果"是中性词,但指好的结果较多,指坏的结果较少;"后果"仅指坏的结果,是贬义词。

(3) 分清词义性质。有些词表面上看去意义很相近,但仔细辨析,却性质不同,使用时不可混淆。如"罚金"与"罚款",表面上意思差不多,但其实是两种不同的法律用语,"罚金"指司法机关强制罪犯缴纳一定数额的钱,属于刑事处罚,常作为附加刑使用;"罚款"则指行政机关强制违法者交纳一定数量的钱,属于行政处罚。又如"定金"与"顶金"的词义也不相同,根据我国的法律,"定金"是一种债务担保,给付定金的一方履约后,定金应当抵作价款或者收回;给付定金的一方违约,无权要求返还定金;收受定金的一方不履行约定的义务，应当双倍返还定金。而“顶金”属于预付款，给付顶金的一方付款后不想购买对方的产品或服务，顶金应当退还。

(4) 正确划分概念。划分概念是将一个属概念分为若干个种概念的逻辑方法，必须是对同一层次的概念并按同一标准进行划分。如“国际性展览会的展位分为标准展位和特装展位两种”这一句，就是将“展位”这一属概念划分成“标准展位”和“特装展位”这两个种概念，其划分的标准是国际上对标准展位的通行理解。下例存在概念划分标准的错误。

本届年会要加强宣传工作，充分发挥网络、消息和行业刊物的作用。

上例中存在两个问题：一是“网络”、“消息”、“刊物”这三个并列的概念的上位概念不一致。文章中并列使用的概念一般应当有一个共同的上位概念。上位概念不一定要出现，但必须是公认的。“网络”和“刊物”公认的上位概念是“媒体”，而消息则是一种新闻文体，其上位概念是“文体”。“媒体”和“文体”是两个不同的上位概念，因此“网络”、“刊物”不宜同“消息”并列使用；二是“网络”和“刊物”划分标准的层次不一致。“网络”和“刊物”是对“媒体”这一概念的划分，而“行业刊物”则是对“刊物”这一概念的进一步划分得出的子项。因此，“网络”、“消息”、“行业刊物”三者也不能同时并列使用。

此外，概念划分后所得子项的外延必须相互排斥，其外延总和必须等于母项的外延，不能出现“子项相容”、“划分不全”或“多出子项”的情况。试分析下例：

本届博览会观众如潮，有专业观众、普通观众以及境外客商和游客……

上例中的“专业观众”和“境外客商”、“普通观众”和“境外游客”在子项的外延上互不排斥，犯了“子项相容”的错误。

(5) 概念限制与概括要恰当。限制与概括是明确概念的方法。但限制和概括要恰当，否则会造成概念的混乱。请看下例：

下班后无事不得在工作岗位上闲谈，违者罚款。

这是一家会展企业规章制度中的一个条款。一名员工交接班后逗留在工作岗位上闲谈，被值班经理查到，以上述条款为依据处罚他。但这名员工却抓住条款中“无事”一词为自己申辩，认为“无事不得”的反义词即“有事便可”，且条款并未对“事”作出明确解释，因此处罚他缺乏依据，此事最后不了了之。可见“无事”一词属于限制不当。

(6) 正确表达数量关系。在表述数量增、减时，常常将“为”、“到”、“了”、“是”等词同“倍”、“成”、“百分之×”、“百分点”、“增长率”等配合使用，一旦使用不当，就会造成巨大误差。请看下例：

本届展览会的标准展位费从 8000 元/个下降至 4000 元/个，下降了 2 倍。

在表述数量下降关系时，不能用“倍”，而应当用百分点(数)。上例中“下降了2倍”应改为“下降了50%”。再请看下例：

估计届时参展参会的企业人数达12000人以上，比上届的8000人增加了4000人，增长率达到了150%。

这句话的错误在没有正确把握“增长率”的含义。增长率是指用增长的部分去除原来的基数而得出的结果。如此计算，增长率只有50%。

(7) 明确界定“以上”、“以下”、“以前”、“以后”的含义。在会展文案写作中，常常会用“以上”、“以下”、“以前”、“以后”来划分数量和时间区域，由于这些词语在是否包括本身指称的数量和时间方面具有不确定性，因此使用时如不加说明，就会出现漏洞。如：“一万元以上”是否包含一万元的本数，应当予以说明。又如：“二〇一二年一月一日以前”，这一句中的“以前”是否包括“一月一日”，也应当加以说明。

(8) 正确使用日期代称。会展文案中经常会用到“今年(天)”、“明年”、“去年”、“上月(旬)”、“本年度(月、旬、周)”、“即日”等时间代称。在使用这些时间代称时，必须在上下文中有明确而具体的指称时间。重要的时间概念，必须使用全称，即年、月、日都必须写全，不得省略，也不得用代称或简称。

(9) 正确使用模糊语言。会展文案中适当使用模糊语言，可以使语言简洁明了，委婉含蓄。但是，如果使用不当则反而会给理解和执行带来困难。因此，模糊性较大的词语一般不能用于表达基本的和重要的概念。尤其是“大概”、“也许”、“可能”、“基本上”、“原则上”等模糊词语，使用时必须非常慎重。

(10) 概念的释义要完整、明确。会展文案，特别是会展法规和会展合同文案的写作，经常要对一些概念术语进行解释、作出界定，要做到释义完整、语言明确。

2. 句子通顺，合乎语法

词是表达意义的最小单位，而要表达一个完整的意思，必须按一定的语法规则和词与词之间的意义联系把词或词组组织成为句子。具体要求是：

(1) 句子完整。请看下例：

今年，我们要建立和健全各项规章制度等一系列工作。

上句中“建立和健全各项规章制度”是个动宾词组，在句子中用于修饰“工作”一词，共同构成名词性词组，这样全句紧缩后就是“我们要工作”，显然缺少谓语动词。改正的方法是在“要”后面补充“做好”一词，或删去“等一系列工作”。

(2) 搭配合理。请看下例：

我们要善于发现和总结会展管理中的经验和问题，不断促进会展管理水平。

上例存在两个词语的搭配错误：一是“发现和总结”同“经验和问题”在搭配顺序上

不合理,应当将“经验和问题”改为“问题和经验”;二是“促进”一词不能与“水平”一词搭配,“促进”可改为“提高”。再分析一例:

从第一届××旅游节开始,××(市)就成了中外宾朋相聚的盛会。

“××(市)”在意义上不能与“盛会”相搭配,应当将“××(市)”改为“××旅游节”,或者将“盛会”改为“胜地”。

(3) 避免杂糅。所谓杂糅,是指把两个句子表达的意思,杂糅在一个句子里表达,造成表达混乱,意思重复。请看下例:

会议是一种与会人员至少有三人以上参加的群体沟通活动。

上例其实是由“会议是一种与会人员至少三人的群体沟通活动”和“会议是一种至少三人参加的群体沟通活动”这两句话杂糅而成,导致语法成分的赘余。“以上”同“至少”属于词语搭配不当。

(4) 标点正确。请看下例:

《办法》的发布,对于规范会展市场行为,维护会展市场秩序,起到了积极的作用。

上例中“规范会展市场行为”和“维护会展市场秩序”都是“对于”这一介词的宾语,属于并列关系,因此中间的逗号应当改为顿号。

3. 简称规范

简称的对象必须是特定的某项事物或机关,不能一称数指。如“华交会”这一简称就存在一称数指的情况,因为它可以指“华东地区家禽交易会”、“全国医疗器械华东交易会”、“华东地区糖酒商品交易会”、“中国华东进出口商品交易会”等展会。遇到这种情况,应当使用全称,或先写全称,用括号说明简称,以下再用简称。

第四节 会展文案的结构要素与体例

一、会展文案的结构要素及其表述方法

会展文案的结构要素是指表现会展文案主题信息的基本组成单元,如标题、稿本性质、题注、作者名称或姓名、称呼、主送机关、正文、印章或签署、成文时间等。这些结构要素并非每份会展文案都必须具备,写作时可根据会展文案的性质、类型和发布的需要加以选择,合理组合并确保信息的完整性。

(一) 标题

1. 标题的作用

会展文案的标题具有以下作用:

(1) 概括内容,揭示主题。如《广州市人民政府关于进一步加强会展市场管理的通

知》这一标题，其中"进一步加强会展市场管理"揭示了该通知的主题。

(2) 表明作者的法定身份，宣传会展品牌形象。如《中华人民共和国商务部令》这一标题，表明法定作者是中华人民共和国商务部。又如《第七届上海国际工业博览会参展邀请函》这一标题具有宣传"上海国际工业博览会"这一品牌的效果。

(3) 说明适用空间和时间范围。如《上海市展览业管理办法》这一标题说明该办法适用于上海；《上海中兴会展有限公司 2014 年度工作总结》这一标题说明该总结的空间范围是上海中兴会展有限公司，时间范围是 2014 年度。

(4) 揭示文种，体现作者的制文意图。不同的文种具有不同的功能，如招展公告是向社会各界公开发布举办展览会的信息，邀请参展，而参展邀请函则是向特定的对象发出参展邀请。又如，通报和简报一般不具有强制性，而命令、决定和指示性通知则在不同程度上要求强制执行，其中命令的强制性最高。准确标注文种，有助于正确传达并帮助写作受体正确理解写作主体的意图，实现有效沟通。

(5) 吸引受众。俗话说，题好一半文。一个好的标题往往给人深刻印象，能引起人们的阅读注意和兴趣。

(6) 便于会展文案的引用、转发、汇编、归档以及计算机和网络检索。一些重要的会展文案制发后，其标题就成为引用、转发、汇编、立卷和检索的标志和线索。

2. 标题的结构

会展文案标题的结构通常有下列几种：

(1) 由发文机关或会议名称、事由和文种组成。如：《北京市人民政府关于规范会展市场，促进会展业健康发展的通知》。

(2) 由发文机关或会展名称和文种组成。如《第三届全国高校论坛邀请函》。

(3) 由事由(主题)和文种组成。如《关于合作举办第五届中国国际机床展的协议书》。

(4) 由适用范围、主题和文种构成。如《思达会展有限公司员工守则》。

(5) 由适用范围、适用时限、主题、文种构成。如《上海国际贸易展览有限公司 2012 年度工作总结》。

(6) 仅标明文种。一般用于少数约定俗成的文种，如新闻公报、联合声明、感谢信等。

(7) 复合式标题。复合式标题有三种形式：第一种由主题和副题组成。主题(又称正题)揭示会展文案的主题，副题(又称子题)补充说明作者、文种和适用范围等信息，常常用破折号引出。会展简报、会议报告、调查报告、会展总结、会展新闻等可采用这种标题。如：

准确定位，提升内涵，创建品牌

——上海××会展中心 2012 年度工作总结

第二种是在主标题上增加一个提示性、渲染性的眉题(或称肩题、引题)。第三种是由引题、正题和子题组成三行式标题。第二、三种一般用于会展新闻写作。

3. 标题写作要点

(1) 标题结构要素的组成应当符合文种表达的需要。如通知、报告、请示等会展公文的标题一般应当由发文机关、事由和文种组成;会展合同的标题一般应当由合同的主题和文种组成;会展简报、会展新闻可采用复合式标题。

(2) 标题结构要素应当完整,尽可能标明发文机关、事由(主题)和文种。目前会展文案写作中突出的问题是标题中不写发文机关。由于会展文案制发后常常需要引用、转发、汇编,有保存价值的还要立卷归档,如果标题中应有发文机关却又缺少发文机关,就会给日后的检索查阅造成不便。

(3) 标题中的发文机关和会议名称要用全称或规范化简称,不能滥用简称。

(4) 标题事由或主题应当准确、简要地概括会展文案的主要信息,并注意语法的规范性和语义的准确性。请看下例:

关于处理××展览会违规举办的通报

上例会展文案的标题存在以下失误:一是缺少发文机关。这将会给文件的立卷、检索和引用造成麻烦,应尽可能补上发文机关;二是事由部分的表述含混不清。“处理”的对象应当是主办单位而不是展览会本身;三是语法不通。“处理”一词应当后接名词或名词性词组。“××展览会违规举办”属于主谓结构,不能充当宾语。修改后的参考标题为:

××(机关)关于××(单位)违规举办
××展览会问题的通报

(二) 稿本

一般情况下,会展文案无需写明稿本性质,但提交会议讨论或审议表决、尚未通过的会展文案,如草案、修正草案、讨论稿、征求意见稿等,必须注明稿本性质。标注方法是在标题之后或下方居中用圆括号括入。如:

第十届世界工程师大会决议(草案)

(三) 题注

题注是位于标题下方,说明该文案通过、签署、发布、修订、生效等有关信息的结构要素。会议通过的文件(如决定、决议)或者法律、法规、规章(如章程、条例、规定、办法、细则)等文案,应当标注题注。标注题注的文件,一般不用再标注主送机关、署名和成文日期。常见的题注形式有以下几种:

1. 通过日期+会议名称+“通过”,如修订后重新发布,标明修订日期。用于在会议上表决通过的文件,会议名称应当写全称,以示庄重。如:

××市会展行业协会章程
(2012年7月10日上海市会展行业协会会员大会通过)

2. 发布日期＋发布机关＋令号＋“发布”。用于以命令形式发布的法规和规章。如：

上海市展览业管理办法

（20××年3月15日上海市人民政府第47号令发布）

题注应当置于标题之下、正文之上，居中，一般用圆括号括入。题注中的日期可用阿拉伯数字表述。

（四）作者名称或姓名

会议报告和讲话、调查报告、经验介绍材料等会展文案等，要在标题下方标明法定作者或报告人的名称或姓名。

（五）称呼或主送机关

1. 称呼

主要用于信函、讲话、报告、致辞一类的会展文案。称呼要根据文案的性质和称呼对象的身份、范围等情况确定。称呼的确定一般要把握这样几点原则：一是身份从高到低；二是性别先女后男；三是尽可能覆盖全体参加对象。比如，提请代表大会审议的报告，应当称呼：“各位代表”；欢迎会上的致辞，应当首先称呼欢迎对象，再称呼其他参加对象，如：“尊敬的×××先生，各位来宾，各位同志，女士们，先生们”；介绍经验等一般性发言，应当先称呼领导，再称呼来宾，最后称呼代表，如：“各位领导，各位来宾，各位代表”。称呼要在标题之下空一行顶格书写，后标冒号。

2. 主送机关

主送机关即公文的主要受理机关。主送机关是一种特定的称呼。凡是以机关的名义制发、并有明确的受理机关的会展文案，应标明主送机关。主送机关的写作应当清楚明确，尽量不写“各有关单位”，以免造成责任不清、相互推诿的情况。

主送机关的写法有下列几种：

(1) 特称或单称。用于向一个特定的机关行文。使用特称要注意区域限制。在本地区、本单位可称上级为“省政府”、“董事会”，但跨地区、跨单位行文时，必须写明地区或单位(机构)的全称。

(2) 并称。用于同时向两个以上的机关行文，主要的机关应写在前面。

(3) 转称。用于主送某一机关，同时要求转送另一机关的公文。如“市政府并转报省政府”。

(4) 统称。又叫泛称，即将同一类型的机关名称的共同中心语抽出，前面加“各”字，如集团公司下发文件，可写“各公司”。无共同中心语的机关，可按其性质统称，如“各直属机构”。

(5) 混合称。即同时使用上述几种写法，比如统称后面加写单称或并称。

主送机关的末位应当标冒号。

（六）正文

正文是完整表达会展文案主题信息的核心载体，一般分为开头、主体、结尾三部分。内容简单的会展文案，可掐头去尾，不分段落，一气呵成。

1. 开头

会展文案开头的写作方法有以下几种：

(1) 说明制发目的、意义和依据。多用于会展管理中的公文、规章写作。

(2) 揭示背景，确定全文的基调。主要用于各种工作报告、工作总结、经验介绍等会展文案的写作。

(3) 介绍和评价基本情况。会展报告、会展通报、会展简报、会议纪要、会议公报等会展文案的开头一般要概括介绍相应的基本情况。

(4) 表达欢迎、欢送、祝贺、慰问、感谢等特定的礼仪信息，主要用于讲话稿、贺信、慰问信、感谢信的写作。

2. 主体

会展文案主体的主要功能是说明具体情况、解释政策条文、布置工作任务、提出办法要求、回答对方询问、总结经验教训、分析原因利弊。

3. 结尾

会展文案结尾的写作有以下几种方法：

(1) 提出希望或说明执行要求。主要用于指示类会展文案的写作。

(2) 发出号召或表示信心和决心。主要用于会议报告、会议决议、讲话稿等会展文案的写作。

(3) 提出请求。用于请示、上行性意见、商洽函等。

(4) 表达祝愿。用于会展致辞和贺信等。

(5) 收束全文，予以强调。一般的会展文案都可以用"特此决议"、"特此通知"、"特此函告"等等结尾用语来收束全文，予以强调。凡用"特此"引领的结尾用词，写作时要注意三点：一是另起行独立成段，以突出强调的效果，二是末尾可以不加句号；三是如果开头部分已经用了"现将有关事项通告(通知、通报、报告等)如下"过渡语，则可省略这类结尾，以免重复。

(七) 署名和印章

1. 署名

署名又称落款。会展文案的署名有三种情况：一种情况是以领导人名义发出的会展文案，由签发文件的领导人在正本的正文末尾亲笔署名，用以证实其法定效力或体现礼节，又称签署。如：公布会展法规和规章的命令、向法定性会议提出议案、对重要贵宾发出的请柬或邀请函、任免性通知以及重要的聘书等会展文案等，应当由领导人签署。签署的会展文案一般不再标写发文机关，也不需加盖公章(特殊文件除外)。需要签署的文案较多时，可由秘书代盖领导人手书体签名章。联合发文需要签署的，应当联合签署。

另一种情况是署发文机关的名称。一般情况下，有固定标印格式、盖有公章的文案，正文的下方无需署发文机关的名称，国家行政机关的公文就是如此。无固定标印格式、标题中又无发文机关名称的文案，如招展邀请函、会展计划和总结等，应当署发文机关名称。

第三种情况是具有协议性质的会展文案，如会展合同、会议纪要、联合公报、共同宣言等，由有关各方派代表在文案的末尾共同签署姓名。

2. 印章

印章是发文机关对会展文案表示负责并标志会展文案生效的凭证。对外发出的会展文案，如需表明权威或承担法律行政责任的，除了在媒体上公布、会议通过和领导人签署（包括共同签署）的之外，在缮印后，都应在署名处按规定的方式加盖发文机关的印章。印章、发文机关名称、签发人职务三者必须一致。有些会展活动的临时性组织机构没有公章，可用主办单位的公章代替。

署名和盖章的技术性要求请参见后面相关的章节。

（八）成文时间

成文时间又称成文日期。会展文案如果没有在正文中特别说明，一般都是以成文时间作为法定的生效时间。成文时间也是将来检索和考证会展文案的重要途径。确定成文时间应当遵循以下几条规则：

1. 由领导人签发的会展文案，以签发日期为准。

2. 经会议讨论通过的会展文案，以通过日期为准。

3. 谈判协商达成的会展文案以各方共同签字的日期为准。

4. 需会签才能生效或者联合制发的会展文案，如各方签字的日期不同，则以最后一个单位的领导人签发的日期为准。

5. 需要报请上一级机关或部门批准的会展文案，以批准日期为准。

6. 以电报形式发出的会展文案，以发报日期为准。

7. 特殊情况署印发日期。

二、会展文案的结构体例及其表述方法

会展文案写作的结构本质上反映的是文案的部分与部分、部分与整体之间的内在联系，但这种联系需要通过外在形式来表述。结构体例就是会展文案正文结构外部形态的表达模式。会展文案结构体例丰富多样，但总体上可以分为非标志性结构体例和标志性结构体例两种。

（一）非标志性结构体例

非标志性结构体例是指在结构形式上主要通过自然段落的排列来表达结构内部关系的结构表达方式。有些内容较为简单的会展文案，全篇可采用一段式结构，一气呵成，无需任何标志性结构体例。

（二）标志性结构体例

标志性结构体例是指借助一定的结构标志来表达结构内部关系的结构表达方式。标志性结构体例具有条理清楚、层次分明、便于查阅和引用的优点，适用于内容较为复杂的会展文案写作。目前，会展文案通常使用的标志性结构体例主要有以下四种：

1. 序数式

即用汉字或阿拉伯数字标注层次和段落。《党政机关公文格式》明确规定了公文的结构层次序数，第一层为“一”，第二层为“（二）”，第三层为“1.”，第四层为“（1）”。国家技术监督局规定国家标准的编写体例采用阿拉伯数字分级编号，如：第一层次（章）为“1”，第二层次（条）为“1.1”，第三层次（项）为“1.1.1”，第四层次（目）为“1.1.1.1”。

2. 小标题式

小标题具有划分层次、体现作者的思路、承上启下的功能,具体的表述方法有以下两种:一种为序号+标题,即在每个小标题前标注序号,以便于查阅。会展调查报告、会展总结、会议纪要、会议报告等,这些较多采用记叙和论述的方法或者篇幅较长的会展文案常常运用这种方法。第二种是单设小标题。即在较大的层次之前仅标写小标题,不加序号。这种方法的查阅功能不如前一种。

序数式和小标题式可以结合使用,即先用小标题概括每个较大层次的主要内容,每个层次中再用序数标注较小层次的主要内容。

3. 段旨式

又称撮要倒悬法,即用一句精辟的话置于自然段落的开头,以概括这一段落的主旨(即段旨),给人以鲜明的印象,然后再具体展开说明、议论,即古人所谓的"立片言以居要"。段旨前可以加序数,也可以不加序数。

4. 章条式

即用编、章、节、条、款、项、目统一命名和表述各个结构层次。章条式结构体例具有名称统一、表述规范、容易辨识、便于查阅以及便于书面和口头引用等优点,适用于规范性、协议性等引用频率较高的会展文案的写作。章条式结构体例的表述方法请参见第二章《会展公文写作》第七节《会展规章》。

实例评析

××会展中心关于举办展会情况的报告

××厅:

20××年我中心主办和承办的展览会、洽谈会、展销会,在有关部门的大力支持下,取得了空前的成功。现将有关情况作如下汇报:

今年我中心先后共举办了46个展会,其中国际性展览会、洽谈会30个,约占三分之二左右。外商参展踊跃,由去年的1236家上升到2558家,增幅达150%左右。这说明我们的宣传工作比以往有了明显的进步,招展工作水平取得了大幅度的提高。投诉情况也有所好转,全年只有17件,比去年下降了3倍。造成投诉率下降的主要原因是我们加强了现场管理和服务产生的结果,及时化解了矛盾。我们有信心在明年有个良好的开局,争取举办的展会数量突破90个。

目前我们也遇到了一些困难,其中场馆就是一个瓶颈,总共才××××平方米。如果省里能给予支持,对场馆作大幅度的扩建,就解决了我们的燃眉之急。这样,实现我们的五年规划就奠定坚实的基础。望能及早给予答复。

在新的一年中,我们一定再接再厉,努力工作,为实现我省第十次党的代表大会提出的奋斗目标贡献我们的力量。

特此报告。

20××年12月28日

【评析】

这篇文案存在的问题较多,归纳起来有以下几点:

1. 主题不明确。

这是本文写作的要害问题。作者究竟是在向主管部门汇报全年的会展工作情况,还是请求批准扩建场馆,用意并不明确。如果是前者,应当用报告这一文种,但报告中不能夹带请示事项,否则就违反了“主题集中”的写作要求,而且报告和请示属于两种不同性质和功能的文种,报告中夹带请示事项,会造成文种冲突,妨碍请示事项的办理。退一步说,我们即使把它看作是一份报告,但这份报告并无实质性的内容,主管部门无法从中获得有价值的信息。如果是后者,则应当用请示这一文种。但通篇来看,请示的理由并不充分,请示的要求也很不明确,根本不像是一篇请示文案。

2. 用词不严谨。

(1)“成功”一词一般用于对特定工作的评价,比如可以说“本届展览会取得了成功”,但对年度工作的评价一般不用“成功”一词。

(2)“增幅”一词是指增加的部分与原来基数之比,因此“外商参展踊跃,由去年的1236家上升到2558家,增幅达150%左右”一句的实际增幅应当是100%。

(3)“比去年下降了3倍”一句,数量下降不能用“倍”。

(4)“开局”一般是针对一个特定计划时段的开头,比如第一个月份或季度是全年计划的开局,第一年是五年计划的开局。而本文并未提出特定的计划时段,因此“明年有个良好的开局”就毫无针对性。

(5)“瓶颈”一词常用来比喻发展受到限制,而“场馆就是一个瓶颈”一句将用“瓶颈”比喻“场馆”,显然不妥当。场馆本身是举办展会的基础设施,因此不是场馆本身是“瓶颈”,而是“场馆太小”成为进一步发展的“瓶颈”。

(6)“燃眉之急”一般形容遇到了迫在眉睫的困难,而本文中所提的场馆问题是个老问题,虽然突出,但不属于“燃眉之急”。

3. 句子不通顺。

(1)“造成投诉率下降的主要原因是我们加强了现场管理和服务产生的结果”一句,由“造成投诉率下降的主要原因是我们加强了现场管理和服务产生”和“投诉率下降是我们加强了现场管理和服务产生的结果”两句的杂糅,应当取其一。

(2)“实现我们的五年规划就奠定坚实的基础”一句把“实现我们的五年规划”作为主语,造成主谓搭配不当。这一句应当作主语承前省略处理,改为“这样,就为实现我们的五年规划奠定了坚实的基础”。

(3)“招展工作取得了大幅度的提高”一句,“工作”与“提高”不能搭配。

4. 语言不简练。

(1) 由于本文篇幅较短,内容较为简单,故不必用“现将有关情况作如下汇报”一句作过渡。“展览会、洽谈会、展销会”可以简化为“各种展会”。

(2)“约”本就有“左右”的意思,因此“约占三分之二左右”一句犯了语义重复的毛病。

实例评析

关于参加××博览会工作报告

（节选）

……

四、小组全体服从领导、相互照顾

参展团20多人在国外工作20多天，大家都能以大局为重，无论是上飞机，还是坐火车都能服从领导，相互帮助。展出期间，××公司的××同志负责组织和取送没有专人负责的午饭；××体协的××同志是处级干部，没有架子，每天中午为大家取午饭照顾大家用饭，自己最后吃，任劳任怨。由于全体同志的努力和团结互助，因此较好地完成了组织上交给的任务。

……

【评析】

上例是一份某单位写给国家部级机关的会展工作报告的节选，反映的是一个代表团在国外参展的情况，写作存在的主要问题有以下几点：

一是小标题的概括提炼不够。工作报告的小标题常用来概括经验，应当有一定的高度和深度。把“小组全体服从领导”这样一种连小学生都懂的道理作为经验来总结，显得要求太低。

二是材料不够典型且重复。文章提到：“××公司××同志负责组织和取送没有专人负责的午饭；××体协的××同志是处级干部，没有架子，每天中午为大家取午饭照顾大家用饭，自己最后吃”，这些情况也许是真实的，但作为一份向部级机关上呈的工作报告，这样的材料过于琐碎，分量不足。此外，相同性质的材料出现两次，显得重复、啰嗦。

三是前后照应不足。“大家都能以大局为重”与后面的“无论是上飞机，还是坐火车都能服从领导”相互脱节，后面的材料并不能成为“以大局为重”的有力证明。

四是语意不明。“无论是上飞机，还是坐火车都能服从领导”一句，具体指什么？是指无论在飞机上还是在火车中，一切行动听指挥，还是指在座、铺位的分配上能服从领导安排？“××同志负责组织和取送没有专人负责的午饭”一句中的“负责组织”与“没有专人负责”前后矛盾。

五是结论不够全面。“由于……因此”的句式一般用于一因一果的判断。上例中最后一句“由于全体同志的努力和团结互助，因此较好地完成了组织上交给的任务”作为结论性判断，使用了“由于……因此”的句式，容易使人得出“完成任务”的原因就是“全体同志的努力和团结互助”，而实际上“全体同志的努力和团结互助”只是“完成任务”的必要前提之一。可见此句存在以偏概全的问题。修改的办法有两种：一是去掉“由于……因此”句式，改为“在全体同志的团结互助和共同努力下，我们较好地完成了组织上交给的任务”；二是在“较好”前加“才”字，变“一因一果”的判断为“多因一果”的判断。

第二章

会展公文写作

章前导语

本章根据新颁布的《党政机关公文处理工作条例》和《党政机关公文格式》，介绍了会展公文的含义、特点、作用、种类、格式，结合会展业的实际介绍了公告、通告、通知、通报、报告、请示、批复、函、会展章程、参展须知（细则、办法）、展馆规定、员工守则、岗位职责、会展项目申请报告等会展公文的适用范围、相互区别和具体写法。

第一节 会展公文的含义、特点、作用和种类

一、会展公文的含义和特点

（一）会展公文的含义

会展公文是指与会展相关的法定组织（包括立法机关、行政机关以及会展企业、会展行业性协会、独立成立的会议或展览组织）在履行会展管理职能、开展会展业务和举办会展活动时形成的，上报下发、对外发布或相互往来的，具有法定文种和适用范围、法定效力和法定格式的文案，包括决定、公告、通告、意见、通知、通报、报告、请示、批复、函、纪要等常用性会展公文，以及章程、条例、规定、办法、细则、规则等规范性会展公文。

（二）会展公文的特点

与其他会展文案相比，会展公文具有下列特点：

1. 具有法定的作者。会展公文必须以法定的会展组织或其合法代表人的名义制发。会展公文的这一特点要求文案的实际撰稿人必须忠于法定作者的制文意图。

2. 具有法定的效力。会展公文一旦发出，便具有法定的效力，发文单位必须承担相应的法律责任和行政责任。下行的会展公文还具有法定的权威性，下级组织必须贯彻执行，拒不执行或执行不力的组织或个人，将受到法律的、行政的或者内部纪律的处罚。

3. 形成和发布必须符合法定的职权范围和法定的程序。任何组织只能在自己的职权范围内拟写和制发会展公文，如果涉及的事项超越了自己的权限，必须报经上级机关或有关部门批准或批转。在发文程序上，会展公文须经领导人的审批签发，或经法定会议讨论通过，才具有法定的权威，才能发挥其法律的或行政的效力。

4. 会展公文的名称、种类、适用范围、格式等实行统一的标准和规范。会展公文的标准化和规范化，有利于不同的会展管理机关和经营组织之间相互准确无误地传递信息、认知信息、处理信息，同时也有利于文案的计算机管理。《党政机关公文处理工作条例》（中国中央办公厅国务院办公厅 2012 年 4 月 16 日发布）、《党政机关公文格式》（GB/T 9704—2012，国家质量监督检验检疫总局、国家标准化管理委员会 2012 年 6 月 19 日发布，2012 年 7 月 1 日实施）对我国现行公文的名称、种类、适用范围、标印格式和处理程序作出了明确的规定，这些规定同样适用于会展公文。

二、会展公文的作用

（一）决策管理作用

会展管理机关以及会展企业（组织）制定会展产业政策和发展规划、作出会展决策、申报审批会展项目、落实和协调会展活动各项组织工作，必须依赖会展公文。离开了会展公文，会展管理信息的环流就会中止，决策、计划、组织、协调、控制等各个会展管理环节就会脱节，甚至停顿。

（二）教育指导作用

会展公文中的通报、通知、意见、纪要等，在统一思想、协调步骤、宣传政策、指导工作、褒奖先进、批评错误方面具有重要作用。

(三) 沟通商洽作用

在会展管理和会展活动中,上至国际组织和国家机关之间,下至主办方与承办方、主办者与参加者,乃至参加者之间,无不需要依靠会展公文的相互往来沟通信息、交流情况、联系工作、询问答复、商洽业务、增进合作。

三、会展公文的种类

按行文关系分,一般分为四种:

(一) 上行文

即向具有隶属关系,或虽无隶属关系,但在特定的业务范围内受其职权管理的高级别机关的行文,如请示、报告、意见。

(二) 平行文

即平行机关和单位之间,或者既不隶属、又无职权上管理与被管理关系的、级别不相等的机关或单位之间,以及高级别机关与受对方职权管理的下级机关的相互行文,如通知、函、纪要、意见。

(三) 下行文

即向具有隶属关系,或虽无隶属关系,但在特定的业务范围内受本机关职权管理的次级机关的行文,如意见、通知、通报、批复、纪要。

(四) 多向行文

即特定机关或单位根据会展管理的需要,在自己的职权内用一个文种同时向上下左右社会各个方面告知或要求遵照执行、办理的行文。多向行文一般通过媒体或张贴的方式公开发布,如公报、公告、通告。

有些文种存在兼类的情况,如通知和纪要既可以是下行文,也可以作为平行文;意见这一文种上行、平行、下行均可。

第二节 会展公文的格式

一、普通公文标印格式

为提高我国公文的规范化和标准化水平,2012 年 6 月,国家质量监督检验检疫总局和国家标准化管理委员会联合发布了《党政机关公文格式》(GB/T 9704—2012),现对该国家标准介绍如下。

(一) 版头

版头即标识于公文首页红色分隔线以上的各要素的统称。

1. 份号。即公文印刷份数的顺序号,其作用是便于登记、分发、核查和统计文书。带有密级的公文必须标明份号;如果发文机关认为有必要,也可对不带密级的公文编制份号。份号用 6 位 3 号仿宋体阿拉伯数字顶格编排在版心左上角第一行(一行指一个汉字的高度加 3 号汉字高度的 7/8 的距离)。

2. 密级和保密期限。如需标注密级和保密期限,一般用 3 号黑体字,顶格编排在版心左上角第二行;保密期限中的数字用阿拉伯数字标注。国家秘密必须标识"★"符号,“★”的前面用汉字标注密级,“★”后面标注保密期限。保密期限在一年以上的,注明多少“年”,年以下的用“月”表示。如“绝密★25年”、“秘密★1个月”。特殊情况下,保密期限为长期的,标为“绝密★长期”。公文的保密期限与密级的最长保密期限一致时,可免标保密期限,如“绝密★”,并按该密级的最长保密期限处理。

3. 紧急程度。如需标注紧急程度,一般用3号黑体字,顶格编排在版心左上角;如需同时标注份号、密级和保密期限、紧急程度的,按照份号、密级和保密期限、紧急程度的顺序自上而下分行排列。

4. 发文机关标志。发文机关标志表明公文的法定身份,由发文机关全称或者规范化简称加“文件”二字组成,也可使用发文机关全称或者规范化简称,不标“文件”二字。发文机关标志居中排布,上边缘至版心上边缘距离为35 mm,建议使用小标宋体字,颜色为红色,以醒目、美观、庄重为原则。字号以不大于上级机关字号为原则,根据本机关名称字数多少而定。联合行文时,如需同时标注联署发文机关名称,一般应当将主办机关名称排列在前;如有“文件”二字,应当置于发文机关名称右侧,以联署发文机关名称为准,上下居中排布。

因发文机关过多造成首页不能显示正文,可采取只使用主办机关标志、缩小发文机关标志字号和行距等办法,确保首页显示正文。

5. 发文字号。发文字号即一份公文特定的代号,其作用是便于公文的登记、分办、查询、引用和归档。发文字号必须按机关代字、年份、发文序号的次序标注,如“沪府发〔2014〕2号”。年份要写全称,不应简化,用阿拉伯数字书写,外加六角括号,不能用方括号或者圆括号。序号是发文的流水号,按年度统一编制,用阿拉伯数码标识,不必前置“第”和虚位“00”。

发文字号位于发文机关标识下空两行,用3号仿宋体字,居中排列。联合行文时,只标注主办机关的发文字号。上行文的发文字号居左空一字编排,与最后一个签发人姓名处在同一行。

6. 签发人。上报的公文应当标注签发人姓名,以示对公文内容郑重负责的态度。签发人由“签发人”三字加全角冒号和签发人姓名组成,居右空一字,编排在发文机关标志下空二行位置,平行排列于发文字号的右侧。“签发人”3字用3号仿宋体字,签发人的姓名用3号楷体字。

如有多个签发人,签发人姓名按照发文机关的排列顺序从左到右、自上而下依次均匀编排,一般每行排两个姓名,回行时与上一行第一个签发人姓名对齐。签发人过多可能将正文挤出首页时,可适当增加每行签发人的数量。

7. 版头中的分隔线。发文字号之下4 mm处印一条与版心等宽(156 mm)的红色分隔线,其作用是将版头部分与主体部分隔开,增强公文页面的层次感。分隔线的高度推荐使用0.35 mm—0.5 mm,具体高度可根据发文机关标志字体字号酌定。

(二) 主体

首页红色分隔线(不含)以下、末页首条分隔线(不含)以上的各要素统称为主体。

1. 标题。公文标题位于红色分隔线下方空2行,居中排列,字号小于版头,大于正文,一般用2号小标宋体字,排列时,要做到排列对称、间距恰当、醒目美观。字数多的标题应当使用梯形或菱形排成若干行。回行时，要做到词意完整，排列对称，长短适宜，间距恰当，例如不应将双音节词或固定词组拆开置于不同行的首尾，“的”字不排在行首。如果标题所占行数较多，将出现把正文挤出首页的情况时，可将标题上移 1 至 2 行，即减少与红色分隔线之间的空行或不空行。

2. 主送机关。主送机关位于标题之下空 1 行，左侧顶格，使用 3 号仿宋体字，回行顶格。各主送机关中间根据机关的类型用顿号或逗号，末尾标全角冒号。如主送机关名称过多而使公文首页不能显示正文时，可将主送机关移至版记中的抄送机关之上。

3. 正文。公文首页必须显示正文。正文位置在主送机关名称下一行，每个自然段开头左空 2 字，回行顶格。正文中的数字、年份不能回行。正文使用 3 号仿宋体字，一般每面排 22 行，每行排 28 字，并撑满版心，特定情况可以作适当调整。文中结构层次序数依次可以用“一、”“（一）”“1.”“（1）”标注；一般第一层用黑体字，第二层用楷体字，第三层和第四层用仿宋体字标注。

4. 附件说明。公文如有附件，应在正文之下空 1 行，左空 2 字，用 3 号仿宋体字标识“附件”两字，后标全角冒号和附件名称。附件有两份或两份以上时，应当用阿拉伯数字标明序号，如“附件：1. ××××××××”；附件名称不用加书名号，后面也不加句号。附件名称较长需回行时，应当与上一行附件名称的首字对齐。

有的公文已经在正文中明确提到被发布、印发、批转、转发的文件名称，就不必再在正文之下标注附件，更不必标注“附件如文”的字样。

5. 发文机关署名、成文日期和印章

（1）加盖印章的公文。成文日期一般右空四字编排，印章用红色，不得出现空白印章。单一机关行文时，一般在成文日期之上，以成文日期为准居中编排发文机关署名，印章端正、居中下压发文机关署名和成文日期，使发文机关署名和成文日期居印章中心偏下位置，印章顶端应当上距正文（或附件说明）一行之内。联合行文时，一般将各发文机关署名按照发文机关顺序整齐排列在相应位置，并将印章一一对应、端正、居中下压发文机关署名，最后一个印章端正、居中下压发文机关署名和成文日期。印章之间排列整齐、互不相交或相切，每排印章两端不得超出版心，首排印章顶端应当上距正文（或附件说明）一行之内。

（2）不加盖印章的公文。单一机关行文时，在正文（或附件说明）下空一行，右空二字编排发文机关署名，在发文机关署名下一行编排成文日期，首字比发文机关署名首字右移二字，如成文日期长于发文机关署名，应当将成文日期右空二字编排，并相应增加发文机关署名右空字数。联合行文时，应当先编排主办机关署名，其余发文机关署名依次向下编排。

（3）加盖签发人签名章的公文。单一机关制发的公文加盖签发人签名章时，在正文（或附件说明）下空二行、右空四字加盖签发人签名章，签名章左空二字标注签发人职务，以签名章为准上下居中排布。在签发人签名章下空一行、右空四字编排成文日期。联合行文时，应当先编排主办机关签发人职务、签名章，其余机关签发人职务、签名章依次向下编排，与主办机关签发人职务、签名章上下对齐；每行只编排一个机关的签发人职务、签名章；签发人职务应当标注全称。签名章一般用红色。

(4) 成文日期应用阿拉伯数字将年、月、日标全,年份应标全称,月、日不编虚位(即1不编为01)。

经会议表决通过的公文和法规、规章的成文日期应加括号标注于标题下方居中的位置,又称题注。

(5) 为防止私加文字,变造公文,印章、成文日期不得同正文分离成两页。当公文排版后所剩空白处容不下印章或签发人签名章、成文日期时,可以采取调整行距、字距的措施解决。

6. 附注。附注一般是用来说明公文的阅读和传达范围,以及是否可以登报、翻印等注意事项。如"此件发至县团级"、"此件可登报"、"此件不得翻印"等等。"请示"应当在附注处注明联系人的姓名和电话。附注不是对公文内容作出解释或注释。如需对公文的内容或术语作出解释或注释,一般应当在被解释项或注释项之后采用句内括号或句外括号的方式解决。附注用3号仿宋体字标识于成文日期的下一行,左空2字,用圆括号括入。

7. 附件。附件应当另面编排,并在版记之前,与公文正文一起装订。"附件"二字及附件顺序号用3号黑体字顶格编排在版心左上角第一行。附件标题居中编排在版心第三行。附件顺序号和附件标题应当与附件说明的表述一致。附件格式要求同正文。如附件与正文不能一起装订,应当在附件左上角第一行顶格编排公文的发文字号,并在其后标注"附件"二字及附件顺序号。

(三) 版记

公文末页首条分隔线以下、末条分隔线以上的部分称为版记。

1. 版记中的分隔线。版记中的分隔线与版心等宽,首、末条分隔线用粗线(推荐高度为0.35 mm,合1磅)。首条分隔线位于版记中第一个要素之上,末条分隔线必须与最后一面的版心下边缘重合,也就是说,版记一定要置于公文末页版心的底部。如需标注抄送机关,中间需再增加一条分隔线,用细线(推荐高度为0.25 mm,约合0.7磅)。

2. 抄送机关。抄送机关是指主送机关以外需要执行或知晓该公文的其他机关。需要抄送的机关有以下几类:

(1) 有双重领导或被领导关系的单位;

(2) 涉及对方职权范围,或必须让对方了解、请对方协作的单位;

(3) 特殊情况下越级行文时被越过的机关;

(4) 向下行文必须上报备案的上级机关。

如有抄送机关,一般用4号仿宋体字,在印发机关和印发日期之上一行、左右各空一字编排。"抄送"二字后加全角冒号和抄送机关名称,回行时与冒号后的首字对齐,同一系统内的同级机关之间用顿号隔开,不同系统的机关之间用逗号隔开,最后一个抄送机关名称后标句号。抄送机关较多时,依机关的性质、职权、隶属关系及其他逻辑关系依次排列。

如需把主送机关移至版记,应当将主送机关置于抄送机关之上一行,之间不加分隔线,编排方法同抄送机关。

3. 印发机关和印发日期。印发机关不同于公文的发文机关，是指负责印制公文的主管部门，一般应当是各机关的办公厅、办公室或文秘部门。如发文机关无单设的办公机构或文秘部门，也可直接标识发文机关。印发日期以实际印付的日期为准。

印发机关和印发日期一般用4号仿宋体字，同占一行，编排在末条分隔线之上。印发机关左空一字，印发日期右空一字，用阿拉伯数字将年、月、日标全，年份应标全称，月、日不编虚位(即1不编为01)，后加“印发”二字。

版记中如有其他要素，应当将其与印发机关和印发日期用一条细分隔线隔开。

公文如需翻印，还应当标识翻印机关的名称和翻印日期，其方法同上，但翻印日期后要标明“翻印”两字。

二、公文的特定格式

(一) 信函式格式

信函式格式相对简单，便于操作，常用于平行文和下行文中的通知、批复、函等文种。与通用格式相区别的是：

1. 发文机关标志使用发文机关全称或者规范化简称，不加“文件”二字，居中排布，上边缘至上页边为30 mm，推荐使用红色小标宋体字。联合行文时，使用主办机关标志。

2. 发文机关标志下4 mm处印一条红色双线(上粗下细)，距下页边20 mm处印一条红色双线(上细下粗)，线长均为170 mm，居中排布。

3. 如需标注份号、密级和保密期限、紧急程度，应当顶格居版心左边缘编排在第一条红色双线下，按照份号、密级和保密期限、紧急程度的顺序自上而下分行排列，第一个要素与该线的距离为3号汉字高度的7/8。

4. 发文字号顶格居版心右边缘编排在第一条红色双线下，与该线的距离为3号汉字高度的7/8。

5. 标题居中编排，与其上最后一个要素相距二行。

6. 第二条红色双线上一行如有文字，与该线的距离为3号汉字高度的7/8。

7. 首页不显示页码。

8. 版记不加印发机关、印发日期和分隔线，位于公文最后一面版心内最下方。

(二) 纪要格式

纪要格式只用于党政机关的例行会议、专题会议形成的纪要文种。纪要格式与通用格式的区别是：

1. 纪要标志由“××××纪要”组成，居中排布，上边缘至版心上边缘距离为35 mm，推荐使用红色小标宋体字。

2. 标注出席人员名单，一般用3号黑体字，在正文或附件说明下空一行、左空二字编排“出席”二字，后标全角冒号，冒号后用3号仿宋体字标注出席人的单位、姓名，回行时与冒号后的首字对齐。标注请假和列席人员名单，除依次另起一行并将“出席”二字改为“请假”或“列席”外，编排方法同出席人员名单。

纪要格式可以根据实际制定。

三、公文的页码格式

一般用 4 号半角宋体阿拉伯数字，编排在公文版心下边缘之下，数字左右各放一条一字线；一字线上距版心下边缘 7 mm。单页码居右空一字，双页码居左空一字。公文的版记页前有空白页的，空白页和版记页均不编排页码。公文的附件与正文一起装订时，页码应当连续编排。

四、公文用纸幅面尺寸及版面要求

1. 幅面尺寸

公文用纸采用 GB/T 148 中规定的 A4 型纸，其成品幅面尺寸为：210 mm×297 mm。

2. 页边与版心尺寸

版心即公文页面中央印有图文（不含页码）的区域；页边即版心四周的空白。公文用纸天头（上白边）为 37 mm±1 mm，地脚（下白边）为 35 mm±1 mm，订口（左白边）为 28 mm±1 mm，翻口（右白边）为 26 mm±1 mm。版心尺寸为 156 mm×225 mm。

3. 字体和字号

如无特殊说明，公文格式各要素一般用 3 号仿宋体字。特定情况可以作适当调整。

4. 文字的颜色

如无特殊说明，公文中文字的颜色均为黑色。

下面是公文标印格式几种样式。

（单个机关行文首页版式）

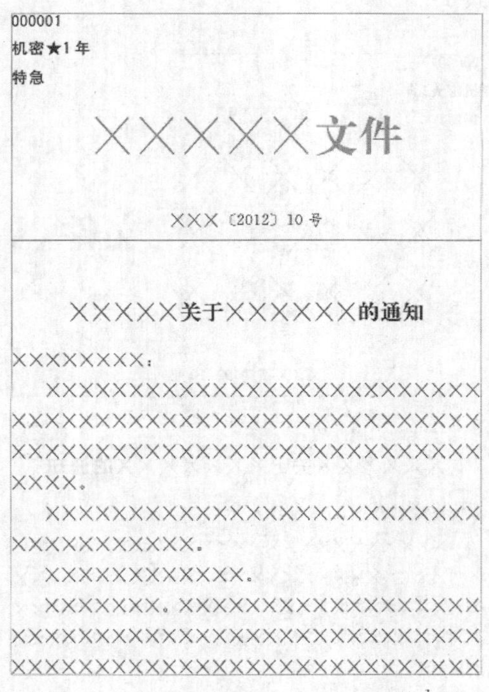
000001
机密★1 年
特急

××××××文件

×××〔2012〕10 号

×××××关于××××××的通知

××××××××：

××。

××××××××××××××××××××××××××××××××××××××。

××××××××××××。

×××××××。××

— 1 —

（单个机关行文末页版式）

×××××××××××××××.
　　×××.

（×××××）
抄送：×××××××××，××××××，×××××，×××××，×××××。
××××××××××　2012年7月1日印发
— 2 —

（联合行文首页版式1）

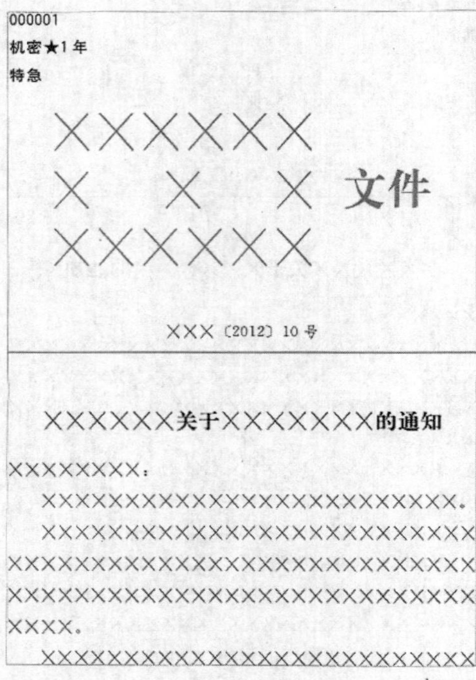
000001
机密★1年
特急
××××××
×　×　×　文件
××××××
×××〔2012〕10号
××××××关于×××××××的通知
×××××××××：
　　××××××××××××××××××××××××××.
　　×××。
　　×××××××××××××××××××××××××××
— 1 —

（联合行文首页版式 2）

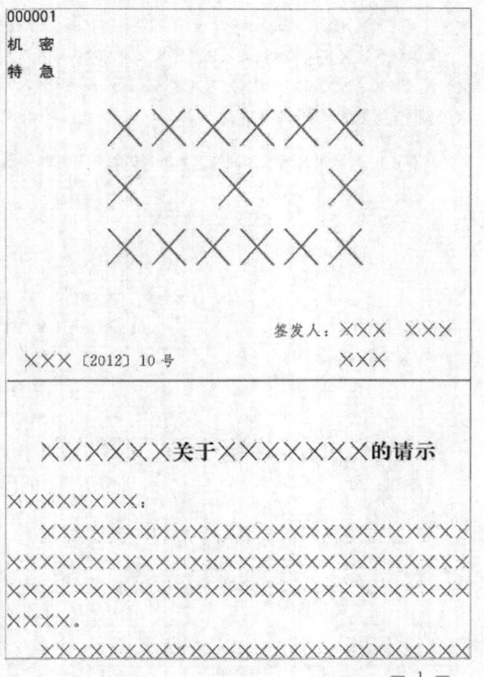

000001
机　密
特　急

××××××
×　×　×
××××××

签发人：×××　×××
×××

×××〔2012〕10 号

××××××关于×××××××的请示

×××××××××：

××。

×××××××××××××××××××××××××

— 1 —

（联合行文末页版式）

×××××××××××××××。

×××。

（×××××）

抄送：××××××××，××××××，×××××，×××××，×××××。

×××××××××　2012 年 7 月 1 日印发

— 2 —

（联合行文不盖章附件说明页版式）

××××××××××××××。

××。

附件：1. ×××××××××××××××××××××
×××××

2. ×××××××××××××

×××××××

× × × ×

2012年7月1日

（×××××）

— 2 —

（带附件公文末页版式）

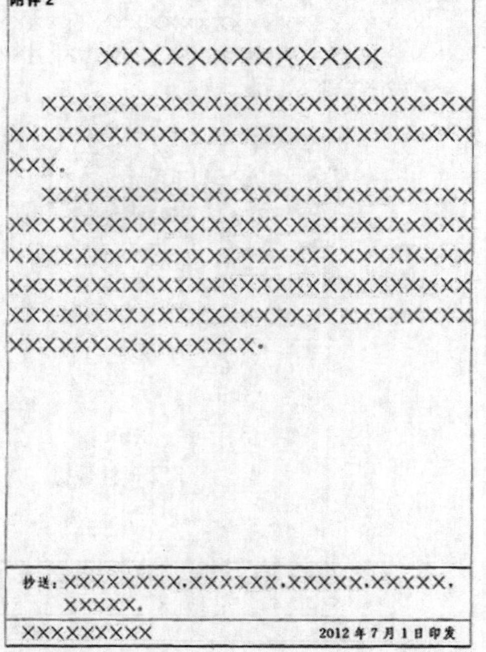

附件 2

××××××××××××××

××。

××。

抄送：××××××××，××××××，×××××，×××××，
×××××。

×××××××××　2012年7月1日印发

— 4 —

(信函格式首页版式)

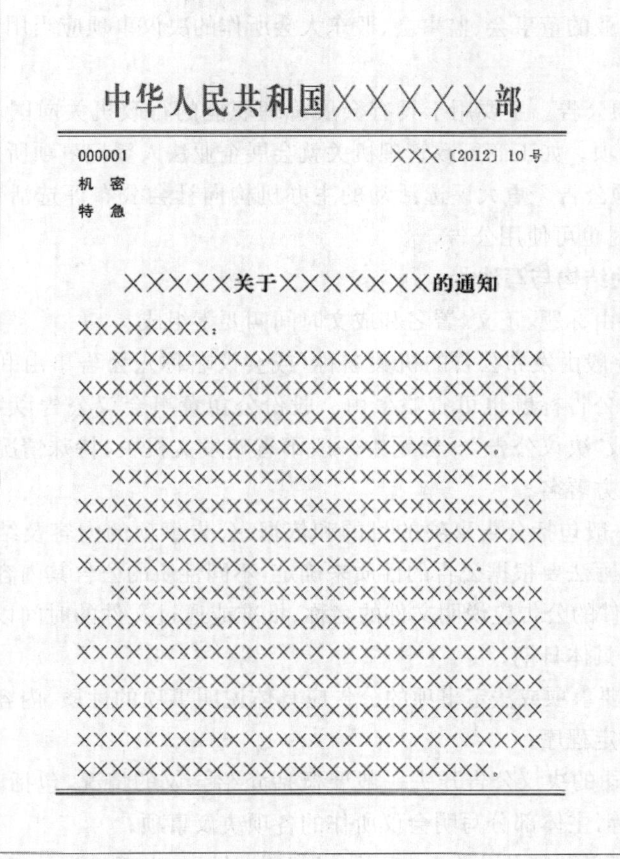

中华人民共和国×××××部

000001　　　　　　　　×××〔2012〕10号

机　密

特　急

×××××关于×××××××的通知

××××××××：

　　××××××××××××××××××××××××××
××××××××××××××××××××××××××××
××××××××××××××××××××××××××××
××××××××××××××××××××××××××。

　　××××××××××××××××××××××××××
××××××××××××××××××××××××××××
××××××××××××××××××××××××××××
××××××××××××××××××××××××。

　　××××××××××××××××××××××××××
××××××××××××××××××××××××××××
××××××××××××××××××××××××××××
××××××××××××××××××××××××××××
××××××××××××××××××××××××××××
××××××××××××××××××××××××××××
××××××××××××××××××××××××××。

第三节　公告和通告

一、公告

(一) 公告的适用范围和特点

公告适用于向国内外宣布重要事项或者法定事项。

公告具有三个重要特点：一是公开性，公告属于应当公开发布的文种，且传播面广，影响力大；二是庄重性，各级立法机关、国家行政机关以及股份制企业都可以使用公告，但只有在涉及重要事项或者法定事项时才可使用。滥用公告会削弱它的庄重性；三是多向性，公告可以向上、向下、向平行单位同时发布信息。

(二) 公告的种类

1. 立法事项公告。用于立法机关向社会公布经立法性会议表决通过的法律解释或地方性法规。

2. 选举和任免事项公告。用于各种代表性会议向社会公布会议选举结果和人员任免事项。

3. 决议事项公告。用于向社会集中公布会议上作出的各项决议。根据我国的《公司法》,股份制企业的董事会、监事会、股东大会所作的决议事项应当用公告向全体股东和社会公布。

4. 管理事项公告。主要用于具有会展管理职能的行政机关向国内外公布在职权范围内的重要事项。如工商行政管理机关就会展企业法人登记事项所发布的公告。

5. 评选事项公告。重大评选活动的主办机构向社会公布评选活动目的、宗旨、程序、办法和结果时也可使用公告。

(三) 公告的结构与写法

公告的结构由标题、正文、署名和成文时间四要素组成。

1. 标题。一般由发布公告的机关名称(或会议名称)、公告事由和公告文种组成。内容较为简单的公告标题也可省略事由。股份公司董事会议公告以发布决议事项为主,文种也可写成"决议公告"。标题中一般不省略发文机关,特殊情况下需要省略的,必须在正文右下方署名。

2. 正文。一般包括公告事项的目的和依据、公告事项的内容及结尾用语三部分。正文的内容及其写法要根据公告的性质来确定,不同性质的公告其内容应该包括:

(1) 公布文件的公告应说明文件的名称、批准或通过文件的时间以及会议名称、文件生效或实行的具体日期;

(2) 宣布重要事项或法定事项的公告应具体说明事项的性质、内容、批准或通过的法律依据以及法定程序;

(3) 股份公司的决议公告开头一般要概括介绍会议的情况,包括时间、地点、主要议题、出席范围等,主体部分写明会议所作的各项决议事项;

公告的最后可用"特此公告"、"现予公告"等词结尾,也可省去结尾用语。有的公告不分段落,一气呵成。

4. 署名。位于正文右下方,署全称或规范化简称。

5. 成文日期。位于署名下方,用阿拉伯数字书写。

实例评析

中国中小企业博览会会徽和宣传口号征集及评选结果公告

为了更好地宣传中国中小企业博览会(以下简称"中博会"),扩大中博会的影响,中博会组委会秘书处先后在《经济日报》、广东卫星电视台、中国中小企业信息网、广东省经贸网、广东省中小企业信息网等媒体上刊登启事,从××年5月12日起向社会公开征集中博会会徽、宣传口号,鉴于来稿踊跃,组委会秘书处将截稿日期从××年5月22日延期至××年6月10日。

这次公开征集会徽、宣传口号的活动,得到了各界朋友的关心,社会反响热烈。共收到来自全国27各省市的应征稿件963件，其中会徽285件，宣传口号678件。

经过秘书处聘请的专家们多轮无记名投票和慎重讨论，最后会徽专家组评选出入围会徽10件，其中1件为入选会徽；宣传口号专家组评选出入围宣传口号10件，其中1件为入选口号。入围会徽、宣传口号已于××年6月29日至7月5日分别在中国中小企业信息网、广东省中小企业信息网上公示。组委会秘书处没有接到对入围作品的异议。

依据公开征集启事的有关规定，秘书处组织专家和入选会徽的原作者对入选会徽进行了修改。经过多轮修改、完善，最终确定了中博会会徽，并办理了商标注册申请。

对入选宣传口号没有进行过修改。

现将会徽和宣传口号入围、入选的作品以及作者公布如下：

一、入选会徽

入选会徽如图一(原作品编号213)，会徽是以英文字母“C”围绕着雄壮有力的“1”字形成一个汉字“中”，“C”代表“CHINA”(中国)，同时辅以“中国中小企业博览会”英文缩写“CSMEF”，并中文缩写“中博会”等的组合(图二、图三、图四)，共同体现“中国中小企业博览会”的含义。会徽主轴“1”字寓意中国中小企业与时俱进、争创一流的宏大气魄，围绕着它的字母“C”像一条飘带，体现开放的心态、团结合作的精神。字母“S”代表英文SMALL，意指中小企业，三个字母“S”寓意单个企业虽小，但众多的中小企业作为一个群体，是社会经济发展的一支重要力量；其形状“S”似鸽子高飞，寓意中小企业不断发展，蒸蒸日上，走向世界。会徽图案形简意赅，有很强的时代气息和视觉冲击力。

入选会徽的原作者张勇军，是浙江萧山一鼎图文工作室的平面设计师。

(图略)

二、入选宣传口号

中博会的宣传口号是：“小中见大，博览天下”。这个宣传口号短短八字，内含“中小”、“博览”，点明“中国中小企业博览会”。寓意中小企业虽小，但发展空间广阔，大有作为；寓意中博会汇聚中国中小企业，共建大市场，创造大商机，探索大趋势，促进大发展；寓意中博会立足中国、博览天下，服务全国、面向世界。该口号活用成语，意趣盎然，朗朗上口，好读易记，富有中国语言之美。

入选宣传口号的作者张汉锋是广东省佛山市平洲高中教师。

三、其他入围的九个会徽作品及其作者介绍如下：

(略)

四、其他入围的九个宣传口号作品及其作者介绍如下：

(略)

中国中小企业博览会组委会秘书处

【评析】

这篇公告写作特色鲜明，但也存在一些可改进之处。

一、主要特色

1. 主题鲜明，与材料联系紧密。会展文案写作的主题是由行文目的决定的。该文的行文目的十分明确，即向社会各界公布中国中小企业博览会会徽和宣传口号征集过程及评选结果。根据这一行文目的，该文以“评选结果”为线索组织材料并展开具体介绍和说明。通观全篇，主题十分鲜明，材料能有力地说明主题，二者联系紧密。

2. 层次清晰、脉络顺畅。全篇分为两大层次，第一部分概要介绍评选活动的过程以及社会反响，为第二部分公布评选结果作铺垫，突出了评选过程的群众性、评选方法的科学性以及评选结果的权威性，然后用“现将会徽和宣传口号入围、入选的作品以及作者公布如下”一句作为过渡，进入第二部分，分步骤具体介绍入选和入围的会徽和宣传口号作品及作者，脉络十分通畅。

3. 语言朴实、简炼、生动。全篇语言明白晓畅，简朴练达，无生硬、拖沓之感。在阐释会徽和宣传口号的寓意时，善于运用较为工整的词语，既简洁、又富有节奏感，如“不断发展、蒸蒸日上、走向世界”，又如“立足中国、博览天下，服务全国、面向世界”。“寓意中博会汇聚中国中小企业，共建大市场，创造大商机，探索大趋势，促进大发展”连用了四个排比词语，不仅气势磅礴，而且前后意蕴关联，层层推进，构成一条严密的逻辑链。

二、主要问题

1. 缺少成文时间。成文时间是会展公文不可残缺结构。在会展公告写作中，成文时间表明公告发布的具体日期，既具有法定的意义，又便于读者进行查考，因此成文时间的写作不可忽略。

2. 个别标点使用有误。如：

(1) 第一自然段中“鉴于来稿踊跃，组委会秘书处将截稿日期从××年5月22日延期至××年6月10日。”这段话是一个独立的句子，与前一句并不构成复句，因此“鉴于”前的逗号应当改为句号。

(2) 第二自然段中“这次公开征集会徽、宣传口号的活动”这一词组是整个自然段的主语，因此应当把这一自然段看作是一个完整的复句，这样，中间的句号应为逗号。

(3) 四个小标题末尾标点不统一。第一和第二个小标题末尾没有冒号，这是正确的。第三和第四个小标题的末尾出现了冒号，这不符合小标题的写法。出现这种情况的原因是作者在这两个小标题的末尾写上“介绍如下”的字样，对下文构成了提示性话语，这样就不得不加上冒号。这两个小标题修改如下：“三、其他入围的会徽作品及作者”，“四、其他入围的宣传口号及作者”。

二、通告

(一) 通告的适用范围和特点

通告适用于在一定范围内公布应当遵守或者周知的事项。通告具有公开性和多向性的特点。

(二) 通告与公告的区别

1. 受众范围不同。公告面向国内外，通告适用于国内，而且局限于一定范围。也就是说，公告的受众范围比通告广。

2. 发布目的不同。公告的目的在于让国内外公众周知所发布的信息，公告的内容本身并不要求受众强制执行；而通告既可以用于周知目的，也可以直接发布要求相关受众遵守执行的政策、措施等，具有强制性。

3. 内容重要程度不同。公告用于公布重要的或法定的事项，相对而言，通告的内容则比较具体和一般，凡是需要社会有关方面周知或遵守的事项均可用通告发布，因而使用的范围较广。

(三) 通告的种类

1. 执行性通告。这类通告所发布的事项要求人们遵守执行，具有强制性。

2. 周知性通告。这类通告的发布目的只是让社会各方面了解有关信息，无强制性要求。

(四) 通告的结构与写法

通告的结构由标题、正文、署名和成文时间四要素组成。

1. 标题。一般由发布通告的机关名称、通告事由和通告文种组成。单位内部的通告可省略发文机关，内容较简单的通告标题可省略事由。

2. 正文。一般先交代发布通告的目的或依据，常用“为了”、“根据”等介词引导，表达要求简洁有力；然后准确清楚地说明通告的具体事项和要求；最后可用“特此通告”结尾，也可用“以上通告，望遵照执行”予以强调。如果开头部分已经用了“现通告如下”过渡语，则结尾处不必再写“特此通告”，以免重复。

4. 署名。位于正文右下方，署全称或规范化简称。

5. 成文日期。位于署名下方，用阿拉伯数字书写。

实例评析

北京市公安局关于在20××年北京国际汽车展览会举办期间对周边道路实行交通管制的通告

经国务院批准20××年北京国际汽车展览会定于6月9日至16日在中国国际展览中心举行，同时在全国农业展览馆设分会场。届时，将有20多个国家和地区的1600家厂商参展，预计每天参观人数7万人。

为保障展览会活动的顺利进行和交通安全畅通，经市政府批准，展览期间，公安交通管理部门将对中国国际展览中心周边道路采取临时交通管制措施，具体内容如下：

一、6月9日开始至展览会结束，每天7时至20时，将对西坝河中路实行机动车单向交通管理措施，除公共汽车外，只准机动车由西坝河中路西口向西坝河东口方向行驶。

二、6月9日开始至展览会结束，每天8时至18时，三元西桥下除公共汽车外，禁止各种机动车由南向西左转弯，需要向西左转弯的机动车绕行香河园路或和平东桥。

三、6月9日开始至展览会结束，每天8时至18时，将在下列地点和路段为展览会设置临时专用停车场，方便持有展览会参观车证的车辆停放，其他社会机动车禁止停放。具体是：(略)

四、为方便群众参观展览，届时主办单位将在中国国际展览中心K号停车场和全国农业展览馆设置免费循环班车，同时在K号停车场内设置售票处，随时将持票观众送往各展场。

五、前往展览会参观的车辆，请按当地交通导向标志和车证指定路线行驶，按指定车场停放，自觉服从交通民警的指挥，确保参观活动安全有序。

六、为防止展览期间中国国际展览中心地区发生严重交通堵塞和其他意外情况，公安交通管理部门将根据车流、人流变化情况，适时采取临时交通管制措施。

以上通告请社会单位和各界群众给予理解和支持，自觉遵照执行。

北京市公安局

20××年5月28日

【评析】

这篇通告是一篇规范的强制性通告，写作上具有以下特点：

1. 标题写作规范。该通告标题的组成要素完整，便于查找。标题事由部分用语准确明了，针对性强，点明了该通告适用的时间和空间范围。

2. 背景交代清楚。该通告的开头部分概要介绍××年北京国际汽车展览会的举办时间、地点和规模，以数据强调了实施交通管制的必要性，为下文提出通告的具体事项作了铺垫。

3. 通告事项明确。实施交通管制的通告写作要求明确交代交通管制的时间、地点范围以及交通管制的具体对象，该通告在这方面可以说是考虑详尽、表述周密，给社会单位和各界群众遵守该通告提供了明确的信息。

4. 结尾具有人性化。一般通告的结尾往往采用“特此通告”或“以上通告务必遵守”之类的话语，虽然简洁、干脆，但总有冷漠、生硬之感。该通告用“以上通告请社会单位和各界群众给予理解和支持，自觉遵照执行”一句结尾，刚柔相济，十分具有人情味。这对北京这样一个国际性大都市来说，该通告如此结尾更能够获得广大市民的理解和支持，通告的接受程度会更高。

第四节 通知和通报

一、通知

(一) 通知的适用范围和特点

通知适用于发布、传达要求下级机关执行和有关单位周知或者执行的事项，批转、转发公文。通知的使用范围较广，而且既可作为下行文，也可作为平行文，使用的频率较高。

(二) 通知与通告的区别

1. 适用范围不同。通知可用于对下级机关转发文件、布置工作、任免工作人员，通告则无这方面的功能。

2. 行文对象不同。通知的对象具有定向性，主送机关必须明确；通告的对象则具有多向性，无特定的主送机关。

3. 知晓范围不同。通知的内容往往有一定的限知性，有时还要确定密级；通告的内容则涉及有关方面或社会各界，因此必须公开。

4. 传递方式不同。通知主要通过组织渠道下发或机要交通系统传递,有时也可以根据需要公开发表;通告则必须通过媒体或张贴的方式发布。

(三) 通知的种类

1. 批转性通知。"批转"专指由上级机关批准并转发下级机关的公文。公文一经批转,便代表批转机关的权威和意志。

2. 转发性通知。用于转发上级机关和不相隶属机关的公文。下级机关对上级机关的来文,以及平行机关之间的文件不能用批转性通知来处理,只能使用转发性通知。

3. 发布性通知。用于向社会公开发布由本机关制定并要求有关方面遵守的除行政法规或规章外的规范性文件。

4. 印发性通知。用于下发领导讲话、学习参考文献以及由本机关制定的内部工作计划和内部规章制度等。

5. 执行性通知。用于布置要求下级机关或有关单位办理、执行的事项。

6. 知照性通知。用于要求下级机关或有关单位周知的事项。通知开会、成立机构、调整工作时间等事项,都可使用知照性通知。

(四) 通知的结构与写法

通知的结构由标题、主送机关、正文、署名和成文日期五要素组成。不同种类的通知写法不同。

1. 印发、发布、批转、转发性通知的结构与写法

(1) 标题。标题由发文机关、事由和文种组成。由于这几种通知相互之间的用法不同,因此标题的事由中必须写明通知的性质——批转、转发、发布或印发,同时写明所批转、转发、发布、印发的公文名称。如被批转、转发、印发文件的文种同为"通知",为避免标题中重复出现"通知",可省去标题中的中心词,即后一个"通知",并删掉前一个"关于",将标题由偏正结构改为主谓结构,请看下例:

××集团公司关于转发《××市××局关于组团参加××洽谈会的通知》的通知

可改为:

××集团公司转发《××市××局关于组团参加××洽谈会的通知》

(2) 主送机关。这几类通知一般是作为普发性文件下发的,故主送机关多为统称,或统称加特称。

(3) 正文。正文部分应说明所批转、转发、发布、印发的文件名称及其意义,学习或执行这一文件的要求。开头的写法常常有以下几种:

① 批转性通知如:"×××批准《×××××意见》,现转发给你们,请认真贯彻执行。"

② 转发性通知如："现将《××××××××》转发给你们，请认真贯彻执行。"秘书部门(办公室)转发文书可写为"《××××意见》已经××××批准(同意)，现转发给你们，请遵照执行。"

③ 发布、印发性通知如："现发布《×××办法》，请遵照执行。"、"现将×××同志在××××会议上的讲话印发给你们，请认真组织学习。"

(4) 署名和成文日期。要求同公告。

实例评改

××市人民政府办公厅转发市贸发局××市展览会评估试行办法的通知

市直各委、办、局，各有关单位：

为客观了解、评价我市展览会的举办情况，更好地指导、规范会展业发展，不断提高办展水平，市贸发局制定了《××市展览会评估试行办法》，经市政府研究同意，现转发给你们，请认真遵照执行。

××市人民政府办公厅

20××年1月3日

【评改】

一、标题写作方面

从正面看，标题结构要素齐全，包括发文机关、事由和文种三项要素，而且文种定位正确。由于市府办公厅和市贸发局是平行机关，因此市府办公厅要把市贸发局制定的"办法"发至市府下属的机关和单位，只能用转发性通知，而不能用批转性或印发性通知。

该标题也存在三个问题。一是缺少"关于"介词。标题中"关于"一词不仅具有提示事由、强化关涉对象的作用，还可同其宾语一起构成对文种的限定。上文标题由于缺少介词"关于"，使得"转发"的对象——"办法"和"通知"——究竟是哪一个变得含混不清。

二是"市贸发局"一词赘余。从正文可得知，被转发的文件标题本身由适用范围、主题和文种构成，符合规范性文件标题的写作要求，因此转发文件的标题就无需添加制发机关的名称。上文标题添加"市贸发局"后，反而会造成误解，使人以为是市贸发局已经发布了《关于印发××市展览会评估试行办法的通知》，然后市府办公厅转发了这一通知。

三是被转发的文件名称漏写书名号。一般情况下，被转发的文件名称完整地出现在转发性通知标题中时，都应当加书名号，与前后文字隔开，以免造成误解。如果被转发的文件是规范性文件，更应当如此。上文的标题可修改为："××市人民政府办公厅关于转发《××市展览会评估试行办法》的通知"。

二、主送机关写作方面

主送机关是公文的送达和办理机关，与发文机关构成一定的行文关系。上文的发文机关虽然是市府办公厅，但其地位和性质决定了这份通知是根据市政府的授权制发的，代表市政府的权威，收文机关(即该文的主送机关)必须贯彻执行。这样，主送机关的写作必须清楚明确，不能笼统含糊。上文的主送机关前半部分“市直各委、办、局”这一泛称，表达非常清楚，而下半部分“各有关单位”则会产生下列问题：

第一，“市直各委、办、局”和“各有关单位”在逻辑上具有包含关系，因此，主送机关写作存在重复之处。

第二，“有关”一词具有较大的模糊性，用于限定受文并执行的机关既不准确，更不严肃。有些投机取巧的单位完全可以根据“有关”一词的不确定性逃避法律或行政的责任。

第三，用“各有关单位”代替具体的收文单位，会使掌管公文制发的具体部门难以确定文件究竟要发给哪些机关和单位。根据上述理由，上文主送机关的“各有关机关”必须改为能够代表“市直各委、办、局”以外的各执行机关的称呼。

三、正文写作方面

上文的正文部分写得比较成功。开头“为客观了解、评价我市展览会的举办情况，更好地指导、规范会展业发展，不断提高办展水平”，说明了行文目的。“经市政府研究同意”，表明是代表市政府发文，语气符合政府办公部门的身份。全片不分段落，一气呵成，语言简洁、明快。

【修改后参考例文】

××市人民政府办公厅关于转发《××市展览会评估试行办法》的通知

各区人民政府，市府各委、办、局：

为客观了解、评价我市展览会的举办情况，更好地指导、规范会展业发展，不断提高办展水平，市贸发局制定了《××市展览会评估试行办法》，经市政府研究同意，现转发给你们，请认真遵照执行。

××市人民政府办公厅

20××年1月3日

2. 执行性通知的结构与写法

(1) 标题。由发文机关、布置事项、通知三要素组成。

(2) 主送机关。一般以统称居多，也有用统称加单称的。

(3) 正文。执行性通知正文的开头要写明通知的目的、意义，然后可用过渡语承上启下，转入主体部分，如：“现将有关事项通知如下”。主体部分是通知的核心，要求准确清楚地说明具体的任务、方法、步骤，一般采用分段标号的办法。结尾有三种写法，一种是无特殊要求的，以“特此通知”结尾，但若上文有类似的过渡句，则可省去不写；第二种是加以强调，如“以上通知，望认真遵照执行”；第三种则提出较详细、具体的执行要求。

(4) 署名和成文日期。要求同上。

实例评析

××市人民政府办公厅关于进一步规范以市政府名义举办的会展活动的通知

各区、县(市)人民政府,市直机关各单位:

近年来,我市会展经济作为一个新兴产业迅速发展,各类大型展、会、节、演、赛等会展活动越来越多。特别是以市政府名义举办的会展活动(包括主办、承办、协办、支持等,下同),不仅为各行业推广品牌、交流技术、洽谈贸易、寻求合作、拓展市场提供了有力的平台,也极大地促进了地方经济的发展,加快了城市建设的步伐。为更好的集中展示城市形象,规范会展活动管理,经市政府研究,现就进一步规范以市政府名义举办的各类会展及相关活动,将有关事项通知如下:

一、规范申办程序

(一) 名义审定。凡拟以市政府名义举办的会展活动,要严格按《××市人民政府办公厅关于以市政府名义举(承)办各类展览会有关规定的通知》(×政办函〔20××〕99号)执行,并由市会展办制订年度会展计划进行统一安排。对擅自使用市政府名义的,要追究有关人员的责任。

(二) 申办方式。各有关部门和单位要积极争取国家级会展活动落户我市。需由市政府出函申办的,由市会展办统一按程序报批。

(三) 承办方责任。市会展办要严格审核承办单位资格。承办单位要全力做好会展各项工作,并承担一切经济责任。

(四) 财政补贴。对我市经济、社会确有重大影响的会展活动,市政府可视盈亏情况提供适当的财政资金支持。具体由市会展办与市财政局共同提出意见,报市政府批准。

二、切实做好安全保障

(一) 安全责任。会展活动安全有序是会展活动成功的关键,要牢固树立安全第一的思想,确保会展活动以及参与人员的人身、财产、消防、交通、食品、卫生和建筑装饰等方面的安全。各职能部门要全面负责、主动配合,制定好工作方案和应急处置方案。

(二) 突出重点。要重点加强会展场馆和主要活动场所的安全工作,确保万无一失。对省级以上领导出席和人流集中的地方,公安部门要视情况实行安检制度。

三、做好重大活动的安排

(一) 领导活动安排。需要请市级领导出席开幕式等相关活动的会展活动,应由主(承)办单位在会提前十天提出书面申请,由市会展办提出意见后报市委、市政府办公厅统一安排。原则上出席同一活动的市级领导不超过两人。需要省级以上领导出席的,应当专门邀请。

(二) 开幕式的组织。一般活动原则上不举行开幕式。重大活动开幕式要本着"隆重、热烈、精简、节约"的原则精心组织,时间一般不超过 15 分钟,致辞的嘉宾一般只安排一人。闭幕式参照上述方式执行。

四、建立办会联动机制

(一) 明确职能。以市政府名义举办的会展活动,可成立由市级领导牵头的组委会或领导小组。承办单位要全面负责会务和业务工作,需要市委、市政府办公厅统一协调的事项,由市会展办统一协调。各级各部门必须提供快捷、方便的优质服务,营造良好的办会环境。

(二)落实责任。各有关职能部门要服从大局,统一指挥,统一行动。要按职责确定负责人和责任人,主动做好工作,做到热情、周到服务,特事特办,急事急办。

(三)服从调度。各会展活动组委会可根据实际情况调度全市资源,集中力量,确保会展活动成功举办。各相关单位要服从调度安排,不折不扣地完成组委会布置的工作任务。

五、统一户外广告宣传

(一)商业性广告。会展活动的广告分长期、短期、临时三类,由市会展办统一制定方案,报市户外广告管理办公室审批。

(二)公益性广告。重大会展活动期间,在机场、火车站和进出××的主要通道,各星级宾馆、重要窗口单位、城区主要景点以及主要参观接待地点,由市会展办确定标准统一、语言规范的宣传欢迎标语,由场地主管单位制作,统一发布。公共场所由市财政出资,市会展办统一制作发布。

六、注重接待礼仪。出席会展活动的人员及工作人员应当注重礼仪,做到举止得体,行为规范;语言文明,说普通话;遵纪守时,热情周到;衣着整齐,出席活动穿正装(男士着深色西服,女士着套装);要尊重少数民族习俗,严格遵守外事纪律。对特邀嘉宾,应当专人专车全程跟踪服务,充分展示我市热情好客的良好形象。

××市人民政府办公厅

20××年12月3日

【评析】

这篇通知总体上写得较好。

首先,结构较完整。标题由发文机关、事由和文种组成,要素齐全,概括性强。正文的开头先从宏观上正面肯定该市会展业的发展及其意义,接着提出“进一步规范以市政府名义举办的各类会展及相关活动”的目的,然后转入主体部分。主体部分用汉字序数和序数加括号标明大小层次,使层次显得十分清晰。由于开头与主体之间已用“通知如下”作过渡,正文最后不再用“特此通知”结尾,干净利落。

其次,语言较流场。全篇语言以消极修辞为主,明白晓畅,无生硬、难懂之处。

再次,遣词较谨慎。许多公文往往滥用“进一步”作修饰。该文中的“进一步”一词并非信手拈来。通过正文得知在上一年度市府办公厅已发过一文,对以市政府名义举(承)办各类展览会作过一些规定,这样,本文的“进一步”的提法就有了依据。

该文也有一些不足之处,如“为更好的集中展示城市形象”中的“的”应当改为“地”,因为“的”用在定语后面,“地”则用于状语后面。又如最后一个自然段的小标题“六、注重接待礼仪。”应当独立成行,删去句号,使其与上面的各小标题格式统一。

3. 知照性通知的结构与写法

(1) 标题。由发文机关、知照事项和通知组成。

(2) 主送机关。根据主送的需要,可以写统称,也可以写特称。

(3) 正文。写明需要知照事项的具体内容。有的知照事项的内容较为简单,可不分段落,一气呵成。有的事项内容复杂,需分项标号,一一说明。

(4) 署名和成文日期。要求同上。

实例评析

××市人民政府办公厅关于成立20××年亚太城市市长峰会筹备工作领导小组及其办公室的通知

各区县(自治县、市)人民政府,市政府各部门:

我市申办20××年亚太城市市长峰会已获成功。为切实做好各项筹备工作,达到"内聚人心促发展,外塑形象交朋友"的办会目的,经与有关方面研究,市政府决定成立20××年亚太城市市长峰会筹备工作领导小组及其办公室。现将领导小组及其办公室成员名单、办公室各组负责人及各组职责通知如下:

(略)一、20××年亚太城市市长峰会筹备工作领导小组

组　　长:(名单、职务略)

副 组 长:(名单、职务略)

成员单位:(略)

二、20××年亚太城市市长峰会筹备工作领导小组办公室

主　　任:(名单、职务略)

副 主 任:(名单、职务略)

筹备工作领导小组办公室下设7个工作组,各工作组负责人及职责如下:(略)

(一) 综合组

组　　长:(名单、职务略)

副 组 长:(名单、职务略)

成员单位:(略)

职　　责:负责会议总体组织和统筹协调工作;负责拟定会议总体方案;负责邀请党和国家领导人出席会议;负责拟定市领导参加会议的方案及外事活动方案并组织实施;负责会议重要文稿起草及审核;负责会议资料印刷、发送;负责会议经费(财政拨款和部分市场运作资金)预算、筹措和日常收支的审核、管理。

(二) 对外联络组

组　　长:(名单、职务略)

副 组 长:(名单、职务略)

成员单位:(略)

职　　责:负责邀请国内外参会城市市长及其代表团成员、工商企业界人士、有关专家等;负责与外交部、我国驻外使馆、外国驻重庆机构、布里斯班亚

太城市市长峰会秘书处的联络衔接工作；负责重要活动的翻译工作及重要外宾礼遇落实工作。

（三）后勤保障组

组　　长：（名单、职务略）

副 组 长：（名单、职务略）

成员单位：（略）

职　　责：负责拟定会议接待方案；负责内宾接待；负责会议后勤保障、交通通讯、医疗防疫、旅游考察；负责组织以大学生为主体的志愿者队伍。

（四）经联组（略）

（五）安全保卫组（略）

（六）宣传教育组（略）

（七）环境整治组（略）

在各项筹备工作的推进中，筹备工作领导小组还将根据需要，增加工作小组及人员，届时另行通知。

××市人民政府办公厅

20××年5月14日

【评析】

知照性通知与执行性通知虽然同属通知，但具体功能存在明显差别。前者的功能在于告知，不具有强制性；后者则要求遵照执行。因此，在语言表达上，二者的区别是：知照性通知写作以陈述句为主，执行性通知写作以祈使句为主。这份通知的作者正确把握了知照性通知写作语言的这一特征，通篇使用陈述句，较好地表达了通知的主题。

本文内容表达清晰、准确，结构安排合理、匀称，此处不一一评析。

二、通报

（一）通报的适用范围和特点

通报适用于表彰先进、批评错误、传达重要精神和告知重要情况。通报的特点在于具有以点促面的功能，即通过正反两方面的典型个案，激励先进，弘扬正气，鞭笞后进，抵制邪气，从而实现管理的目标。

（二）通报与通知的区别

通报与通知都属于普发性的下行文，二者区别在于：

1. 功能不同。通报通过表彰、批评、传达，发挥激励、教育、儆诫、沟通的功能，不布置具体工作；通知可以布置工作，而不具有表彰和批评的作用。

2. 传达知照的重点不同。情况性通报用于传达带有普遍性、倾向性，需要各方面引起重视、加以防范的情况，而通知知照的事项较为具体。

（三）通报的种类

1. 表彰性通报。表彰性通报通过表彰和奖励先进人物的事迹和先进单位的经验，号召大家学习、仿效，具有树立典型、弘扬正气的作用。

2. 批评性通报。批评性通报通过对犯有严重错误的人及单位的批评和处理，达到总结教训、儆诫他人的作用。

3. 情况性通报。这种通报主要用于向下级机关传达重要精神和告知重要情况。

(四) 通报的结构与写法

通报的结构包括标题、主送机关、正文、署名和成文日期五要素。

1. 标题。除标明发文机关和文种外,还应表明通报的性质与种类。表扬性和批评性通报标题的事由写作要旗帜鲜明,如《××行业协会关于××会展公司违规举办展销会问题的通报》。

2. 主送机关。通报属于普发性下行文,故主送机关用统称。基层单位向全体员工直接公布的通报,可省略主送机关。

3. 正文。通报的正文有两种结构形式:

(1) 表扬性、批评性通报的正文由事实、点题、决定事项或处理意见、执行要求或号召四部分组成。被表扬或批评的事实应当真实、准确,具有典型意义。叙述时,时间、地点、人物(或单位)、经过、结果要清楚,材料的安排应当突出重点、详略得当,不作人物刻画和环境描写。点题即用议论的方法对发生事实的性质及其原因进行分析、解剖,揭示其深刻意义或者危害性。点题既要源于事实,又要高于事实,以帮助受文者从中提高认识,吸取经验或者教训。决定事项或者处理意见部分,应当明确提出处理的方式、方法,并提出处理意见,责成有关部门落实。通报往往面向下属的所有单位或全体员工,因此最后应对全体受文对象提出希望或要求。

(2) 情况性通报的正文由两部分组成。第一部分叙述所需传达的精神或者情况,第二部分提出学习和贯彻的要求或者应当注意的问题。最后可以"特此通报"结尾。

4. 署名和成文日期。要求同公告。

实例评析

国家药品监督管理局
关于全国医疗器械博览会监督检查情况的通报

各省、自治区、直辖市药品监督管理局或医药管理部门:

××年11月7日至10日,我局组织对第××届全国医疗器械博览会涉外馆的全部进口产品注册情况进行了监督检查,北京、江苏、河北、河南、山东、广东等省、市药品监督管理部门配合我局并对本地区参展企业的产品进行了检查。此次检查博览会展品注册情况比以往有了较大改观。河南、山东、安徽、河北、上海等省市的绝大多数医疗器械生产企业,在展板和产品宣传材料上标注了注册证号,香港钜荣贸易有限公司在展板的显著位置标识了产品注册证号。但是也有个别生产企业存在违规现象。现将其存在的问题通报如下:

一、个别参展企业在展销中夹带无证产品。无证参展企业及产品如下:(略)

二、部分产品宣传材料不实。尤其是××中医药大学×××公司在宣传材料中称该公司的××牌CT型耳穴测病治疗仪具有CT功能。该公司在1998年成都博览会就做过类似宣传,至今仍未改正。

三、仪器铭牌无注册证号标识的现象较为普遍。

四、部分代销企业出示的产品说明书,不标明生产企业名称。

对上述生产企业予以通报批评,并将有关规定重申如下:

一、凡未取得产品注册证号的企业,应按有关规定办理产品注册取证手续;在未取得产品注册证号以前,产品不得销售及参展。

二、已取得产品注册证号的企业,应在产品标签、外包装、产品说明书及相关宣传材料上注明其产品注册证号。

三、参加博览会展销必须携带注册证或注册证复印件。

四、博览会组织单位应对参展的展板、宣传材料和机器设备铭牌是否标有注册证号进行检查,无注册证号产品不得参展。

请各省、自治区、直辖市药品监督管理部门按照本通报在本辖区内进行检查,督促被通报企业执行有关规定,并将检查落实情况报我局医疗器械司。

国家药品监督管理局

20××年12月21日

【评析】

这篇通报总体上看写得较好。标题三要素齐全,主题鲜明,使人一看便知道是对全国医疗器械博览会进行监督检查的情况通报;主送机关涵盖全国省市级医药管理机构,说明该通报是一份普发性的通报,目的在于通过揭露第××届全国医疗器械博览会中的问题,指导全国的医疗器械的质量管理工作和规范医疗器械行业的办展和参展行为。全文共分四大部分:第一部分交代进行检查的时间、对象、范围和项目,接着概括地肯定了这次展会的改进之处,然后话锋一转,转入正题,揭露问题;第二部分分四个方面揭露了第××届全国医疗器械博览会在展品注册和展品宣传方面的问题,批评了有关企业;第三部分针对第二部分提出的问题重申了相关的四个方面规定;最后结尾部分向各省、自治区、直辖市药品监督管理部门提出加强检查监管的要求。全篇层次清楚,表述简练。

这份通报也存在个别错误。一是揭露问题的第二点“部分产品宣传材料不实”未在第三部分重申的规定中加以照应。既然已经指出“部分产品宣传材料不实”是问题,而且还列举了事实,那么后面必须解决这一问题。二是最后一段“按照本通报在本辖区内进行检查”一句,检查的对象和内容表述不全面。联系下文,看起来是对被通报批评的企业进行检查,但第三部分重申的规定又都和展会的主办单位有密切关系,如只检查被通报的单位,要求它们严格按规定执行,而不对展会的主办单位进行检查和监管,那么此类问题可能还是会再次发生。因此应当补上一条,要求各地药品监督管理部门加强对本辖区内同类展会的检查。

第五节 报告和请示

一、报告

（一）报告的适用范围和特点

报告适用于向上级机关汇报工作、反映情况，回复上级机关的询问。报告属于上行性、知照汇报性公文。

（二）报告的种类

1. 按内容性质分，报告可分为：

（1）工作报告。用于下级机关或组织向上级汇报工作。

（2）情况报告。即下级机关或单位向上级机关或单位报告本机关、本单位发生的重大情况和出现重要问题。

（3）回复报告。用于回复上级机关或上级领导人的询问、批示，汇报处理上级批转、交办文件的经过和结果。

2. 按内容范围分，报告可分为：

（1）综合性报告。即向上级全面总结、汇报某段时期来本单位的整体工作，内容涉及面较为广泛。

（2）专题性报告。即围绕某一项特定的工作、特定的情况或上级批示的某个特定的文件所作的报告，即所谓"一事一报"。

（三）报告的结构与写法

报告的结构包括标题、主送机关、正文、署名和成文日期五要素。

1. 标题。一般由发文机关、报告事项和报告文种三要素组成。专题报告也可以由报告事项和报告组成。

2. 主送机关。写明主送的上级机关名称，一般写单称，特殊情况下写并称或转称。

3. 正文。报告的种类不同，正文的结构安排也有所区别。

（1）工作报告的正文。一般有两种结构方式：一是总分式结构。即先总括汇报一个阶段工作的主要成绩和问题，然后分成并列的若干方面具体展开。这种结构方式多用于综合性工作报告；二是递进式结构，即整篇报告分为工作的情况、取得的经验、存在的问题、今后的打算和措施等几个方面来写，前后衔接，层层递进。

工作报告正文写作一要做到主题鲜明，脉络清楚；二要做到材料生动，详略得当；三要做到点面结合，正反兼顾。

（2）情况报告的正文。情况报告多为专题性报告，一般采用递进式结构，具体分为两种：一种为时间递进式，即按事件的发生、发展和最后处理的时间顺序来安排结构，适用于单纯汇报情况的报告。这类结构方式报告的写作要做到情况清楚、内容集中、分析深刻；另一种是按情况、原因分析、处理意见和经验教训的逻辑次序排列结构，适用于既汇报情况又解决问题的报告。

情况报告正文写作要求做到：首先，开头部分一般要先总提所要报告的事项，以引出下文；其次，主体部分具体陈述时，何时、何地、何人、何事（包括过程和结果）这些要素应当齐全;第三,分析原因应当准确全面,要分别揭示直接原因和根本原因、客观原因和主观原因;第四,提出的措施要切实可行,既要治标,也要治本。

以上两种报告的结尾用语可用“特此报告”、“以上报告当否,请批示”、“以上报告,请审阅”,但不能写“请批复”。如前面写有“现将有关情况报告如下”之类的过渡语,则可省去结尾用语。

4. 署名和成文日期的要求同通知。

实例评析

××市××厅
关于第六届国际果蔬博览会工作的报告

市委、市政府:

第六届国际果蔬博览会,在市委、市政府的正确领导下,在联合国亚太经社会、中国工程院和山东省政府的高度重视和大力支持下,于9月23—27日在我市举办,获得了巨大成功。全国政协副主席、中国工程院院长徐匡迪,联合国副秘书长、联合国亚太经社会执行秘书金学洙,中国工程院副院长沈国舫,山东省副省长孙守璞,联合国亚太经社会国际信息通讯与空间技术司司长宣增培,联合国亚太地区农业工程与机械中心副主任常平等海内外重要来宾出席了会议。

综观本届果蔬会主要有以下几方面的特点:

一是参会参展规模大、层次高。本届果蔬会,共有来自近40个国家和地区,以及国内28个省市自治区的有关政府机构、中介组织和果蔬企业参会参展,共750多家,参展展位1070个,其中主会场610个,分会场460个。参会重要代表团110个,其中海外代表团80个,参会海外客商2500多人。联合国亚太经社会、联合国亚太地区农业工程与机械中心、韩国果树协会、澳大利亚新南威尔士州政府、意大利那不勒斯市政府、日本国际劳务管理财团、荷兰SINUS协会、法国爱博集团、香港冀鲁旅港同乡会,以及中国工程院、中国商务部、中国农科院和国内武汉、无锡、大连、石家庄、衡水、商丘、青岛等国际组织、政府和中介机构均派代表团参会。意大利水果气调贮藏设备公司、德国汉兹勒保鲜工程有限公司、日本山口园艺株式会社、荷兰AV灌溉设备公司,以及北京福瑞通科技有限公司、天津勤德新材料有限公司等海内外知名企业前来参会参展。本届果蔬会,无论是参展企业数量,还是展位数量,均创历届果蔬会之最。

二是经贸洽谈活跃,成果丰硕。本届果蔬会更加注重招商引资和贸易成交,为海内外果蔬商家开展经贸合作搭建了舞台,架通了桥梁,实现了果蔬业国际合作的新发展。会议期间,共签订利用外资项目64个,总投资7.1亿美元,其中外资额4亿美元。在签约项目中,大项目成交占主导地位,果蔬等涉农项目比重较以往明显增加,其中总投资千万美元以上的大项目26个,外资额3亿美元,占成交外资总额的75%。香港友联国际集团与蓬莱金创集团合资的友联(国际)蓬莱有限公司,总投资达1亿美元;香港中国中西部地区投资集团在烟台开发区独资兴办的富恒国际石化复合肥项目，总投资达8994万美元；澳大利亚公司在福山区独资兴办的室内滑雪场、森林公园及相关配套娱乐设施项目，总投资达5000万美元。会议期间，进出口贸易累计成交6.8亿美元，其中出口5.04亿美元，进口1.76亿美元。国内贸易成交8.94亿元人民币。广大客商普遍反映，果蔬会不仅为海内外果蔬商家企业提供了广泛接触和了解果蔬生产加工先进技术的机会，而且为我们加快走向国际市场创造了无限商机。

三是专业展区比重加大，更趋合理。本届果蔬会在保留了以往的果蔬优良种苗、果蔬加工机械与农用机械、农业生产资料等专业展区的基础上，根据我市膨胀发展食品加工业等四大支柱产业的战略目标和打造"食品名城"的宏伟计划，新增设了葡萄酒、果蔬饮料和水产渔业展区，总数达到7个，使展区设置更趋合理，并显示出旺盛的生命力。其中，仅加工机械和农用机械展区的展位就达到了80多个。广大参展客商普遍反映，专业展区的设置既符合果蔬会的主题和宗旨，又符合国际展会标准，令人耳目一新，完全符合当今国际上流行的以专业划分为主的展区设置模式。

四是主会场和分会场互为补充、"会中会"丰富多彩。在办好主会场的同时，组委会在栖霞和莱州两市分别设立了果品交易和优良种苗交易两个分会场，展位数量分别达到了150个和310个，吸引了众多的果蔬企业和采购商。同时，研讨会也在莱阳安排了分会场，与会专家就"如何冲破日韩农产品保护壁垒"做了专题讲座，受到农产品出口企业和广大果农菜农的欢迎。另外，组委会还推出了烟台农博园、张裕卡斯特酒庄、山村果园、龙大集团等一批果蔬科研、生产和加工企业，供与会客商前去参观考察。会议期间，与会企业和我市各县市区、有关部门还充分利用果蔬会的人流、物流和各类信息资源，组织举办了烟台—仁川中小企业技术交流合作洽谈会、胶东半岛制造业基地新闻发布会、烟台市首届海峡两岸经济技术合作洽谈会、中国企业网海外采购商对口洽谈会、采购商和供应商面对面活动、国内在烟投资企业家恳谈会等丰富多彩的经贸促进活动，受到了与会客商的普遍欢迎。

五是跨国采购聚焦烟台，洽谈采购十分活跃。本届果蔬会邀请了大批跨国采购商参会进行洽谈采购，进一步增加了会议商机。全球最大的连锁零售企业、世界500强排名第一的美国沃尔玛公司，世界500强日本丸红、法国家乐福，以及英国东方世贸公司、意大利莎尔威公司、印度常德水果贸易公司、俄罗斯全球贸易集团等海外大型采购商纷纷到会洽谈采购。其中，果蔬采购量千吨以上的企业达13家。果蔬会已经成为海内外果蔬采购的重要"窗口"和基地。

六是"在线果蔬会"魅力初现。本届果蔬会，首次开通了"在线果蔬会"，设置了网上咨询、企业名片、信息快递、网上贸易等，并与新浪、搜狐等国内知名网站链接。海内外果蔬企业和广大果农、菜农可不出家门，不出国门，不受时空、场地、会期等限制，通过互联网进行信息发布、技术咨询和网上交易。"在线果蔬会"开幕当天，上网点击人数达4500多人次。同时，胶东在线、烟台水母网等网络媒体，还分别对果蔬会进行了图文和视频的连续报道，扩大了会议的影响。果蔬会将成为"永不落幕的国际果蔬博览会"。

七是组织运作更加务实。本届果蔬会摒弃了以往轰轰烈烈的热闹场面，从活动设计及形式都比以往简单了许多，但效果却好于以往任何一届。开幕式上，以往的大型焰火晚会、大型歌舞晚会不见了；礼炮轰鸣、载歌载舞的场面也不见了；领导讲话、来宾致辞也简短了，取而代之的是具有国际会议特点的开幕酒会和简洁高雅的开馆式。开幕酒会上，领导致辞简短而生动，酒会气氛热烈而轻松；开馆式上，领导和来宾也不发表致辞，前后仅用了5分钟时间，但效果却非常好，得到了与会客商和社会各界的一致好评。

总之，本届果蔬会从办会理念，到活动设计，再到组织实施，都更加成熟，更加理智，更加务实，更加注重与国际接轨，注重体现特色，注重打造品牌，注重商务活动，注重技术和产品交易。中国工程院副院长沈国舫说："果蔬会组织得越来越好，越来越成功，烟台非常有魅力，有发展潜力，我对烟台充满信心。"

本届果蔬会的圆满成功，首先得益于市委、市政府的英明决策和正确领导，得益于全市上下各有关方面的团结协作、密切配合。在具体工作中，新闻宣传、经贸洽谈、科技交流、接待服务、城市环境综合整治、基地和分会场建设、安全保卫、文化娱乐、卫生防疫等九个专门工作委，以及各县市区、市直有关部门和中央省属驻烟有关单位，根据筹备工作的总体要求，分兵把口，各负其责，心往一处想，劲往一处使，认真扎实地做好各项筹备工作，为会议的成功举办作出了积极贡献。

在总结经验、庆祝成功的同时，我们清醒地看到，本届果蔬博览会的组织筹备工作还有一些不尽人意之处，需要不断地改进和完善。下一步，我们将按照省委、省政府"东部突破烟台"的要求，根据市委、市政府集中发展食品加工四大支柱产业和打造"中国食品名城"的战略部署，对果蔬博览会继续进行改革和创新。一是进一步删繁就简，压缩形式上的东西，多安排一些实际性经贸活动。二是从第七届起全面推行专业化布展，使之更加符合国际展会要求。三是缩短会期，将会议由现在的5天改为4天。四是积极探讨上下结合、内外结合等多种形式办展方式。重点加强与海外知名展览公司的联系，实现合作办会的新突破。

以上报告请批示。

××市××厅

20××年12月4日

【评析】

这篇报告写得较有特色。首先，特点概括比较到位。文中所列七大特点，反映了本届展会的基本面貌，而且每一特点均列出翔实的数据和材料加以说明，观点和材料相当吻合。其次，结构安排较为妥当。开头部分先介绍展会的时间、地点、举办背景、出席规格等情况，给人以总体的轮廓，然后用一过渡句很自然地转入主体部分，展开具体的介绍。主体部分按特点、经验、问题、措施的顺序一路写下来，脉络十分清楚。再次，语言朴素、简练，亦不乏生动之处。如"领导致辞简短而生动，酒会气氛热烈而轻松"，句式工整；"更加成熟，更加理智，更加务实"一句，适当运用了排比修辞方法，增强了语言的感染力。结尾用语"以上报告请批示"既准确、又得体，符合上行文的特点。由于报告只需要上级了解，并不要求答复，因此结尾处不能写“请批复”，但如果仅写“特此报告”，又显得不够尊重。而用“请批示”既表达了请上级给予指导的意思，又区别于请示的结尾用语。因此，总体上看，这是一篇写得较成功的报告。

二、请示

（一）请示的适用范围和特点

请示适用于向上级机关请求指示、批准。请示属于上行性、请复性公文。

（二）请示与报告的区别

请示与报告虽然都属于上行文，但却是两个不同的文种。二者的区别在于：

1. 行文目的不同。请示的目的在于请求上级机关的答复而使自己明确所请示的事项能否办、如何办；报告的目的在于让上级机关了解本单位的工作、情况，或者答复上级机关的询问，并不要求上级答复。因此，报告中不能夹带请示事项。

2. 内容表达不同。请示必须严格做到一文一事，不得一文数事，因为一文数事会因其中一事卡壳而耽误其他事项的批复，从而影响工作效率；报告中有一部分属于综合性报告，内容上要求全面系统。

3. 行文时间不同。请示一定要事先行文，报告则事前、事中、事后均可。

4. 行文语气不同。请示必须使用祈请性语气，报告则应当运用陈述性语气。

（三）请示的种类

1. 求示性请示。用于请求上级给予指示、指导或裁决。比如，在工作中遇到按上级的政策、规定难以解决的问题，需要变通执行时，或者对上级的有关规定不理解时，可以运用求示性请示。

2. 求助性请示。用于请求上级给予支持、帮助。比如，在工作中遇到困难，需要请求上级增补经费、添置设备、增拨指标时，可以使用求助性请示。

3. 求准性请示。用于请求上级批准、同意。凡是超出本机关、本单位工作职权范围的事项，或者按规定必须由上级批准方可办理的事项，应当事先上报请示，不得先斩后奏。

会展主办单位请求上级有关部门批准办会办展也应当用求决性请示，但由于申请办会办展的请示同时又属于会展申办文案，而且涉及专门事项，因此这类请示将在本章第八节中作详细介绍。

（四）请示的结构和写法

请示的结构包括标题、主送机关、正文、署名和成文日期五要素。

1. 标题。请示的标题由请示机关、请示事由和请示文种组成。

2. 主送机关。请示只写一个主送机关，不能多头请示。其他需要知晓的机关可列为抄送机关。请示的主送机关也不能写成领导人姓名。

3. 正文。请示的正文由三部分组成：

(1) 请示理由。写请示理由既要摆情况,又要讲道理。摆情况必须实事求是,一是一、二是二,不堆砌、不夸大,突出重点,详略得当。讲道理应当理据相符、逻辑合理,不要空发议论、危言耸听。

(2)请示事项。这部分写作的要求一是主题明确、一文一事;二是请示事项如名称、数量、价格、实施方法等要表达清楚;三是用语得体,充分尊重上级领导。行文中应当用“拟”、“望”、“打算”、“计划”表达自己的请求,切忌使用“应当”、“必须”、“务必”等带有强求或教训口气的词语。

(3) 结尾用语。请示的结尾用语具有表达请求愿望的作用,不能省略。书写时一定要另起一段,写“特此请示”或“以上请示当否,请批复”等,以示郑重。

4. 署名和成文日期的要求同通知。

实例评析

保安部关于更换1号馆灭火器的请示

总经理:

我中心1号馆常年陈列珍稀动物标本×××多件,价值×××万元人民币。该馆十年前配备的灭火器大部分已超过有效期,必须报废,其余的也即将超过有效期。目前正值冬季,气候干燥,万一发生火灾,将难以应急。市消防局上周五来我中心检查防火安全工作时,明确要求我们尽快更换这批灭火器。为此,我部拟购买D×-2型灭火器220件,所需资金二万五千元人民币,请予核拨。

特此请示

保安部

20××年12月30日

【评析】

这篇请示写作的特点是主题鲜明突出、结构完整严谨、篇幅短小精悍、语言准确得体。

首先,标题事由明确。该请示标题明确提出“更换1号馆灭火器”的事由,准确概括了全文的主题,具有较强的阅读提示作用。

第二,致送对象准确。在基层单位,请示往往直送行政负责人审批,致送对象一般不写机关名称,而是写行政负责人的职务。由于更换灭火器涉及资金审批的权限,应当由总经理亲自定夺,因此该请示致送对象必须写“总经理”。

第三,材料组织合理。该请示正文开门见山,直奔主题,在简要说明1号馆的主要功能、陈列物品的价值之后,话锋一转,摆出该馆灭火器已经过期的事实,使两个材料之间形成强烈对照:一方面是该馆常年陈列几百件珍稀动物标本,价值数百万元;另一方面却是消防器材过期失效,消防安全隐患严重。一般说来,上述两个材料已经足够说服领导,但作者并未就此打住,又接连摆出两项材料,一是冬季干燥、容易发生火灾的气候因素;二是消防部门的明确要求,既在情理之中又不咄咄逼人。这些材料相互关联、层层递进,有效地反映了该馆消防安全问题的严重性和急迫性。

第四，结构完整、严谨。该请示篇幅虽小，但结构完整严谨、意思到位。第一自然段重点写请示理由和请示事项，请示理由充分、有力，无夸大、虚假之处，请示事项中所购物品的名称、数量、价格清晰、具体，针对性强，要求明确。第二自然段“特此请示”一句既有强调作用，又照应了文种，收束全文。

第五，语言精炼、得体。该请示全篇无冗字、冗句。“常年”、“难以应急”、“请予核拨”等书面语庄重、精炼。陈述理由时，以客观事实为主，仅以“万一发生火灾，将难以应急”一句点明问题的严重性，且点到为止，不再铺张，足见作者遣词造句经过了缜密思考。提出请示事项时，用“拟”字代替“要求”、“决定”一类的刚性词语，委婉而又得体。

第六节 批复和函

一、批复

(一) 批复的适用范围和特点

批复适用于答复下级机关请示事项。批复属于被动性的下行文。

(二) 批复的种类

1. 按批复的内容性质分，批复可分为：

(1) 指示性批复。用于答复请求指示的请示。

(2) 批准性批复。用于答复求助性请示和求准性请示。

2. 按批复的态度分，批复可分为：

(1) 肯定性批复。即批准、同意下级请示事项的批复。

(2) 否定性批复。即否定下级请示事项的批复。

(三) 批复的结构与写法

批复的结构由标题、主送机关、正文、署名和成文日期五要素组成。

1. 标题。批复的标题由批复机关、批复事项和批复文种构成。在可批复标题事由中，应明确表明批复态度。

2. 主送机关。由于批复是答复请示事项的，因此批复的主送机关就是原请示机关。答复联合请示，应一一写明所有联合请示机关的名称。

3. 正文。正文可以分以下几部分来写：

(1) 开头。由于批复属于回复性公文，因此开头一定要引叙来文。引叙来文应当先引来文标题，再引来文字号。如果来文的标题漏写发文机关，可在来文标题前加上“你们”、“你公司”、“你局”等。

引叙来文后，可用“现批复如下”转入主体。如果批复事项较简单，可不用过渡句，也不分段，接着写批复意见。

(2) 主体。主体部分具体表述批复意见和事项，其写作要求一是态度明确，用“同意”、“不同意”等明确语言表明批复的态度。如果使用“原则同意”一词，应表明“原则同意”之外的具体意见。部分同意的，必须将同意的事项和不同意的事项分别具体说明。二是不要重复请示理由，也就是说，只需答复请示事项，也可对请示理由作适当肯定，但不可重复请示中已经陈述的理由。如需对批复事项的意义进行阐述、发挥，应当比请示中的表述站得更高，看得更远，讲得更深。三是对重要问题的批复，要适当说明批复的依据或否定的理由，必要时还应写明批复的程序。

批复意见和事项较多时，可以将每一条意见标号分段来写，以便于下级学习、贯彻、执行。

(3) 结尾。结尾可提出执行批复的希望、要求，有的较为简单的事项，则以“此复”结尾。如前面已有“现批复如下”的过渡句，则可省去结尾。

4. 署名和成文日期。要求同通知。

实例评析

上海市教育委员会关于同意上海教育国际交流协会举办“20××上海国际幼儿教育展览会”的批复

上海教育国际交流协会：

你会《关于拟举办“20××上海幼儿教育展览会”的请示》(沪教际协〔20××〕11号)收悉。经研究，我委同意你会于20××年6月1日至3日在上海展览中心举办“上海幼儿教育展览会”。

举办国际性会展是政治性和涉外性很强的活动。请你会认真做好该展会的各项筹备工作，对参展的境内外机构及其参展内容严格审核，不得邀请层次不高、办学不正规以及背景情况不明的单位和机构参展。在办会过程中确保参展单位和机构具备相应资格和合法资质，杜绝不实宣传和虚假广告，并做好大型展会的应急预案和安全工作。展览会结束后，请在两周内将书面总结报我委国际交流处。

特此批复

上海市教育委员会
20××年12月2日

【评析】

这篇批复的标题由批复机关、批复态度、批复事项和文种“批复”四部分组成，结构完整、规范，事由概括、明确。

批复是一种答复性文书，与请示密不可分，将来立卷归档时二者也必须组合成一卷。该批复一开头便引出来文请示的标题，然后再引发文字号，明确交代了该批复与所针对的请示的相互关系，也便于将来查照核对。

在主体部分中，批复机关对办好这次展览会提出了明确的要求，高屋建瓴、政策性强，具有十分重要的指导意义。

最后用“特此批复”作结，不加标点，显得干净利落。

缺点有两个方面：一是该展览会的名称表述不统一，标题中写的名称有“国际”一词，而在第一段中两处提到的展览会名称都没有“国际”一词，可能是书写时的遗漏，但这种遗漏是绝对不能发生的。二是“会展”、“展会”、“参展”、“办会”、“展览会”的提法不一致。“会展”一词的外延包括会议、展览、节事三类活动，“展会”一词仅指展览会，“参展”是指参加展出，“办会”是指举办会议。该文所指的展览会可以称为“展会”，前后要一致。举办展览会应当称“办展”，而不能称“办会”。

二、函

(一) 函的适用范围和特点

函适适用于不相隶属机关之间的商洽工作、询问和答复问题、请求批准和答复审批事项。函属于平行文。

(二) 函和请示、函和批复的区别

1. 请准函与请示的区别。请准函用于向无隶属关系、级别平等或较低、但在职能上受其管理的机关(即有关主管部门)请求批准；请示则用于向具有隶属关系的上级机关和在某一方面职能上受其管理的级别高于自己的上级有关职能机关请求批准。

2. 批准函与批复的区别。批准函用于答复无隶属关系，级别平等或较高，但在职能上受本机关管理的有关机关的请准函；批复则用于答复下级的请示。有时，下级向上级请示，上级授权其职能部门(与请示机关级别相等)代为答复，应当用函，而不用批复。

(三) 函的种类

1. 商洽函。用于不相隶属机关之间相互商洽工作。

2. 问、复函。用于不相隶属机关之间相互询问和答复问题。

3. 请准、批准函。用于不相隶属机关之间相互请求批准和答复审批事项。

(四) 函的结构与写法

函的结构包括标题、主送机关、正文、署名和成文日期五要素。

1. 标题。由发函机关、事由加上文种“函”组成。复函应当标明“复函”二字。

2. 主送机关。写明致函对象，一般用单称或并称。

3. 正文。根据不同类型的函确定正文的内容和写法。

(1) 开头。通知函、询问函、商洽函的开头交代去函的目的和原因。复函的开头要引叙来函，先引来函标题，再引来文字号。

(2) 主体。写明通知、询问或商洽的具体内容。复函的主体部分应当针对来函事项作出明确的答复。商洽函要采用“对方姿态”，即行文语气用词要尊重对方，并注意从对方的角度和立场来考虑和表述问题。

(3) 结尾。通知函的结尾可用“专此函告”等；询问函的结尾用“函复为盼”等；商洽函的结尾可用“望大力协助为盼”等；复函可用“特此函复”等。

4. 署名和成文日期。要求同通知。

实例评改

关于第××届广交会期间第一批非星级酒店(宾馆)房价实行政府指导价管理的通知

市旅游局：

你局《关于广州市非星级饭店标准客房价格核定的函》(穗旅函〔20××〕50号)收悉。根据我局《关于第100届广交会期间旅业房价有关问题的通知》(穗价〔20××〕129号)规定,经研究,嘉逸国际酒店等35家酒店(宾馆)在第××届广交会期间标准双人房和高级(豪华)双人房房价实行政府指导价管理,标准双人房基准价具体标准按附件执行。

请通知有关单位按规定做好明码标价工作。属标准双人房、高级(豪华)双人房房型的,不得以精英房、商务房、江景房、园景房、风景房,或以送水果、早餐等名义变相提高客房价格。

附件:第××届广交会期间第一批35家非星级酒店(宾馆)标准双人房基准价表

20××年9月25日

【评改】

这篇文案写作的比较突出的优点有两方面：

一是在引叙和引用文件时均采用了先引文件的标题、再引发文字号的方法,既便于有关方面查对原文,又体现规范严谨的写作风格。

二是在表述意见时,对需要执行的规定所适用的时间(第××届广交会期间)、适用的具体对象(嘉逸国际酒店等35家酒店的标准双人房和高级双人房)、执行时要注意的问题都讲得非常明确,语言十分简练。

不足之处有以下几点：

一是全文未标发文机关。由于该文发表在广州市物价局的网站上,即使标题未写发文机关,末尾没有署名,读者尚可根据网站的主办单位来判断发文的主体,但如果转载的话,就很可能成为“无头文案”。

二是文种错误。从正文得知,该文是在收到广州市旅游局的来函后写的答复性文案,属于不相隶属机关之间相互商洽工作的性质,因此文种应为“复函”,而不是“通知”。

三是存在个别语病：

1. “经研究”只是表明一种工作程序,并不代表结果,因此其后必须紧跟明确表达态度的词语,如“决定”。

2. “嘉逸国际酒店等35家酒店(宾馆)在第××届广交会期间标准双人房和高级(豪华)双人房房价实行政府指导价管理”一句主语的中心词是“房价”,而“房价”本身只能被动,无法施动,因而不能作主语。修改的方法可在整个主语前加上“对”字。

3. “嘉逸国际酒店等35家酒店(宾馆)”和“标准双人房和高级(豪华)双人房房价”这两个词组关系较为紧密,前者限定后者,中间不宜插入“在第××届广交会期间”。修改的方法可将“在第××届广交会期间”抽出,放在最前面作时间状语。

【修改后参考例文】

广州市物价局关于第××届广交会期间
第一批非星级酒店(宾馆)房价
实行政府指导价管理的复函

市旅游局:

你局《关于广州市非星级饭店标准客房价格核定的函》(穗旅函〔20××〕50号)收悉。根据我局《关于第100届广交会期间旅业房价有关问题的通知》(穗价〔20××〕129号)规定,经研究决定,在第××届广交会期间,对嘉逸国际酒店等35家酒店(宾馆)的标准双人房和高级(豪华)双人房房价实行政府指导价管理。标准双人房基准价具体标准按附件执行。

请通知有关单位按规定做好明码标价工作。属标准双人房、高级(豪华)双人房房型的,不得以精英房、商务房、江景房、园景房、风景房,或以送水果、早餐等名义变相提高客房价格。

附件:第××届广交会期间第一批35家非星级酒店(宾馆)标准双人房基准价表

广州市物价局
20××年9月25日

第七节 会展规章

一、会展规章的含义和特点

(一) 会展规章的含义

会展规章是指在会展管理和会展活动过程中,由会展管理机构和会展活动的组织机构制定的,对有关的组织及个人具有规范作用和约束作用的文案,包括涉及会展管理的行政法规、地方性法规、国务院部门规章、地方政府规章、会展行业规章、会展组织和会展企业内部规章、会展活动规则等。

(二) 会展规章的特点

1. 约束性。约束性是会展规章的本质特征。会展规章,有的属于行政法规和行政规章,具有法定的规范约束作用;有的属于行业规章或企业内部规章,用于行业管理和企业的内部管理;有的属于会展活动临时性的主办者制定的规章,要求参加会展活动的各个方面遵守执行;或由特定的会议通过,成为会议成员必须共同遵守的章程和规则。

2. 稳定性。会展规章一旦发布施行,不宜经常改变。因此,制定和修正会展规章一定要慎而又慎。

3. 程序性。一般的会展文案可由领导人在职权范围内签发,而会展规章的制定、发布和修正却有一套严格的程序,必须充分发扬民主、广泛听取意见、严格审查审议、集体讨论决定,必要时应提交专门的会议或全体大会投票通过。

4. 统一性。会展规章的每一项具体条文都应当在结构序列中有明确的位置和统一的表述方法，以便于学习、查找、引用和解释。

5. 严密性。会展规章是规范人们行为的依据，具有法律和行政的效力，因此，从条文设计到语言表述都要确保内容体系的完备性和严密性。在条文设计方面，什么可以做、什么不可以做；什么必须做，什么不准做；该做的应当怎么做，做了不该做的如何处罚；新的规定出台后，与老规定是什么关系；什么时候生效，解释权归谁，等等，都要考虑周到。在语言表述方面，不使用夸张性、比喻性词语，严格控制模糊词语的使用，对专用术语应当作出详细解释和界定。

二、会展规章的结构要素与体例

(一) 会展规章的结构要素

1. 标题。写明适用范围、事由和文种。如《厦门市展览业管理办法》。

2. 稿本。如提交有关部门审批或会议表决通过，应当用圆括号标明“草案”二字。

3. 题注。政府机关发布或在会议上通过的会展规章，应标明题注，写明发布机关名称（或通过此规章的会议名称）、发布（或通过）日期。标明题注的规章，不再标注制定机关和日期。

4. 目录。为了便于检索，内容较多、篇幅较长、分章分节的规章，应当设置目录。目录只需设编、章、节，并标明序号和小标题。

5. 正文。会展规章的正文一般由总则、分则和附则三个部分组成：

(1) 总则。总则一般放在开头，用以说明制定该项法规或规章的目的、指导思想、基本原则以及法律依据和适用范围，有的还应解释专用术语。内容较为复杂的会展规章，总则作为第一章，并标明“总则”二字。如果内容较简单，全文可不分章，以第一条为总则，但一般不标“总则”二字。有时为了方便查阅，也可表述为“第一条 （总则）”，然后换一行写具体内容。总则内容较多的，也可分成几条分别表述。

(2) 分则。分则是会展规章的主体部分，是对各项规定分门别类地进行具体表述的内容。分则一般要说明该项法规或规章适用的对象，对象的权利和义务及其履行的程序、方法，如果违反规定应负的法律责任以及相应的制裁方式（罚则）等。分则一般分成若干章或若干条分别加以说明。

(3) 附则。附则是会展规章的结尾部分，一般作为最后一章，不分章的可作为最后一条，亦可分解成若干条。附则用以说明与主体部分有关的事项，如该文件的解释权，生效或实施的时间，授权什么单位制定具体实施办法或实施细则，比照执行的范围或不适用的对象，与原有或其他规章的关系，以及补充说明的其他规定等。

6. 制定单位。基层单位制定的会展规章，应在正文右下方写明制定单位的名称。

7. 制定时间。基层单位制定的会展规章，在制定单位名称下方写明制定的具体日期。

写明制定单位和日期的管理规章，无需再标写题注。

(二) 会展规章的结构体例

会展规章的结构体例有两种：一种是序号式，主要用于内容简单、引用率较低的会展规章；另一种是章条式，主要用于内容较为复杂、引用率较高的会展规章。

章条式结构体例具有名称统一、表述规范、容易辨识，便于引用和查找的优点，是会展规章通常采用的结构体例。下面对章条式结构体例的功能和表述方法作简要的介绍。

1. 宏观结构层次——编、章、节。主要功能是对条文较多、结构较为复杂的会展规章划分较大的层次。其中，编属于最高的结构层次，只有当设立了章和节两个层次后还不能满足结构表达的需要时，才考虑使用。章是基本层次。当会展规章的内容表述需要设置宏观结构层次时，应当首先设章。章下面直接设条。如果章下所设的条较多，章与条之间可分节。节是一种辅助性结构层次。在同一文本中，有的章下面可以分节，有的章下面也可以不分节而直接设条。

编、章、节应当在名称前冠以汉字的序数词，后空1—2字缀以标题，并以较醒目的字体字号居中标识于该层次的上方，如："第一章　总则"。章和节一律依各自的上位层次从头开始编码。

2. 中观结构层次——条。条是会展规章结构表达的独立单位。在确定会展规章结构框架时，应当首先考虑设条，然后根据结构表达的需要适当增设其他的层次。会展规章的结构层次无论复杂还是简单，除少数文本的序言外，从头至尾都必须按条的先后顺序依次连续编码，不受编、章、节编码的制约。

条可用两种表述方法：一种是单纯用序号表述，即在条的名称前面冠以汉字的序数词。如："第一条"，后面不加标题，左空2字置于条的开头，后空1字直接书写条文，请看下例：

第五条　行业协会的宗旨是：遵守中华人民共和国法律、法规，在政府有关部门的指导下，协助政府从事行业管理，保护会员的合法权益，提高行业整体素质，形成行业自律机制，组织行业国际交流和合作，促进上海会展行业的健康发展。

另一种是序号加标题，即在序号后面空1字，加上用圆括号括入的标题。如："第一条　(目的和依据)"，另起1行左空2字书写条文，请看下例：

第一条　(目的依据)

为了规范展览经营行为，完善展览业发展环境，增强城市综合服务功能，根据国家有关法律、法规，结合本市实际，制定本办法。

3. 微观结构层次——款、项、目。微观结构层次的主要功能是对各自的上位层次进行细化，因而它们相对于各自的上位层次都具有较强的隶属性，不能单独设立。

(1) 款。款是直接设于条下的、意义完整的自然段落。也是直接构成条的基本要素，条下面可以只有一款，也可以由若干款组成。条下面如果只设一款，可直接读作"第×条"，而无需读出款。条下面如果设若干款，可直接用自然段来划分和辨读，不需要在条的起始处设总领句，口头引用时则按自然段落的顺序读作"第×条第×款"。款与款之间既可以是意义上平行并列或程序上先后承接的关系，也可以是内容上补充完善的关系，这一点同款与项之间是总与分关系有着明显的区别。

款在写作上必须遵循完整性和单一性原则。所谓完整性，是指一款应当完整表达一个主题或说明一个问题。所谓单一性，即在一个款内只能表达一个主题或说明一个问题，如果需要对前一个主题作进一步说明或补充完善，或者需要表达另一个与之相关但又并列的主题，则应当另设下一款。如下例：

第四条 （参展要求）

本届展会国内外参展作者由特邀和应征两种方式组成；特邀名单由组委会下设的策划委员会确定；同时在全世界范围内征集参展作品。

参展作品以绘画和雕塑作品为主，具有较高的美学品位和艺术质量，原则上应为近5年来的创作成果。

(2) 项和目。款如果需要下设项或者项如果需要下设目，第一自然段为总领句，后加冒号。项与项、目与目都是并列的分句，均另起一行左空2字书写。分句之间一般用分号隔开。项用汉字的基数词外加圆括号依次表述，如“(一)”；目用阿拉伯数字加点号依次表述，如“1.”。序号后面不用标出“项”和“目”，也不用空格，直接书写该项的内容。项和目一律依各自的上位层次从头开始编码。

实例评改

第一例

第五条 ××市会展管理专业技术水平认证分为三个级别。

会展管理(初级)：基本掌握会展一般操作流程，协助项目负责人完成指定工作。

会展管理(中级)：掌握会展管理工作，带领项目团队完成经营者交办的工作。

会展管理(高级)：具有经营决策能力，实现企业的经营目标。

【评改】

上文在写作体例上存在两个问题：

一是总和分的关系没有清楚表达。第一自然段和后面三个自然段在意义上明显具有总分关系，但由于第一自然段后面用了句号，以致同后三个自然段的关系被割裂。因此第一自然段后面的句号应改为冒号，第二、第三自然段后面的句号改为分号。

二是体例标志不正确。后三个自然段是该节下属的三个并列项，而项的表述应当前置汉字序数加圆括号，否则，当需要口头或书面引用该项内容时，就会产生麻烦。

【修改后参考例文】

第五条 ××市会展管理专业技术水平认证分为三个级别：

(一) 会展管理(初级)：基本掌握会展一般操作流程，协助项目负责人完成指定工作；

(二) 会展管理(中级)：掌握会展管理工作，带领项目团队完成经营者交办的工作；

(三) 会展管理(高级)：具有经营决策能力，实现企业的经营目标。

实例评改

第二例

第五条 举办单位

(一) 主办:世界××组织、国家有关部门;

(二) 承办:××市人民政府、××市××区人民政府、××集团控股有限公司。

主办、承办单位均需进行正式确认,并订立主、承办责任书。可根据实际需要确定特别协办、协办、支持单位。

第六条 组织机构

(一) ××博览会组织委员会。

××博览会组织委员会是世界休闲博览会的领导机构。组委会成员由××博览会主办单位和承办单位等有关机构的负责人担任。

(二) ××博览会执行委员会。

执委会由组委会分管领导和办事机构负责人组成,负责与世界××组织沟通信息,工作对接,做好与世界××组织共同主办的项目及相关事项的协调和组织工作。

【评改】

一、第五条存在的问题:

1. 项的前面缺少总领句。项是款下属的结构层次,项与项之间是并列关系,因此,款下面分项必须先设总领句。第五条下面直接设了两个项:(一)和(二),但却没有设总领句。"举办单位"这一词组并不是总领句,而是第五条的小标题。条的序号后面的词组或短语,可以作为条的标题,也可以作为下设各项的总领句(当条下面只有一款,而且款下面又分项时,条可以直接下设项),区别的方法是看后面是否有冒号,无冒号的词组或短语是条的标题,有冒号的则属于总领句。该章程所有条后面的词组都没有冒号,因此应"举办单位"当视作第五条的标题。既然"举办单位"是条的标题,而且下面直接设"(一)"和"(二)"两个项,那么从结构体例上来看,第五条的第三自然段就理应是第(三)项。然而,第三自然段并没有标明"(三)"。这就产生了问题:第三自然段到底是第(三)项还是独立意义上的款?从内容表述和逻辑关系上来看,"(一)"和"(二)"这两项分别说明"举办单位"的两种性质,共同组成第一款,而第三自然段则是对主办、承办单位的要求,应当独立成段,作为第五条的第二款。只有这样,才能既符合逻辑,又遵守了章条式结构体例的表述规则。

2. 第五条第三自然段应当分设两款。前一句"主办、承办单位均需进行正式确认,并订立主、承办责任书"与后一句"可根据实际需要确定特别协办、协办、支持单位",是分别从两个不同的方面对"举办单位"提出要求,意义上相互独立,因此根据款写作的单一性原则,第五条第三自然段应当视作两款,分段写作。

3. "有关部门"、"主办、承办单位均需进行正式确认"的提法与章程的精神相矛盾。会展活动的章程一般是由组委会制定的,而组委会是由主办单位和承办单位等机构的负责人担任(第六条之规定)。既然本章程业已制定、发布,说明主办单位和承办单位也已确定,前款也有明确规定,为何还有"有关部门"的说法和"均需正式确认"的要求?既然要"正式确认"那就意味着有可能"确认"不成功。一旦"确认"失败,组委会的组成人员就要变动,章程就可能会被修改。造成这一问题的原因可能是两个方面，或者是主办单位和承办单位确实还未完全确定，需要协商后“正式确认”，或者是作者的“神来之笔”，多此一举。如果是前一种原因，说明该章程还处在“意向书”的阶段，不是最后文本，不该作为章程发布，因为章程是根本性的规章，所述事项都应当是确定的。如果是后一个原因，则应当作文字删改。

二、第六条存在的问题：

1. 项下面分段不当。我国《立法法》规定：“款不编序号，项的序号用中文数字加括号依次表述，目的序号用阿拉伯数字依次表述。”根据这一规定，第六条的(一)和(二)都属于项，这一点毫无问题。问题在于项下面却设置了独立的自然段。在章条式结构体例中，项只有在需要下设目时，才需要分段，而且目应当用阿拉伯数字依次表述。独立成段而又不编序号的应当是款，而不是项，更不是目。可见第六条结构体例的表述形式上犯了严重错误。

2. 缺少总领句。这一错误与上面第五条相同。

3. 项的设置与内容表达不一致。在章条式结构体中，项与项之间是并列关系，而不是递进关系、转折关系。第(一)项的“组织委员会”与第(二)项的“执行委员会”并不是两个独立平行的机构，相互之间是包含与被包含的关系，在管理上是上下级关系，因此用项来表述它们之间的关系，显然是错误的。修改的方法是将原来的项提升为款，并重新组织句子。

【修改后参考例文】

第五条　(举办单位)

本届××博览会的主办单位是世界××组织、国家××部；承办单位是××市人民政府、××市××区人民政府、××集团控股有限公司。

主办、承办单位均需与组委会订立主、承办责任书。

组委会可根据实际需要确定特别协办、支持单位。

第六条　(组织机构)

××博览会的领导机构为组织委员会(以下简称“组委会”)。组委会成员由××博览会主办单位和承办单位等有关机构的负责人担任。

组委会下设执行委员会(以下简称“执委会”)。执委会由组委会分管领导和办事机构负责人组成，负责与世界××组织沟通信息，工作对接，做好与世界××组织共同主办的项目及相关事项的协调和组织工作。

三、会展章程

(一) 会展章程的含义和适用范围

会展章程是就某个组织或某项活动的根本制度和规则作出明确规范的文案。会展规章分为两种：

1. 会展组织章程。适用于规定某个会展组织的性质、宗旨、任务、内部机构、成员条件、活动规则等，是特定会展组织内部带有根本性质的规章。这类章程普遍用于会展行业机构、会展企业和其他会展组织。会展组织章程的制定和修订一般须经该组织的全体成员或代表会议讨论并通过。通过章程应形成批准性决议，并报由关上级领导机关或主管部门批准、备案。

2. 会展活动章程。适用于组织大型会展活动时，对活动的名称、目的、宗旨、时间、地点、组织机构、活动规则和程序、参加条件和办法等，作出全面的规定，如《2014 第二届中国北京国际××艺术展章程》。会展活动章程属于该项活动具有根本性的规章制度，一般由活动的主办方制定并解释，并报有关部门审批备案，一旦公布，要求包括主办者在内的所有活动参与者共同遵守。

(二) 会展章程的结构和写法

会展章程如提交有关部门审批或会议表决通过，其结构一般包括标题、稿本、正文三部分。经会议表决通过的会展章程，其结构由标题、题注、正文组成；由主办单位或组委会制定的会展活动章程，其结构由标题、正文、署名和发布日期组成。

会展章程属于根本性的规章制度，引用率较高，正文一定要采用章条式结构体例。

实例评改

20××中国体育品牌风云榜暨领袖年会章程

第一章　总则

“20××中国体育品牌风云榜暨领袖年会”是由中央电视台××频道、中国××杂志、××网主办，北京××管理有限公司承办，以及战略合作伙伴××博浪联合推出的一次全国性体育产业峰会。

会议共分为两部分：中国体育品牌的评选和体育产业论坛。

活动旨在弘扬中国民族体育品牌，借以推动中国体育产业的发展和体育产品的科技创新，增强国际竞争力。第一部分评选中，组委会已组建由各方面专家组成的评审团从企业资产规模、市场占有率、公众美誉度、内部管理、创新能力、质量体系等全方位地进行评估，并配以社会走访、网上投票等手段进行一系列的调查核实工作，在全国范围内广泛开展评选活动。第二部分论坛中，将由政府相关人士、国际体育品牌专家、成功企业家代表作主题演讲，从体育市场的管理、中国体育品牌产业与本土化战略部署、体育品牌与质量体系、国内竞争与国际化进程、品牌代理与广告战略、经销与品牌维护等多角度紧密结合产业脉络，并涵盖包括奥运会在内的现代体育商业运作的各个层面。“20××中国体育品牌风云榜暨领袖年会”将是中国体育市场的一个缩影，从中可以了解中国体育产业市场竞争格局和中国体育用品市场的未来。

第二章　组织机构

为使本次体育风云榜评选暨领袖年会工作优质有序地进行，组委会开设多个部门全方位为参加本次评选的企业和企业代表服务。

专家评委会：负责组织相关行业专家、学者对参加评选的企业进行评比，并开展网上投票和市场调查；

商务组：负责制定相应的商务推广方案，并与其他部门协调；

会务组：负责接待企业及企业代表报名，受理企业意见和投诉，审核企业和各级体育主管部门提交的文件和申请，并提供活动的后勤保障；

企划组：负责组织筹划评选细节和论坛的选题及相关文案的撰稿，策划活动的预算及实施，并负责与参加评选单位企划部联系相关事宜；

媒体宣传组:负责与各新闻媒体建立联系,协调参加本次活动媒体的时间安排和对热点人物的采访安排。

第三章　参与及评选办法

第一条　为使本次活动具备规模、组织完善、包装精良,打造成中国体育产业的一项重要活动。组委会将面向社会进行商务推广活动,寻求战略合作伙伴;(凡登记参选企业不得以任何形式参与组委会商业开发推广活动)

第二条　参加本次“20××中国体育品牌风云榜评选活动”的企业必须是中国品牌,并具有一定规模及合法经营的体育类企业,总资产额4000万人民币以上;

第三条　所有企业都将免费参加风云榜的评选活动,企业代表将受到组委会的邀请;

第四条　所有参选企业必须在评选前一个月向组委会提交登记表及相应资料,在递交登记表截止时间后,参选企业不得撤销参选;

第五条　所有参选企业可将报名资料用特快专递或专人递送组委会,以便组委会签收备案,或网上提交电话确认;

第六条　本次评比将在公开、公平、公正的原则下操作,专家评审团根据企业申请表和提交的证明文件,结合行业情况,核实相关信息对报名参选企业首先进行筛选。并选出中国体育品牌100榜。在经过专家评审团和网上投票情况进行综合打分,最终评出12个单项大奖。(具体见评比办法文件)

第四章　参选企业的权利义务

第一条　凡参选企业及企业代表有权了解本次“20××中国体育品牌风云榜暨领袖年会”的章程、组织形式、评比办法等,并得到组委会承诺的服务;

第二条　参选企业在评选之前有权更改或另外补充参选登记表相关内容;

第三条　参与评选的企业及企业代表有投诉、质询的权力,评委会在评选过程中若出现与组委会承诺的情形不符时,可立刻向组委会投诉或质询;

第四条　组委会未承诺的服务,参与评选的企业及企业代表向组委会提出申请,经双方协商可达成特别约定;

第五条　参与评选的企业必须符合要求,手续合法,向组委会提供真实资料,不得瞒报。对已提交资料做任何补充,应以书面形式详细说明;

第六条　参选企业有义务向组委会无偿提供企业名称和标志以供组委会宣传中使用;

第七条　参与本次评选的企业及企业代表必须遵守组委会制定的相关规定;

第八条　本次评选活动如遇不可抗力原因致使评选不能举行或如期举行时,组委会有权调整时间和适时安排,为保证评选和年会的顺利举行,参与企业及企业代表必须无条件执行;

第九条　参与评选的企业及企业代表与组委会发生争执无法解决时,参与企业及企业代表有权向北京地方法律部门申诉。

第五章　组委会的权利义务

第一条　组委会有义务向参加评选的企业及企业代表落实评选的相关规定及承诺;

第二条　组委会有义务向参加评选的企业及个人提供评选活动的相应资料，以便企业了解本次活动的章程、组织形式等；

第三条　组委会未承诺的服务，参与企业及个人向组委会提出申请时，组委会有权拒绝申请；

第四条　组委会有权向参与评选的企业及个人索取准确、完整的企业和个人资料；

第五条　评选活动开始之前或评选中，因参与评选企业一方原因不能继续参加评选时，组委会有权扣留参选企业填报资料；

第六条　参与评选的企业在填报企业资料中有弄虚作假情况出现时，组委会一经发现有剥夺其企业参与评选的权力；

第七条　组委会有权在活动宣传中无偿使用参选企业的名称及企业标示；

第八条　本次评选活动如遇不可抗力原因致使评选不能举行或如期举行时，组委会有权调整时间和适时安排；

第九条　组委会与参与评选的企业及企业代表发生争执无法解决时，组委会有权向北京地方法律部门申诉。

第六章　其他规定

第一条　组委会规定与政府有关法律、法规相抵触时，应按国家法律法规执行；

第二条　本次活动如遇不可抗力原因不能举办或中途取消活动，组委会将另行通知；

第三条　本章程最终解释权归本次活动组委会。

20××中国体育品牌风云榜暨领袖年会组委会

20××年6月

【评改】

该章程属于会展活动章程，从内容上看，对活动的名称、组织者、宗旨、形式、组织机构、参加办法、评选规则、各方的权利和义务等都作了较为详尽的规定，具有较强的可操作性。结构的总体安排分为总则（第一章）、分则（第二章至第五章）和附则（第六章其他规定），结构完整、合理。

需要改进的方面如下：

一、条的编排要统一

在章条式结构体例中，条是贯穿结构体系的基本线索。会展规章的结构层次无论复杂还是简单，除少数文本的序言外，从头至尾都必须按条的先后顺序依次连续编码，不受编、章、节编码的制约。该章程的第一章和第二章都没有标注条，从第三章起开始编排条，而且均按章重新编排，违反了章断条连的规则。

二、标点使用要规范

1. 条的句末应当用句号。该规章条的末尾都用了分号。分号用于表示并列分句之间的停顿。条是一个独立完整的句子，条与条之间并不构成复句，因此每一条的末尾应当用句号，而不是分号。

2. 第一章的第三自然段“组委会已组建由各方面专家组成的评审团”后

面应当加逗号，表示句子中的一般性停顿。

3. 第三章第五条“或网上提交电话确认”一句应在“网上提交”与“电话确认”之间加顿号。

4. 第三章第六条中的“进行筛选”后面应改为逗号。

5. 第六章第一条“应按国家法律法规执行”一句应在“法律”和“法规”之间加顿号，以同前一个“法律、法规”相一致。

三、部分结构需作调整

1. 第一章的第二自然段实际上讲了三层意思。一是介绍了活动的宗旨。这部分的内容较重要，位置应当提前，作为第二自然段(即第二条)。二是介绍了两部分活动的情况。这一内容与原第二自然段关系密切，应当与其合为一段来写。三是阐述本次活动的意义。由于章程属于规范性文案，不作议论，因此这部分内容可删去。

2. 第五章的标题既然是“组委会的权利义务”，下面的条款就应当先写权利后写义务。这样，该章的第一条和第二条有关组委会义务的条款应移至该章的最后。

四、多处语病需修改

1. 第一章第一自然段中的“战略合作伙伴××博浪”前面缺少介词。可将“以及”改为“并与”。

2. 第三章第六条中的“在经过专家评审团和网上投票情况进行综合打分”一句主语残缺，可改为“专家评委会综合网上投票的情况进行打分”。

3. 第四章第三条“评委会在评选过程中若出现与组委会承诺的情形不符时，可立刻向组委会投诉或质询”一句的主语应当是“参与评选的企业”而不是“评委会”。

4. 第五章第三条“组委会未承诺的服务，参与企业及个人向组委会提出申请时，组委会有权拒绝申请”一句语法结构混乱。应改为“参与企业及代表要求组委会提供未承诺的服务，组委会有权拒绝”。

5. 第五章第六条“参与评选的企业在填报企业资料中有弄虚作假情况出现时，组委会一经发现有剥夺其企业参与评选的权力”一句语病较多。一是“有弄虚作假情况出现”属于“有弄虚作假情况”和“弄虚作假情况出现”两种句式的杂糅；二是“一经发现”后面缺少宾语，因为意义上的宾语“参与评选的企业在填报企业资料中有弄虚作假情况”已经提前，但却在其后面加了个“时”字，使其成了状语，不能再充当宾语。此句可修改为“参与评选的企业在填报企业资料中有弄虚作假情况，一经发现，组委会有剥夺其参与评选的资格”。

五、前后脱节、用词不当

1. 第一章第一自然段的主语是“20××中国体育品牌风云榜暨领袖年会”，实际上包含了评选和年会两项活动，而谓语却是“一次全国性体育产业峰会”，只对应“领袖年会”，导致了主项和谓项的脱节，可将“峰会”改为“盛事”。

2. 第一章第二自然段的“会议”一词不能涵盖后面“中国体育品牌评选”一词的意义，因为“会议”与“评选活动”之间不存在概念上的从属关系。应当将“会议”改为“活动”，这样也可与下文的提法保持一致。

3. 第二章第一自然段“组委会开设多个部门全方位为参加本次评选的企业和企业代表服务”一句中有两处需要修改：一是“开设”一词应改为“下设”；

二是要在“企业代表”前加“参加年会的”几个字，因为参加评选的对象是企业，企业代表是参会。第四章第四条中也有类似的问题。

4. 第二章第二自然段“开展网上投票和市场调查”一句容易被理解为专家评委会自己进行网上投票，因此“开展”一词应改为“组织”。

5. 第二章第四自然段“负责接待企业及企业代表报名，受理企业意见和投诉”一句有两处需修改：一是“接待”与“报名”搭配不当，应改成“接受”；二是“受理”与“意见”搭配不当，由于投诉的内容包含意见、建议和要求，因此这一句可改成“受理企业投诉”。

6. 第二章第五自然段“策划活动的预算及实施”一句的“策划”与“预算”搭配不当，可改为“制定”。

7. 第三章第一条“寻求战略合作伙伴”中的“战略”一词含义模糊，应删去。

8. 第三章第六条中的“评比”一词应改为“评选”，以同其他地方的提法相统一。

9. 该章程前后多次出现“专家评审团”和“专家评委会”两种不同提法，应当统一表述为“专家评委会”。

10. 第四章第九条“参与企业及企业代表有权向北京地方法律部门申诉”一句的“法律部门”应改为“法院”，“申诉”应改为“起诉”。

该章程还有一些问题不再一一评析。下面是修改后的参考文案。

【修改后参考文案】

20××中国体育品牌风云榜评选活动暨领袖年会章程

第一章 总则

第一条 “20××中国体育品牌风云榜评选活动暨领袖年会”（以下简称“活动”）是由中央电视台××频道、中国××杂志、××网主办，北京××管理有限公司承办，并与战略合作伙伴××博浪联合推出的一次全国性体育产业盛事。

第二条 本次活动旨在弘扬中国民族体育品牌，推动中国体育产业的发展和体育产品的科技创新，增强国际竞争力。

第三条 本次活动分为以下两部分：

（一）中国体育品牌风云榜评选。由组委会组建专家评委会，从企业资产规模、市场占有率、公众美誉度、内部管理、创新能力、质量体系等方面对参选企业进行评估，并配以社会走访、网上投票等手段调查核实，在全国范围内广泛开展评选活动。

（二）体育产业领袖论坛。由政府相关人士、国际体育品牌专家、成功企业家代表作主题演讲，从体育市场的管理、中国体育品牌产业与本土化战略部署、体育品牌与质量体系、国内竞争与国际化进程、品牌代理与广告战略、经销与品牌维护等角度进行探讨。

第二章 组织机构

第四条 为使本次体育风云榜评选暨领袖年会工作优质有序地进行，组委会设以下部门为参加本次活动的企业和企业代表提供全方位服务：

（一）专家评委会负责组织相关行业专家、学者对参选企业进行评比，并开展网上投票和市场调查；

（二）商务组负责制定相应的商务推广方案，与其他部门协调后予以实施；

（三）会务组负责接受企业及企业代表的报名，受理企业的投诉，审核企业和各级体育主管部门提交的文件和申请，提供活动的后勤保障；

（四）企划组负责筹划评选活动的细节和论坛的议题，起草相关的文案，制定活动的预算并执行，并负责与参选单位的联络；

（五）媒体宣传组负责与新闻媒体建立联系，协调新闻媒体参加本次活动的时间安排和对热点人物的采访安排。

第三章　参与及评选办法

第五条　组委会将面向社会进行商务推广活动，寻求合作伙伴。

凡登记参选的企业不得以任何形式参与组委会商业开发推广活动。

第六条　参选企业必须是中国品牌的体育类企业，总资产额在 4000 万人民币及以上。

第七条　任何企业都可免费参加评选活动，参选企业将被邀请派代表参加领袖年会。

第八条　所有参选企业必须在评选前一个月向组委会提交登记表及相应资料。在递交登记表截止时间后，参选企业不得撤销参选。

第九条　所有参选企业应将报名资料用特快专递或专人递送组委会，以便组委会签收备案，也可采取网上提交、电话确认的方式。

第十条　本次评选将根据公开、公平、公正的原则进行。专家评委会根据企业提交的申请表和证明文件，结合行业情况，核实相关信息，对参选企业进行筛选，选出中国体育品牌 100 榜。专家评委会综合网上投票的情况进行打分，最终评出 12 个单项大奖。（具体见评比办法文件）

第四章　参选企业的权利义务

第十一条　参选企业及与会代表有权了解本次活动的章程、组织形式、评比办法等信息，并得到组委会承诺的服务。

第十二条　参选企业在评选之前有权更改或补充参选登记表的相关内容。

第十三条　参选企业及与会代表若发现评委会在评选过程中有与组委会承诺不符的情形，可向组委会投诉或质询。

第十四条　参选企业及与会代表如需组委会提供事先未承诺的服务，可与组委会协商达成特别约定。

第十五条　参选企业应符合第三章第六条规定的条件，并向组委会提供真实资料；对已提交的资料做补充，应采用书面形式。

第十六条　参选企业有义务无偿向组委会提供企业名称和标志以供组委会在宣传中使用。

第十七条　参选企业及与会代表必须遵守组委会制定的相关规定。

第十八条　参选企业及与会代表与组委会发生争执无法解决时，有权向法院起诉。

第五章　组委会的权利义务

第十九条　组委会有权向参选企业及与会代表索取准确、完整的企业和个人资料。

第二十条 参选企业在填报企业资料中出现弄虚作假情况时，组委会有剥夺其参与评选的权力。

第二十一条 评选活动开始之前或评选中，参选企业如因自身原因不能继续参加评选，组委会有权扣留其填报的资料。

第二十二条 参选企业及与会代表提出组委会未承诺的服务请求，组委会有权拒绝。

第二十三条 组委会有权在活动宣传中无偿使用参选企业的名称及标志。

第二十四条 评选活动如遇不可抗力原因致使不能如期举行，组委会有权调整时间。

第二十五条 组委会与参选企业及与会代表发生争执无法解决时，组委会有权向法院提起诉讼。

第二十六条 组委会有义务向参选企业及与会代表提供承诺的各项服务。

第二十七条 组委会有义务向参选企业及与会代表提供评选活动的相应资料，以便企业了解本次活动的章程、组织形式等信息。

第六章 附则

第二十八条 组委会的规定与国家的有关法律、法规相抵触时，应按国家的法律、法规执行。

第二十九条 本次活动如遇不可抗力原因不能举办或中途取消，组委会将另行通知。

第三十条 本次活动的组委会拥有本章程的最终解释权。

20××中国体育品牌风云榜暨领袖年会组委会

20××年6月8日

四、参展须知(细则、办法)

(一) 参展须知(细则、办法)的含义

参展须知、参展细则和参展办法都是由展览活动的组织者(主办方或承办方)依法制定的管理规章，在内容表达上具有共同性。这三种文案也有一些细微的区别。参展须知是展览活动的组织者在招展过程中提醒参展单位必须注意或遵守的某些事项的管理规章。其条款既可以是约束性的，参展方必须遵守，也可以是告知性和建议性的。参展细则规定的内容要比参展须知更为具体细致，明确要求参展方遵守。参展办法的重点在于说明从申请、报名到实际参展的程序和手续。

参展须知(细则、办法)一般作为配套性、补充性的文案以附件的形式与招展公告、参展邀请函、参展说明书一起制发，或者融合到参展须知(细则、办法)的正文中，成为其某个章节。有时参展须知和参展细则也可以要求参展单位签署、盖章，加以确认，成为参展合同的组成部分。

(二) 参展须知(细则、办法)的内容

独立成文的、内容较详细的参展须知(细则、办法)一般应当写明下列内容:

1. 展会的名称;
2. 主办单位;
3. 举行的时间和地点;
4. 展会的主题和展品范围;
5. 展位的规格和价格;
6. 参展的条件;
7. 申请报名的程序和方法;
8. 布展、展出、撤展的时间安排和有关规定;
9. 服务项目及收费标准;
10. 展馆安全规定。

(三) 参展须知(细则、办法)的结构和写法

1. 标题。应当写明展会名称和文种,如《"中国——东盟博览会"参展办法》。

2. 正文。参展须知(细则、办法)一般应当采用章条式结构体例,如果内容较为简单,也可用序号标注结构层次。由于参展须知(细则、办法)属于配套性、补充性的文案,因此可根据招展公告、参展邀请函或参展说明书已经表述的内容来确定表述重点,尽量避免重复。

3. 制定机构和日期。在正文的下方标明制定机构的名称和制定日期。

实例评改

第二届中国中小企业博览会暨中法中小企业博览会
纺织服装展区参展须知

以下条款适用于第二届中国中小企业博览会暨中法中小企业博览会纺织服装展区。参展企业是指在本展会中分配有展位的纺织服装类及相关企业。

1. 参展企业资格审定

1.1 本博览会参展企业为独立法人单位参展。

1.2 本博览会只接受纺织服装类及相关企业参展。

1.3 参展企业所展出的展品不涉及商标或其他侵权行为。

1.4 参展企业展出的产品和品牌应与申请表中所填内容一致。

2. 展位的分配和使用

2.1 承办单位根据参展企业的要求分配展位,但拥有展位分配的最后决定权。

2.2 承办单位保留根据展会整体利益而必须改变展位分配的权力。

2.3 参展企业不得将展位转让或转租给第三方。

2.4 在付清全额参展费用之后,参展企业方有权参展。

2.5 参展企业如果在承办单位规定期限内未付清全额参展费用,承办单位将取消其参展资格。

2.6 参展企业应爱护展位设施，如有损坏应照价赔偿。

2.7 展会期间，参展企业不得占用展馆公共区域。

3. 取消参展

3.1 若取消参展，参展企业应提前以书面形式通知承办单位。

3.2 递交撤展申请后，承办单位将从参展企业缴纳展位费中扣除50%赔偿金后将剩余部分退还给参展企业。

注：参展企业确认承办单位展位合同之日为合同生效日。

4. 展位设计审核

参展企业应按承办单位的有关规定设计装修展位，对不符合展馆整体形象及大会搭建要求的方案，承办单位有权否决并要求参展企业进行更改。

5. 展会日期和地址及变更

承办单位保留因不可抗力原因而造成的变更展会日期和地点的权力。日期和地点的变更应在展会开始前1个月通知参展企业，原合同仍然有效。

6. 不可抗力

如果由于不可抗力而造成展会的延迟或取消，承办单位将视具体情况将已收到的参展费用部分或全额退还给参展企业。对因上述原因而给参展企业带来的其他损失，承办单位不承担任何责任。

7. 保险

承办单位将对展馆采取必要的安全措施，参展企业应根据需要为其参展展品自行投保，并妥善保管个人物品和展品，承办单位对展品或个人物品的丢失、损坏等情况不承担法律责任。

8. 消防

所有展品和展具都必须采取必要的防火措施，并符合广州市消防局消防安全规定。

9. 补充条款

承办单位保留制定并发布补充条款的权力。所有补充条款将作为本参展条款的一部分，并对参展企业有约束力。

10. 协议终止

参展企业出现下述情况之一时，承办单位有权单方面终止合同。以下情况参展企业缴付的展位租金将不予退还，此外还应赔偿因终止合同给承办单位造成的损失：

10.1 逾期未付清全额参展费用。

10.2 未经承办单位书面许可转租或转让展位。

10.3 其他严重违反本合同条款及补充条款，妨碍展览会正常进行的行为。

11. 解释

本参展条款的解释权归承办单位。

参展企业一旦向承办单位递交参展申请，则视为参展企业对本参展条款完全知晓，并全部接受。

【评改】

这份参展须知具有要约性质，参展企业一旦提出参展申请，便视为接受参展须知的所有条款;总体上看,语言简练、表达清楚、要求明确,但也有以下几方面需要修改。

一、结构上的问题

1. 第一和最后自然段的内容具有相关性,可合并为第一章,标题为“特别说明”,并列入编码范围。

2. 本文结构体例上采用了阿拉伯数字分级编号的方法,尽管使用方便,但形式上缺乏直观性,在对应章条款项时容易造成辨识、引述的混乱,加之本文属于约束性管理规章,又具有合同条款性质,在双方发生纠纷时需要引用,因此,结构体例应以章条法为宜。

3. 作为一篇独立的参展须知,还应在末尾标明制发的机构名称和制发日期,以保证结构和信息的完整性。

二、语言文字上的问题

(一)“3.1 若取消参展,参展企业应提前以书面形式通知承办单位”一句中的“提前”一词应当有具体的时间限制,写明多少天。

(二)“3.2 递交撤展申请后,承办单位将从参展企业缴纳展位费中扣除50%赔偿金后将剩余部分退还给参展企业”一句出现两个“后”、两个“参展企业”,略嫌啰嗦。“撤展”一词应改为“取消参展”,因为“撤展”是指布展后拆除展位。下一段“注”的内容未能与上一段有机融合,相互关系不甚明了。可将这两段合起来写,改为:“参展企业确认承办单位展位合同之日后,参展企业提交取消参展申请,承办单位将从其缴纳的展位费中扣除50%作为赔偿金,剩余部分予以退还”。

(三)“5.展会日期和地址及变更”中的“及”字应改为“的”。

(四)“8.消防”中的“所有展品和展具都必须采取必要的防火措施”一句中“展品和展具”本身不可能“采取措施”,故不能充当主语,应在前面加“对”字,或改为“所有展品和展具都必须经过必要的防火处理”。

(五)“10.协议终止”这条的第一自然段是总领句,意思连贯,中间的句号应当改为逗号。总领句下列的三个自然段是并列关系,因此前两个自然段的末尾应当改用分号。

(六)“10.协议终止”中的“承办单位有权单方面终止合同的提法”不妥。合同是双方当事人共同订立的,任何一方不得单方面终止。合同一旦终止,违约责任条款也将停止执行,展位租金不予退还也就失去了依据。因此只能说“承办单位有权终止其参展资格”。

(七)“10.3 其他严重违反本合同条款及补充条款,妨碍展览会正常进行的行为”一句中的“合同”应改为“须知”,以同标题中的文种相一致。句中的逗号应为顿号,因为“严重违反”和“妨碍”是并列关系,共同受“其他”的限定。

(八)最后一个自然段“参展企业一旦向承办单位递交参展申请,则视为参展企业对本参展条款完全知晓,并全部接受”一句“完全知晓”和“全部接受”是并列关系,共同属于“视为”的宾语,因此之间的逗号应当去掉。第二个“参展企业”与前一分句的“参展企业”意义重复,可以删去,以示简洁。

【修改后参考例文】

第二届中国中小企业博览会暨中法中小企业博览会纺织服装展区参展须知

第一章 总则

第一条 本须知适用于第二届中国中小企业博览会暨中法中小企业博览会纺织服装展区。

第二条 参展企业是指在本展会中分配有展位的纺织服装类及相关企业。

第三条 参展企业一旦向承办单位递交参展申请,则视为对本参展条款完全知晓并全部接受。

第二章 参展企业资格审定

第四条 本博览会参展企业为独立法人单位。

第五条 本博览会只接受纺织服装类及相关企业参展。

第六条 参展企业所展出的展品不涉及商标或其他侵权行为。

第七条 参展企业展出的产品和品牌应与申请表中所填内容一致。

第三章 展位的分配和使用

第八条 承办单位根据参展企业的要求分配展位,但拥有展位分配的最后决定权。

第九条 承办单位保留根据展会整体利益而必须改变展位分配的权力。

第十条 参展企业不得将展位转让或转租给第三方。

第十一条 在付清全额参展费用之后,参展企业方有权参展。

第十二条 参展企业如果在承办单位规定期限内未付清全额参展费用,承办单位有权终止其参展资格。

第十三条 参展企业应爱护展位设施,如有损坏应照价赔偿。

第十四条 展会期间,参展企业不得占用展馆公共区域。

第四章 取消参展

第十五节 参展企业若取消参展,应提前十天(以开幕日期为准)向承办单位提交书面申请。开幕前十天内不得取消参展。

第十六条 参展企业确认承办单位展位合同之日后,参展企业提交取消参展申请,承办单位将从其缴纳的展位费中扣除50%作为赔偿金,剩余部分予以退还。

第五章 展位设计审核

第十七条 参展企业应按承办单位的有关规定设计装修展位。设计装修方案应经承办单位批准。

第十八条 对不符合展馆整体形象及搭建要求的方案,承办单位有权否决并要求参展企业进行更改。

第六章 展会变更

第十九条 承办单位享有因不可抗力原因而变更展会日期和地点的权力。

第二十条 日期和地点的变更由承办单位在展会开始前1个月通知参展

企业。

第二十一条　日期和地点变更后，原合同仍然有效。

第二十二条　由于不可抗力而造成展会的延迟或取消，承办单位将视具体情况将已收到的参展费用部分或全额退还给参展企业。对因上述原因而给参展企业带来的其他损失，承办单位不承担任何责任。

第七章　安全与消防

第二十四条　承办单位对展馆采取必要的安全措施，各参展企业应予以配合。

第二十五条　参展企业应根据需要为其参展展品自行投保，并妥善保管个人物品和展品。承办单位对展品或个人物品的丢失、损坏不承担责任。

第二十六条　所有展品和展具都必须经过必要的防火措施，并符合广州市消防局消防安全规定。

第八章　补充条款与协议的终止

第二十七条　承办单位享有制定并发布补充条款的权力。所有补充条款将作为本参展须知的一部分，并对参展企业有约束力。

第二十八条　参展企业出现下述情况之一的，承办单位有权终止其参展资格，其缴付的展位租金将不予退还，并有权要求其赔偿由此而给承办单位造成的损失：

（一）逾期未付清全额参展费用的；

（二）未经承办单位书面许可转租或转让展位的；

（三）严重违反本须知的条款及补充条款、妨碍展览会正常进行的。

第九章　附则

本参展须知的解释权归承办单位所有。

第二届中国中小企业博览会暨中法中小企业博览会

纺织服装展区承办单位：××××

××××年×月×日

五、展馆规定

（一）展馆规定的含义

展馆规定是由展览活动的组织者或提供展览场地的企业制定的，对使用展馆设施提出的具有约束性的具体要求的管理规章。展馆规定虽然是组织者一方制定的，但却具有约束性。参展者或客商一旦与组织者签订参展参会合同，或者签订临时使用展馆部分设施的协议，如临时租用会客室、报告厅等的协议，就等于接受了展馆规定的各项条款，必须遵守，因违反规定而造成损失或者事故，要承担一定的经济赔偿责任，乃至法律责任。

（二）展馆规定的内容

在内容上一般应包含：管理责任，展品的进馆与出馆以及运输，布展、撤展的要求，参展单位工作人员的作息时间，供水、供电、供气、照明、通风、通讯等基本设施的使用和安全措施，展位和证件管理，知识产权保护，用餐管理，音响噪声限制，其他安全规定等。

（三）展馆规定的结构与写法

1. 标题。由展览会组织机构制定的，标题由展览会名称和“展馆规定”组成；由场馆企业制定的，标题由场馆名称和“展馆规定”组成。

2. 正文。一般应当采用章条式结构体例，内容较为简单的也可用序号加小标题或者直接用序号的方式表述。

3. 制定机关和制定日期。

实例评析

中国投资贸易洽谈会展馆管理规定

一、中国投资贸易洽谈会（以下简称“大会”）展馆管理工作实行统一领导，分工负责。整个展馆的管理工作由大会组委会（以下简称“组委会”）会务部统一组织管理，展厅内各参展代表团负责本团参展单位的管理，各参展单位负责本单位的管理。

二、参展人员必须遵守组委会统一规定的作息时间，应于每天早晨8:30按时到岗。闭馆后，一律不准进入展馆。需要加班时，要事先与组委会会务部展务组接洽商定。

三、展馆内供水、空调、照明、通风和通讯等设施发生问题，由展馆管理工作人员负责解决。

四、为确保展馆安全有序，展品一律在布展期间进馆。大会开幕后，参展单位未经组委会会务部展务组特殊批准，不得携带展品进馆。严禁非参展人员私带展品进馆展示、销售，一经发现，送交大会保卫部门处理。

五、各展团应采取有效措施，加强本团证件及展位的管理。证件及展位一律不得转让，违者组委会有权对其展位作出没收处理。

六、参展代表团必须在大会开幕前一天对所属参展单位和展位进行认真清查核对，如存在问题，必须在大会开幕前整改完毕。

七、中国投资贸易洽谈会属专业展览会，展品不得销售，考虑到部分参展单位回运样品困难，允许最后两天（9月10—11日）可边展边处理展品。严禁以任何名义（含联营名义）将展位转租、转卖或转借给其他任何单位或个人。

八、严禁经营与大会主题无关及假冒伪劣商品，违者没收。禁止低价倾销、争夺客户。

九、所有参展企业不得展示、出售侵犯他人商标权的样品或使用他人商标对外报价、成交。如有违者，后果由该参展商自负，组委会保留追究该参展单位责任的权力。

十、妥善保管好样品和个人物品。贵重物品要锁入展柜内，由专人负责管理，防止丢失被盗。对拾获的物品应及时送交组委会保卫部门。

十一、易燃、易爆、放射性物品等高度危险性样品，应使用代用品，实物不得带入展馆。

十二、凭证进入展城广场的汽车必须服从指挥，按照规定路线行驶，并按指定位置停放。

十三、各展厅的东门（靠海一侧）设有物（展）品进出通道，物（展）品进出一律从该通道进出。

十四、搬运展品、展具等入馆，使用运输工具须经展馆同意，并有专人负责疏导。

十五、大会撤展前，除提前撤展和境外展品出馆的须到各展厅服务台索取物(展)品出馆单，填写并经组委会会务部展务组和其他相关部门审批后方可出馆，其余物品出馆由各展厅服务台审核、批准出馆。

十六、会展中心外东南侧设有餐饮中心，提供午餐服务。严禁在展位内及通道等非指定用餐地点用餐。

十七、展位音响设备的音量应低于 50 dB。展位音响如对其他展位或参观者造成不合理滋扰并不听劝阻的，组委会保留采取相关措施的权力。

中国投资贸易洽谈会组委会

××××年×月×日

【评析】

该篇展馆规定的写作有以下特点：

一、全篇由标题、正文、制定机构、制定日期组成，结构要素齐全、完整。

二、标题由展会名称"中国投资贸易洽谈会"和文种"展馆管理规定"两部分组成，揭示了该规定的适用范围和主题，既便于阅读掌握，又为检索查找提供了方便。

三、正文部分各项条款均以汉字序数连续编排，条理清楚。

四、全篇语言表述准确、简洁。"一律"、"要"、"严禁"、"应该"、"必须"、"不得"等刚性词语用得十分恰当，把参展方可做什么、不可做什么，规定得十分明确，前后表述无矛盾和模棱两可之处。开头第一段分别对"中国投资贸易洽谈会"和"中国投资贸易洽谈会组委会"的简称作了规定，使语言更加简洁。

六、员工守则和岗位职责

(一) 员工手册(守则)和岗位职责含义

员工手册(守则)是明确员工的权利和义务，提出全体员工必须共同遵守的行为规范的文案。会展组织(含企业，下同)的员工手册(守则)一般由管理层制定，往往是劳动合同的组成部分，与员工具有法定意义上的约定性。员工一旦与会展组织签订劳动合同，员工手册也同时生效，作为会展组织对员工进行管理、考核、奖励、惩罚和辞退的依据。

岗位职责是组织的全体成员在各自的工作岗位上应当履行的职务、责任范围和必须达到的工作要求，具有强制性，是考核、奖惩成员的依据。会展组织的岗位职责可以由管理层制定，也可以由成员提出，经管理层确定后执行。

员工手册(守则)与岗位职责的区别在于前者是对员工的共同要求，具有普遍性。后者是对组织成员的具体岗位的要求，具有特殊性。

(二) 员工手册(守则)和岗位职责的内容

员工手册(守则)的内容要符合劳动法，明确员工的权利和义务，一般包括员工的行为准则、工薪、保险、福利、奖惩、培训、晋升、辞职、辞退、休假、考勤、纪律、安全等方面的具体内容。

岗位职责的内容要根据不同的会展组织的不同性质、工作岗位的不同任务来确定。

(三) 员工手册(守则)和岗位职责的结构和写法

1. 标题。员工手册(守则)的标题由适用范围和文种组成,如《上海斯伟达会展有限公司员工守则》。

岗位职责的标题有两种:一种适用于综合性的岗位职责,由适用范围、和文种(岗位职责)组成,如《上海斯伟达会展有限公司工作人员岗位职责》;另一种适用于专项性的岗位职责,由适用范围、岗位名称和文种(岗位职责)组成,如《上海斯伟达展览有限公司策划部经理岗位职责》。

2. 题注。写明制定或发布的机构名称和时间,用圆括号括入。题注也可以改为署名和制定日期,放在正文的下方。

3. 正文。员工守则涉及面广,且具有法定的契约关系,引用的频率较高,写作时应当使用章条式结构体。结构上一般分为总则、分则和附则三部分。总则一般说明制定的目的、依据和适用范围等。分则用分章分条的方式说明各项规定。附则一般说明文本的效力、修订程序、解释权等事项。

岗位职责引用频率不高,可以采用序号式结构体例。综合性岗位职责的每一层次一般要列出小标题。

4. 制定机关和制定日期。

实例评改

员 工 守 则

(节选)

第一章　总则

第一条　目的和依据

为规范本公司的劳动用工和管理制度,建立正常的工作秩序,使公司管理制度化、员工行为准则化,维护员工的合法权益,根据《中华人民共和国劳动法》和《上海市劳动合同规定》,特制定本守则。

第二条　适用范围

凡由本公司聘用的、并按本守则第六条与之签定劳动合同或建立劳动关系的各类合同制员工均适用本守则。

第二章　行为规范

第三条　员工自律

1. 公司员工应遵纪守法,严格遵守本守则内的各项规章制度和条例;

2. 公司员工应努力做到:诚实、准确、高效、准时、节约和团结互助、守纪律、语言美、仪表美;

3. 公司员工应具有强烈的责任心和事业心,尽心尽职完成工作任务,坚决杜绝任何损害公司利益和名誉的现象,严禁私自收受客户佣金、回扣或实物。

第四条　工作纪律

(一) 公司内纪律(违者罚款50元)

1. 严禁随意处置公司的各项资料、档案;

2. 严禁查询与自己工作内容无关的其他部门业务情况;

3. 工作时间不得办理各种私事或因私购物;阅读与工作无关的书报杂志,或玩电脑游戏;

4. 严禁串岗聊天,非公事不得进入其他部门;

5. 严禁在非吸烟区内吸烟。

(二) 办公区域纪律

1. 本人办公区域应保持整洁,桌面物品堆放整齐,资料保管规范有序;

2. 私人物品如提包、雨具等应置于暗处或公司提供的位置。

(三) 安全与卫生

1. 员工要遵守各项安全制度,下班时关闭电源、门窗;

2. 员工应自觉参加公司安排的清洁卫生工作。

(第五条~第五十条略)

第十章 附则

第五十一条 公司可以根据需要,就用工、工资、福利、奖金分配、培训、合同等制订相应的管理办法或实施细则,作为本守则和《劳动合同》的组成部分。

第五十二条 本守则内容与国家或本市有关法律、法规、规章或规定不一致的,以国家或本市有关法律、法规、规章或规定为准;实施期间,国家或本市有关文件修改变更的,按变更后的法律、法规、规章或规定执行。

第五十三条 本守则解释权归公司,由营运管理部实施监督,于××××年一月起执行。

××××年12月5日

【评改】

该员工守则(节选)的总体结构由总则、分则和附则三部分组成。总则共设两条,分别说明制定的目的、法律依据和适用范围。分则的内容详尽,规定具体,具有较强的可操作性。附则从配套文件的制定、与法律和法规的关系、解释权以及执行时间四方面作出明确规定。因此从总体上看,这份员工守则写得较好,但也存在一些需要改进的方面。

一、适用范围和制定机关缺失

会展规章的标题应当标明适用范围。这份员工守则既没有在标题中写明公司名称,也没有在最后标出制定机关的名称,因此无法判断它的适用范围。(注:第二条"适用范围"实际是指适用的具体对象)

二、结构体例不规范

该员工守则在章和条的设置上符合要求,但条下面的款和项的设置却不规范。如第三条"员工自律"下面直接标注阿拉伯数字的三个自然段,按标注形式应当看作是目,但实际上并不是目,而是款。按照章条法结构体例的要求,条下面应当设款,因为款是构成条的基本单位。如果条下面的款还需要分出层次,那也应当设项(用中文数字加括号表述),而不是设目。从第三条的小标题和下面内容的相互关系来看,三个自然段是分别从三个方面对员工作出自律的规定,每个自然段意义相对完整、独立,应当是属于第三条下面三个款,而不是目,在表述形式上不应标注任何数字。

又如第四条“工作纪律”的下面也未设款，直接分项，项下面再设目，也是犯同样的错。

三、条的小标题的设置不统一

一般情况下，管理规章的章和节必须设小标题，而条不设小标题。由于国务院规定：“除内容复杂的外，规章一般不分章、节。”因此一些地方在制定不分章的规章时，为方便查找检索，为每一条设置小标题。笔者认为，上述员工守则既然已经分章，且每章都设了标题，因此没有必要再设条的小标题。如果一定要设，应当全文一致。该守则从第一条到第五十五条都设置了小标题，但“第十章附则”下面的条却未写小标题，与其他各条的标注形式明显不统一。

四、部分条款分类不准确

第四条“工作纪律”下设“公司内纪律”、“办公区域纪律”、“安全与卫生”三项，从逻辑上说，也就是把“公司纪律”这一概念划分成“公司内纪律”、三个子概念。如果把第一个子概念“公司内纪律”作为参照系的话，那么后面的子概念应当与其相对应，都应当属于“公司外纪律”。然而，后两个子概念“办公区域纪律”和“安全与卫生”事实上都属于“公司内纪律”的范畴，并不能同“公司外纪律”构成对应关系。

五、条的序号与内容之间的冒号应当去掉

冒号表示提示性话语之后的停顿，用来提起下文，而条的序号属于结构体例的标志，并没有提示性作用，只需与后面的文字空一字距，不用加冒号。

六、个别地方语言表述不严密

1. 第二条“凡由本公司聘用的、并按本守则第六条与之签定劳动合同或建立劳动关系的各类合同制员工均适用本守则”一句中的介词“由”，后面所带的宾语应当是两个：一是“本公司聘用的各类合同制员工”，二是“本公司按本守则第六条与之签定劳动合同或建立劳动关系的各类合同制员工”。但由于原句在“由本公司聘用”后面加了个“的”字，使其成了独立的名词性词组，因而导致“聘用”和“签定”这两个意义上应当并列的动词脱节，无法共同与“由”构成介宾词组。这样一来，“与之签定劳动合同”的主语“本公司”就被不合适地隐含，造成成分残缺。修改的方法很简单，只要把“由本公司聘用的、”中的“的”、其后的顿号和“与之”二字去掉就行了。

2. 第三条中的“公司员工应遵纪守法，严格遵守本守则内的各项规章制度和条例”一句中的“遵纪守法”这一词组的意思上实际上包含了“遵守本守则内的各项规章制度和条例”。后半句中的“规章制度”和“条例”也具有概念上的包含关系。此句可改为：“自觉遵守法律、法规以及本公司的各项规章制度”。

3. 第四条中“工作时间不得办理各种私事或因私购物；阅读与工作无关的书报杂志，或玩电脑游戏”一句，前一分句中有“不得”一词，而后一分句中却漏写“不得”这一重要的动词，不仅造成成分残缺，而且容易造成理解上的歧义。这一段第一个分号也应当改为逗号。

4. 第五十二条“本守则内容与国家或本市有关法律、法规、规章或规定不一致的”中的“规定”在这里是作为与“法律”、“法规”、“规章”并列的名词，但实际上“法律”、“法规”和“规章”是对我国法律体系按制定的主体和效力层次进行的分类，而“规定”则是“法规”和“规章”的一种名称，因此不能与“法规”和“规章”并列使用。

【修改后参考例文】

××公司员工守则
(节选)

第一章 总则

第一条 为规范本公司的劳动用工和管理制度,建立正常的工作秩序,使公司管理制度化、员工行为准则化,维护员工的合法权益,根据《中华人民共和国劳动法》和《上海市劳动合同规定》,制定本守则。

第二条 凡本公司聘用并按本守则第六条签定劳动合同或建立劳动关系的各类合同制员工(以下称“员工”)均适用本守则。

第二章 行为规范

第三条 员工应当在下列方面予以自律:

(一) 自觉遵守法律、法规以及本公司的各项规章制度;

(二) 努力做到诚实、准确、高效、准时、节约、团结、互助,注重语言美和仪表美;

(三) 具有强烈的责任心和事业心,尽心尽职完成工作任务,坚决杜绝任何损害公司利益和名誉的言行,严禁私自收受客户佣金、回扣或实物。

第四条 员工必须严格遵守下列工作纪律,违者罚款50元人民币:

(一) 严禁随意处置公司的各项资料、档案;

(二) 严禁查询与自己工作内容无关的其他部门业务情况;

(三) 工作时间不得办理各种私事或因私购物,不得阅读与工作无关的书报杂志或玩电脑游戏;

(四) 严禁串岗聊天,非公事不得进入其他部门;

(五) 严禁在非吸烟区内吸烟。

第五条 员工必须遵守下列环境卫生和安全制度:

(一) 保持个人办公区域的整洁,桌面物品堆放整齐,资料保管规范有序;

(二) 私人物品如提包、雨具等应置于隐蔽处或公司提供的位置;

(三) 自觉参加公司安排的清洁卫生工作;

(四) 下班时关闭电源、门窗。

(第六条~第五十条略)

第十章 附则

第五十一条 公司可以根据需要,就用工、工资、福利、奖金分配、培训、合同等制订相应的管理办法或实施细则,作为本守则和《劳动合同》的组成部分。

第五十二条 本守则内容与国家或本市有关法律、法规、规章不一致的,以国家或本市有关法律、法规、规章为准。本守则实施期间,国家或本市有关法律、法规、规章修订变更的,按修订变更后的法律、法规、规章执行。

第五十三条 本守则解释权归公司。

第五十四条 本守则于××××年一月起执行,由公司营运管理部负责实施和监督。

××公司

××××年12月5日

第八节　会展项目申请报告

一、会展项目申请报告的种类

会展项目申请报告分国内举办会展项目申请报告和出国举办会展项目申请报告两种。

(一) 国内举办会展项目申请报告

国内举办会展是指国内机构请求并批准在国(境)内举办会展的经营活动。主办单位在国内举办会展,需向政府主管部门提交国内办展项目申请报告。目前这类文案的法定名称尚不统一,有的称为“函”(如商务部的规定),有的称为“报告”(如中国商会的规定),有的称为“申请报告”(如科技部的规定),有的干脆统称“申报文件”。由于国内机构申请举办会展都是由上级机关或级别较高的主管部门审批,因此实践中许多单位将申办报告称为“请示”。

(二) 出国举办会展项目申请报告

出国举办会展是指境内具有与举办出国办展活动相适应的经营(业务)范围的法人(包括企业、事业单位、社会团体、基金会、民办非企业单位法人等)向国外主办者或展览场地经营者租赁展览场地,并按已签租赁协议有组织地招收其他境内企业参展的经营活动。出国举办会展需向政府主管部门提交申请报告。

二、会展项目申请报告的内容、结构与写法

(一) 会展项目申请报告的基本内容

目前,我国的会展审批体制分条分块,各审批部门对申请报告(请示、函)的内容规定不尽相同,但一般而言,会展项目申请报告应当包括以下内容:

1. 会展的名称。如举办国际性会展,应当写明中英文名称。

2. 主办单位和承办单位的名称及分工。如举办国际性会展,还应当写明主办单位和承办单位的英文名称。各单位间的职责分工和具体责任也必须写清楚。

3. 历届会展的基本情况。如时间、地点、展览面积、主办和承办单位、参展商和观众数量、展出内容和效果等。

4. 本届会展的背景、目的、意义、宗旨、条件、主题、与会者或参展范围、活动形式等。

5. 举办时间和地点。时间要求具体到日期,如有特殊情况可只报年月、会期或展期;地点要求具体到城市。

6. 会议人数和展览面积。举办国际会议,需提供总人数和国外代表人数,不含港、澳、台地区代表。展览面积指展览实际有效面积(净面积)。单独举行的国际展览只需申报展览面积。

7. 经费来源。

8. 申办国外会展,要说明工作人员在外停留天数、出访路线等。

9. 会展联系人、联系办法、电话、传真、电子邮件地址和网址等。

10. 附件。

(1) 会展可行性研究报告；

(2) 会展总体工作方案；

(3) 会展招商招展方案；

(4) 紧急情况应急方案；

(5) 展品知识产权保护方案；

(6) 相关部门、行业商协会的意见；

(7) 与境外机构或国际组织联合主办的展览会须提供相关国家(地区)驻外经商(参)处的意见；

(8) 上届会展总结；

(9) 上届会展会刊。

如为首届举办,可不提供第(8)、(9)项材料。

(二) 会展项目申请报告的结构与写法

会展项目申请报告的形式有两种:一种为文章式,一种为表格式。文章式办展项目申请报告的写作结构一般包括:

1. 标题。一般应当写明申请机构名称、会展名称和文种(申请报告、函或者请示)。

2. 主送机关。写明负责审批的机关名称,不能多头主送。

3. 正文。正文逐项写明会展项目申请报告的基本内容。要求主题鲜明、条理清楚、层次分明,语言简洁。

4. 附件。会展项目申请报告都有附件,应逐项标示每份附件的序号及名称。

5. 署名和日期。写明申请单位的名称和提交的日期。

表格形式的会展项目申请报告由审批单位统一制作成申请表,由申请单位按要求逐一填写并加盖公章。

实例评改

关于增加举办20××年国际洁净和工业净水处理技术及设备展览会、国际标签展览会的请示

上海市对外经济贸易委员会:

党的十六大的胜利召开,极大地鼓舞了全国人民的工作热情。随着上海经济的高速发展和投资环境的日趋完善,我们的展览业也得到了长足的发展。我公司20××年将新增两个展览会项目。

一、"20××中国(上海)国际洁净和工业净水处理技术及设备展览会"

上海××展览中心有限公司与上海××商务服务有限公司合作举办此展。

展览会的主要展品是:洁净室内空气洁净和工业净水(循环用水)洁净方面的技术和设备。目的是针对我国电子、生物、化工和医疗行业的快速发展,

而其产品的生产需要高度洁净的环境。如不完善其特需的环境,将直接影响产品的质量,乃至于影响到行业的进一步发展。这是一个目前国内展览界尚未涉足的行业。具体安排如下:

展览会名称:20××中国(上海)国际洁净和工业净水处理技术及设备展览会

2003 Internationai Cleanroom & Industrial Clearing Water Treatment Exhibition

主办单位:上海××展览中心有限公司
上海××商务服务有限公司

展览会时间:20××年 5 月 28 日—30 日

举办地点:上海世贸商城

预计规模:6000 平方米

展品内容:洁净室的设计、技术、仪器设备、装置系统和工业净水的净化技术、设备装置、材料等

二、20××国际标签展览会

上海××展览中心有限公司与英国××公司将共同举办 20××国际标签展览会。

英国××公司主办目前世界最大的国际标签展览会。该公司决定与我公司合作在上海举办该展。这是一个专业性很强的展览会,随着我国改革开放的进一步深入,引进这个展览会不仅将促进我国标签行业的发展,而且会加速我国商品经济的日趋发达,加速与世界商品经济的融合。具体安排如下:

展览会名称:20××中国国际标签展览会
Label Expo 20××

主办单位:上海××展览中心有限公司

展览会时间:20××年 12 月 9 日—11 日

举办地点:上海××展览中心

预计规模:6000 平方米

展品内容:各类标签的设计、印刷、喷码、制作技术和设备等。

当否,请批示

上海××展览中心有限公司(章)
20××年 12 月 5 日

附:增加展览会的申请表共 2 页

【评改】

从总体上看,这份会展项目申请报告结构完整、表述的内容基本符合申报要求,申请的事项也较明确。需要修改的是:

一、由于采用了公文的格式,而且文种用了"请示",因此标题中应当写明发文机关名称。

二、请示写作必须一文一事。该文以一份请示请求批准两个会展项目,犯了一文多事的错误,如果一定要用请示文种,则应把这两个会展项目分开请示。

三、正文开头的两句套话与申请会展项目无必然联系,应当删去,改为直接提出举办会展项目的意义和必要性,作为请示的理由。

四、展会名称、主办单位、展品内容的表述前后重复、啰嗦，应当予以简化。

五、“目的是针对我国电子、生物、化工和医疗行业的快速发展，而其产品的生产需要高度洁净的环境。如不完善其特需的环境，将直接影响产品的质量，乃至于影响到行业的进一步发展。这是一个目前国内展览界尚未涉足的行业。”这段话存在以下问题：

1. “针对”和“发展”、“完善”和“环境”不能搭配。“针对”一词应改为“促进”，“完善”一词可改为“提供”。

2. 前后两个“其”指代不统一。第一个“其”可以理解为“电子、生物、化工和医疗行业”，但第二个“其”所指代的对象就不清楚。根据上文的意思，应当在第二个“其”后面加上“产品”二字。

3. 作者写这段话的意图是想强调举办该展览会的意义，但从文字表述中却不能明确看出举办该展览会的意义有哪些方面，反而把阅读者的注意力引到了产品的质量上。这段话要重新组织，从正面简要阐明该展览会的必要性。

4. “这是一个目前国内展览界尚未涉足的行业”中的“行业”一词不妥，应当改为“领域”。前一句话中已经使用了两个“行业”，而且都是指电子、生物、化工和医疗行业，这些行业举办的展览会已不知其数，“展览届尚未涉足”的只是“洁净和工业净水处理技术及设备”这一特殊行业。但由于“行业”一词连续使用三次，加之“洁净和工业净水处理技术及设备”这一行业与“电子、生物、化工和医疗”行业的划分标准不同，就很容易使人对后一个“行业”所指的含义产生疑问。

六、结尾用语的“请批示”应改为“请批复”。批示是指领导人在文件上所写的批语，而不是法定文种。答复请示事项的文种是批复，因此请示的结尾应当写“以上请示请批复”或“当否，请批复”，而不能写“当否，请批示”。

七、附件的名称应当写在正文之下、署名之上。

【修改后参考例文】

上海××展览中心有限公司
关于举办20××年国际洁净和工业净水处理技术及设备展览会的请示

上海市对外经济贸易委员会：

我公司拟于20××年与上海××商务服务有限公司合作举办“20××中国(上海)国际洁净和工业净水处理技术及设备展览会”，主要展出空气洁净和工业净水(循环用水)洁净方面的技术及设备。

洁净室内的空气洁净和工业净水(循环用水)洁净方面的技术及设备广泛用于电子、生物、化工和医疗行业，其作用是为生产电子、生物、化工和医疗产品提供高度洁净的环境。目前，我国该技术及设备的研究与生产水平远远落后于发达国家，因而极大地限制了我国电子、生物、化工和医疗业的发展。举办本届展览会的目的就是为我国的空气洁净和工业净水洁净技术及设备制造行业搭建与国际沟通、交流的平台，促进其快速发展，进而推动我国电子、生物、化工和医疗业的发展。由于国内展览界尚未举办过这类展会，我公司拟举办本届展览会以填补该领域展会的空白。

本届展览会的基本框架如下：

一、展览会名称

中文：20××中国(上海)国际洁净和工业净水处理技术及设备展览会

英文：20×× International Cleanroom & Industrial Clearing Water Treatment Exhibition

二、主办单位

上海××展览中心有限公司，上海××商务服务有限公司。

三、展览会时间

20××年5月28日—30日

四、举办地点

上海世贸商城

五、预计规模

6000平方米

六、展品内容

洁净室的设计、技术、仪器设备、装置系统；工业净水的净化技术、设备装置、材料等。

当否，请批复

附件：(略)

上海××展览中心有限公司(章)

20××年12月5日

第三章

会展策划、计划文案写作

章前导语

本章围绕会展策划和计划工作，重点介绍了会展各项策划书，会展可行性研究报告，会展总体方案，拓展和招商工作方案，会展接待方案，开闭幕式方案，签约仪式方案，会展工作计划案文案的含义、特点、主要内容以及结构与写法。

第一节 会展立项策划书

一、会展立项策划书的含义和特点

(一) 会展立项策划书的含义

会展立项策划是指会展的主办机构为开发一个新的会展项目,通过对相关信息综合分析,设计合适的会展主题、制定合适的发展目标、确定合适的营销策略、建立会展基本框架的过程。将立项策划的意图和成果用书面形式完整、有效地表达出来,便形成了会展立项策划书。

(二) 会展立项策划书的特点

1. 目的性。会展立项策划是一种目的性很强的创造性思维活动,作为这种创造性思维的语言表现形式,会展立项策划书写作必须明确目标,围绕中心,体现策划意图。

2. 预见性。会展立项策划都是对未来会展活动的运筹,需要策划者在充分把握现实的基础上,科学地展望未来,不仅要能够预见策划文案在实施中的正面效果,也要能够预测可能出现的风险和问题,并提出相应的对策。

3. 可行性。会展立项策划的目的在于成功地举办会展活动,从而树立起会展的品牌形象,因此,可行性便成为会展立项策划的出发点和落脚点。一份切实可行的会展立项策划书,不仅能够避免决策失误,少走弯路,保证会展活动的成功,而且可以大大降低成本,有效提高投入和产出之比。

4. 创新性。会展立项策划是一项创新工程,会展立项策划书写作的过程是运用发散性思维和收敛性思维进行创造活动的过程。写作中既要注重操作的可行性,又要强调立意的创造性。要根据会展市场的需求,在会展内容和形式上努力创造特色,从而塑造会展活动品牌形象,提升会展竞争实力。

二、会展立项策划书的主要内容

(一) 会展项目的市场环境分析

包括对会展主题(会议主题和展览题材)所在行业情况和市场供求关系的分析,对国家有关法律、法规的分析,对同类的、具有竞争关系的会展情况的分析,并在分析的基础上,对市场环境作出客观的评价。

(二) 会展主题的选择

会展主题的选择应当建立在对会展市场分析的基础上。要详细说明主题选择的理由、意义。

(三) 会展的基本框架

包括会展的名称、组织机构的阵容及其分工、会议议题或展品范围、举办的时间和频率、举办的地点、会展的规模、会展的基本定位。

(四) 会展价格和财务预算

包括会议的收费标准、展览会的展位价格和门票价格,制定价格的基本原则和策略,举办会展所需的各项支出以及预期的收益。

（五）会展营销和宣传推广计划

包括招展、招商、招客的方法、渠道、策略，广告和新闻发布的计划等。

（六）各项筹备工作的进度安排

包括招展、招商、招客、宣传推广、场馆租借、展位划分、嘉宾邀请、相关文案的拟写编制等工作的时间要求。

（七）现场管理计划

包括制定场馆管理、与会代表的接待、媒体接待、观众注册登记、布展撤展、现场服务等计划。

（八）相关活动策划

包括开幕式、欢迎会、展览中的研讨会、会议中的展览会、各种表演、评奖、集体签约等活动的策划与安排。

（九）相关服务商的安排

包括搭建、运输、住宿、餐饮、旅游等服务商的选择。

三、会展立项策划书的结构与写法

（一）封面

会展立项策划书的篇幅一般都较长，设置一个封面可以使文本显得十分庄重而又美观。封面中的项目包括标题、策划书编号、制定机构名称或策划人姓名、制定日期。标题由会展项目名称和"策划书"组成，如《20××中国私人游艇博览会策划书》。

（二）目录

由于篇幅较长，设置目录十分必要，这样查找起来就非常方便。

（三）前言

主要说明会展立项策划的缘起，受什么单位委托进行策划，参与策划和起草的人员名单以及分工等。这部分也可省略，直接进入正文。

（四）正文

为查找方便，正文可以分章分节，分项标号，每一小点都要列出标题。内容表述观点要鲜明，材料要翔实，并有大量的数据支撑，做到观点和材料相结合、定性分析和定量分析相结合、提出问题和分析、解决问题相结合。

（五）附件

如有附件，一一标明附件的编号和名称。

实例评析

20××年中国私人游艇博览会策划书

（封面、目录略）

第一部分　会展前期分析策划

一、中国内地游艇行业分析

1.1　游艇产业结构分析

游艇产业结构可以分为游艇制造及其关联产业和游艇消费服务业两个范畴。

1.1.1　游艇制造业

游艇制造业属于技术、劳动"双密集"型产业，高新技术的应用和手工作业的比例都很高。游艇制造业的支撑产业主要有上游的模具、纤维布、树脂胶、涂料等制造业，和下游的零部件制造业和艇内装饰业。游艇产业的专用发动机、发电机、专业的仪器仪表和螺旋桨等，是游艇下游产品工业的第一级，目前该一级产业主要还分布在欧、美、日等跨国公司手中，如著名艇用发动机康明斯(Cummins)、雅马哈(Yamaha)、美国水星(Mercruiser)等。雷达、导航系统、电话通信设备、冷气设备、家用电器、船用空调、各种信号灯等船用电气设备，是游艇下游产品业的第二级，也是国内游艇配件制造商或供应商将主要开发的产品系列。

支撑产业：科研设计、专业培训教育、产品展销、专用下水码头、专属试航区等。

旁类产业：水上运动器材制造业。

游艇产业的上游产业、游艇制造业、下游产业、消费服务业的关系的框图(略)

1.1.2　游艇消费服务业

游艇消费服务业主要包括：游艇驾驶及水上运动培训、游艇停泊管理、游艇维护、游艇租赁、游艇装配件以及水上运动器材供应等。

1.2　私人游艇行业市场分析

目前，随着大陆经济的蓬勃发展，沿海地区人民的消费水平日益高涨，游艇作为成功人士的象征，以其独特的休闲、娱乐魅力，逐渐吸引了一批成功人士的青睐，中国的游艇市场正在逐渐地火热起来。同时，随着国际上劳动力密集型制造业进一步向发展中国家转移，尤其在中国，国外许多著名游艇企业开始陆续在中国投资开办游艇企业。可以预言，想象中遥不可及的游艇，将很快进入大家的生活之中。

1.2.1　私人游艇的功能分析

(1) 游艇的"面子"功能

游艇消费继高级轿车、高尔夫球以后，再次成为衡量富人的指标，区别了富人的生活品质。游艇经销商提供的信息表明，现在中国人购买游艇，主要的用意是把游艇当作财富的象征。

(2) 游艇的"交际"功能

游艇的社交功能，也是富人购买游艇的一个考虑因素。寓工作于休闲，正如陆地上有高尔夫交际一样，在游艇上进行商务交流是不错的选择。这一点上，中国人似乎特别地务实。苏州太湖水星游艇俱乐部总经理迈克·布朗向记者表示，水星游艇俱乐部中的老外会员，他们来游艇的目的最为单纯，就是运动休闲，追求驰骋的快感。而中国会员就不同了，很多人将商务应酬转移到游艇上进行，基本上是带着客户来的居多，并且在私人游艇上的商务活动效果非常好。

(3) 游艇的休闲娱乐功能

游艇同样也是一种交通工具，但它更多的是充当了高档休闲娱乐的工具。很多人愿意花钱到海边游乐场尽情驾驭游艇劈波斩浪，这也是一种极富诱惑力的旅游项目。当然谁都愿意拥有一艘私人游艇，只是目前还很少有人能负担得起它那高昂的价格和管理费用，所以他们更愿意选择去游乐场享受这种娱乐项目。我们也了解到目前千岛湖、舟山等沿海地区都计划打造游艇旅游基地，并且都已经付诸实施，陆续建好了游艇码头和相关设施。

1.2.2 中国大陆的私人游艇市场潜力巨大

就目前游艇市场而言，欧美部分国家仍将保持游艇生产和消费大国的地位。但随着中国国民经济的高速发展，中国人的消费能力、观念、内容和形式都在发生变化，对游艇的需求也将会越来越多。水上健身运动、水上高速客运、水上休闲等将会越来越多地走进人们的生活中，这些必然会促进中国游艇业的发展。

目前我国一年有114天的法定休息日，也就是说一年有将近1/3的时间在休假，但休闲市场细分不足，已成为中国休闲业发展的瓶颈。游艇项目是休闲业的高端市场，目前世界平均每171人拥有一条游艇。……可以预见，上海、广东、浙江、福建等沿海城市在不久的将来，将率先步入游艇消费的时代。

一份分析报告显示，20××年中国的奢侈品市场消费额已达20亿美元，占全球销售总额650亿美元的3%，上升幅度已经位居全球之首。国内的富商在向"世界级水平"靠拢……而据另一份调查显示，仅深圳一地就有2600人具备购买游艇的实力。（略）

1.3 中国大陆私人游艇行业发展状况

随着游艇文化的兴起和水系景观资源被视作政府一个新的旅游经济增长点，私人游艇正越来越被国内外大型制造商和各地政府重视。我国日渐崛起的富有阶层蕴涵着巨大的消费欲望和消费潜力，不少地方政府都在积极推进游艇产业的发展和规划，为各家游艇生产企业搭建合作平台，并花费巨资邀请专家筹划具体的建设方案。

1.3.1 国内外著名游艇制造商状况

目前中国大陆地区游艇制造商还是以传统的造船厂为主。……他们更喜欢把资金投入到能有固定订单但是利润较少的民用船只的开发。

近年来很多国外的著名游艇制造商已经先后进驻珠三角和长三角地区。船艇产量位居世界第一的美国水星海事集团在珠三角设立了制造基地并于苏州斥资1500万美元在中国打造了唯一的国际级游艇俱乐部。（略）

1.3.2 各地政府的重视和政策的逐渐完善

上海：（略）

珠海：（略）

厦门：（略）

南京：（略）

同时，就政策而言，政府各部门也意识到了政策对发展游艇行业有一定的制约，并且也已经开始重视游艇行业的发展情况并给予了一定的宽松的政策环境。如水域开放、驾驶培训和执照的颁发等方面都有了很大的可操作性。

1.4 游艇业存在的问题分析

经过对游艇工业的考察，对游艇工业目前存在的普遍性问题分析如下。

1.4.1 游艇制造技术落后

国内的游艇工业刚起步，还存在企业规模偏小、技术落后、专门技术人才缺乏、熟练工人不足，以及船装配件的标准化或配套性待完善的问题。同时缺少国外市场需求信息,各自小打小闹,目光短浅,不能与游艇国际业会和船装配件供应商直接沟通。无法参与国际竞争也是制约我国游艇工业发展的原因。

1.4.2 设计技术和设计人才的落后

游艇是一项高性能、高附加值的奢侈品,十分讲究其性能、外观及舒适性。在船型开发及船装配件设计技术方面,(略)。

1.4.3 艇用设备技术落后(略)

1.4.4 政府配套政策不完善(略)。

1.5 总结

游艇工业因素有技术密集和劳动密集的特点,可以充分发挥我国的劳动力优势,参与国际竞争。在我国已成为世贸组织成员的情况下,船艇工业可以进一步融入国际市场,争取占有更大的份额。如果能充分利用我国现有的闲置产能并结合西方企业的技术和管理,经营游艇生产业务将拥有无可限量的前景。

为了促进游艇工业的发展,不仅仅要致力于招商引资,加强产业配套设施的建设,加强产业关键技术体系的建立,加强技术人才培训、充裕技术人才之供应,发展关键原材料及零组件供应,强化产业技术辅导体系等既定政策;同时,急需呼吁政府,抓紧时间通过各种手段,加快水上基础设施建设,加紧制定相关的政策法规,尽可能为这个新生事物创造便利的使用环境。

二、拟定博览会目的、主题、内容、形式

基于对游艇行业的分析和市场的调研,认为私人游艇行业已经具备举办一次专业性的博览会的条件,并且坚信在上海一定可以成功地举办一个高标准的私人游艇行业的精品博览会——20××年中国私人游艇博览会。

目标参展和参展单位将包括:国内外游艇制造商、游艇配件制造商或供应商……目标参会单位和参会个人将包括:国内外游艇制造商、游艇配件制造商或供应商……主要的目标专业观众将包括:游艇投资商、滨海别墅房地产商(略)。

2.1 展会目的

本次博览会将立足于游艇行业的发展趋势,支持促进中国国内新兴的私人游艇行业。我们将努力把这次私人游艇行业博览会打造成中国私人游艇行业两年一届的盛会的目的,真正实现本次博览会可持续性发展的长远目标。……力争用更专业化和权威性的服务满足参展商和单位的要求。

我们致力于通过我们专业的服务让参展商达到更好的参展商业效果并提供更好的学习交流机会。……促进行业的优化发展。

2.2 展会战略

我们本次博览会将采取成长战略。(略)

2.3 展会主题

开拓中国私人游艇市场,引领中国高端消费潮流。主题将充分体现此次博览会是私人游艇行业的一次大聚会的特点……

我们致力于遵循本次博览会专业性、服务性、影响力的办展宗旨,(略)。

2.4 展会内容(略)

2.5 展会形式(略)

2.6 会展选址(略)

三、预期效果分析

3.1 出席人数和类别

届时，我们将邀请游艇制造行业领袖企业×家(50人/家)，其他国内外制造商××家(20人/家)。(略)

3.2 展会质量(略)

3.3 参展(会)单位利益(略)

四、会展可行性分析(概要)

本次博览会将是中国首届专业性的游艇界的盛会，此次博览会也将使我公司面临一次挑战。首先，我们将本次会展活动的可行性进行一个简要的评析：

4.1 各方利益分析

中国游艇行业：(略)

参展与会商：(略)

与会者(业买家)：(略)

我公司：(略)

4.2 举办此次博览会的SWOT分析

优势：(略)

弱势：(略)

机会：(略)

我们现在面临的机遇：(略)

我们面临的挑战：(略)

4.3 国内同类游艇行业展会情况分析(略)

私人游艇市场分析图：(略)

目前中国国内的私人游艇市场正处于一个成长期，有极大的发展空间。

4.4 展会举办地基础设施条件分析(略)

4.5 展会人力资源配置分析(略)

4.6 基本的财务盈利分析

根据财务分析我们预测：

博览会总收益：(略)

总支出：(略)

总利润：(略)

利润率：(略)

由以上数据可以看出，……对展会的顺利立项起着积极的作用。

4.7 展会的可持续发展(略)

五、申办准备

(略)

六、调整选定方案

通过分析调整，我们最终选定了上述展会方案。

第二部 展会主体策划

一、参展商(单位)分析

本次博览会目标参展商和参展单位将包括：(略)

1.1　选择标准(略)
1.2　签订参展合同(略)
二、会议邀请嘉宾和专家以及与会单位和与会个体分析(略)
三、参展专业观众分析
3.1　政府采购单位(略)
3.2　游艇投资单位(略)
3.3　游艇消费个体(略)
四、博览会项目实施时间和地点计划
4.1　确定展会时间(略)
4.2　确定展会举办地点(略)
4.3　制定博览会筹备工作流程
筹备阶段:20××年×月—20××年×月
成立筹委会和其他人力资源安排:20××年×月
前期分析(立项)阶段:20××年×月—20××年×月
初始筹备阶段:20××年4月—20××年9月
(包括分析参展商和专业观众、考察地点、制定预算、联系合作伙伴等工作)
宣传推介阶段:(略)
会前准备阶段:20××年××月—20××年×月
五、确定合作伙伴
5.1　博览会赞助商的确定(略)
5.2　博览会合作伙伴
六、评估财源、制定初步预算(略)
七、参展(会)程序(略)
八、整理策划文本(略)
九、参展商手册(略)
十、博览会招展书(略)

第三部分　展会实施策划

一、宣传推介计划(略)
二、博览会参展商广告宣传计划(略)
三、会议日程具体安排(略)
四、博览会期间工作执行(略)
五、危机管理计划(略)
六、评估计划(略)
附:内部策划书要则(概要):
博览会人力资源安排
相关团体机构合作对策
相关重要财务安排
实施过程中公共关系对策
政府相对政策
法律相关对策

【评析】

这份立项策划书原文数万言,从市场分析写到具体实施方案,可谓内容全面、策划周详。尤其是第一部分对国内游艇市场的分析,写得非常细致深入,有观点、有材料,既有确切的定性描述,又有大量的数据罗列,很有说服力,为第二部分展会主体策划和第三部分展会实施策划奠定了坚实的基础。整篇策划书尽管篇幅宏大,但结构却十分严密,层层递进、脉络清晰,是一篇难得的会展立项策划的范文。

上文也有几处可作进一步修改:

一是第一部分1.4.1中的"同时缺少国外市场需求信息,各自小打小闹,目光短浅,不能与游艇国际业会和船装配件供应商直接沟通,无法参与国际竞争也是制约我国游艇工业发展的原因"一句,应当在"同时"和"无法参与国际竞争"后面各有一个停顿,均应加上逗号。

二是第二部分2.1中的"我们将努力把这次私人游艇行业博览会打造成中国私人游艇行业两年一届的盛会的目的,真正实现本次博览会可持续性发展的长远目标"一句中的"的目的"三字属于多余成分,应删去。

"力争用更专业化和权威性的服务满足参展商和单位的要求"一句中的"单位"一词应当去掉,因为"参展商"和"参展单位"意思重复。"要求"一词改为"需求"更合适,因为"要求"一词可以是参展商主观上的愿望,而"需求"一词则是指客观的需要。

第二节　会展可行性研究报告

一、会展可行性研究报告的含义和特点

(一) 会展可行性研究报告的含义

会展可行性研究报告是在会展立项策划书的基础上,对该项目实施的可能性、有效性、技术方案、技术政策等进行具体、深入、细致的技术论证和经济评价,以求确定一个合理、合算的最优方案和最佳时机而写的书面报告。

会展可行性研究报告是为上报上级主管部门准予对本项目的实施予以批准而提供的依据,它属于一种呈报性文书。

(二) 会展可行性研究报告特点

1. 超前性。会展可行性研究报告是在会展决策之前提交的文书,应当对将要举办的会展项目所涉及的行业的发展情况和趋势作前瞻性的分析,以证明项目实施必要性和可能性。

2. 最佳性。会展可行性研究报告的写作目的是通过对本项目所涉及的人、财、物等客观条件以及可能出现的问题进行深入细致的调查研究和分析论证,运用科学的方法比较各种备选方案的优劣,从而找出最佳方案。

3. 全面性。会展可行性研究报告必须反映该项目所涉及行业的全面情况,特别是行业的发展历程、面临的问题以及发展趋势。

4. 请求性。会展可行性研究报告是申办报告的附件，是对申办报告的补充，因而具有请求性。

二、会展可行性研究报告的主要内容

(一) 总论

主要写提出项目的依据、目的以及实现项目的客观环境。

(二) 项目实施的必要性

可以从区位优势、经济发展、夯实产业链基础、带动相关产业联动发展等角度写出会展项目实施的必要性。

(三) 优势分析

可以从经济、地理、交通、产业结构以及配套设施等方面来反映本项目的优势。

(四) 项目管理

写明在项目实施和运作过程中将运用哪些科学的方法进行管理，尤其要重点表述工程实施、营销运作、预决算等方面的管理措施。

(五) 营运模式

写明制定营销策略的原则、营销的计划和方法、宣传的渠道和措施等。

(六) 经济分析

写明投资估算、资金筹措以及经济效益分析等内容。

(七) 风险与对策

从环境因素、社会因素、自然因素和政治因素综合分析项目的风险并提出相应的对策。

(八) 结论与建议

通过分析和论证，最后得出结论，提出实施的具体建议，或提出具体计划和进度要求。对于大型会展项目来说，计划和进度是实施方案的具体保障。不仅要有总体计划和进度，而且还要有每个阶段的具体计划和进度要求，以便于分阶段进行验收和鉴定。结论和建议一定要围绕上述可行性分析提出的问题和看法，具有鲜明的针对性。

三、会展可行性研究报告的结构和写法

(一) 封面

会展可行性研究报告的篇幅一般也较长，也应当设置一个封面，写明标题、项目编号、制定机构名称或作者姓名、制定日期等。

标题由会展项目名称和“可行性研究报告”组成，如《20××中国私人游艇博览会可行性研究报告》。

(二) 目录

篇幅较长的应当设置目录，以便于查找。

(三) 正文

与立项策划书写作要求一样，正文也应当分章分节或分项标号，各章节的结构体例要统一。在结构安排上，一般按照总论、项目实施的必要性、优势分析、项目管理、营运

模式、经济分析、风险与对策、结论与建议的顺序写作，每一部分都要列出标题，以便于查找。其他写作要求与立项策划书相同，不再赘述。

(四) 附件

可以附上调研活动的综合记录和汇总材料、图表以及其他佐证材料等，以增强报告的说服力。

实例评析

上海国际航空航天博览会项目可行性研究报告

（封面、目录略）

第1章　总论

国务院在世纪之交批准了《上海市总体规划(1999—2020)》，目标是“将上海初步建成国际经济、金融、贸易、航运中心之一，基本确立上海国际经济中心城市的地位，发挥上海国际国内两个扇面辐射转换的纽带作用”。这是国家对上海发展的一次富有远见的全新定位。上海要实现这一重要的国家战略部署，建成一座国际性大都市，必须要有一批国际性的大项目与之相配套。……

为配合浦东国际机场亚太地区枢纽港的建设步伐，充分利用机场现有设施，上海机场(集团)有限公司提出了在上海浦东国际机场举办国际性航展的设想，使国际航展成为上海又一经济、旅游亮点。

1.1　项目概况

1.1.1　项目名称

上海国际航空航天博览会(以下简称为“上海国际航展”)

1.1.2　项目承办单位

将以上海机场(集团)有限公司为主，吸收国内著名展览公司和国外有操作航展经验的航空展览公司入股，组作。

1.1.3　航展举办时间

首届上海国际航展定于20××年9月举行，以后每两年举行一次。

1.1.4　航展定位和举办规模

上海国际航展功能定位为综合性大型国际航展。首届航展展期共7天，规模为：专业展日4天，拟邀请国内外知名度较高的4家航空航天企业参展。公众开放日3天，为保证安全，每日限量售票5万张。

1.1.5　建设地点和建设内容

上海国际航展举办地点定于浦东国际机场，拟在浦东国际机场范围内新建2万平方米的室内展厅，利用现有35万平方米专机坪或28万平方米维修坪中的14万平方米作为室外展示场地。

1.1.6　投资估算和资金筹措

经估算，本项目建设投资为××××万元，所有建设资金由项目公司自行筹措解决。

1.1.7 经济评价

经初步分析,首届上海国际航展的销售利润为×××万元,税前销售利润率为1.8%,具有一定的财务效益。同时,举办航展还将会带动本地宾馆、餐厅、交通、娱乐场所等产业的发展,社会效益显著。

第2章 上海举办国际航展的必要性

国际航空航天展览会经过近百年的发展,其举办目的已发生了很大变化,早期的航展从某种意义上说是一种宣传手段和娱乐性活动,主要目的在于向普通人显示飞行的风采,使之熟悉并愿意投身飞行事业。随着许多国家建立航空工业,航展逐步演化成一种商业活动,成为商家推销产品和服务的重要阵地。如今,航展不仅能展现当今世界的先进航空航天技术成果,促进各国航空航天方面的相互交流,而且给举办国和举办城市带来相当不错的收益。从航展举办国的经验看,上海举办国际航展的必要性将体现在以下几方面。

2.1 有利于提升上海现代化国际大都市的地位,促进经济发展(略)

2.2 有利于长江三角洲城市群的发展(略)

2.3 有利于我国航空工业的发展(略)

2.4 有利于上海会展业的发展(略)

2.5 有利于旅游业和相关产业的发展(略)

综上所述,举办航展对提升上海国际地位,促进经济发展,提高我国航空制造业的水平,促进上海会展业的发展,带动地区旅游业及相关产业的发展有积极意义,举办航展是必要的,也是符合上海发展需求的。

第3章 上海举办国际航展的优势分析

上海正努力建设国际经济、金融、贸易和航运中心城市,其良好的国际地位、对外形象和交通条件对确立上海国际航空展的品牌极为有利。上海举办国际航展的优势具体表现在以下几方面:

3.1 知名度优势(略)

3.2 机场优势(略)

3.3 交通优势(略)

3.4 配套设施优势(略)

3.5 会展组织优势(略)

综上所述,上海有实力和能力办好航展。

第4章 上海国际航展功能定位

4.1 国际航展综述

4.1.1 国际航展的分类(略)

4.1.2 国际航展的功能定位(略)

4.2 上海国际航展功能定位

4.2.1 航展功能定位决定要素(略)

4.2.1.1 中国航空运输总量(略)

4.2.1.2 中国民用飞机数量(略)

4.2.1.3 支线飞机数量(略)

4.2.1.4 直升机数量(略)

4.2.1.5 中国民用机场设施(略)

4.2.2 上海国际航空展功能定位

航空展一般分为综合展和专业展两类,专业展和综合展具有一部分相同的功能,如提升上海国际形象、使上海获得难以估价的无形资产——美誉度、知名度等;提高城市道路、绿化、交通等基础设施建设水平,为投资者提供一个良好的投资硬环境和软环境,更好地吸引外资的流入;还可以发展以航展带头的航空业,并带动配套资源的开发、利用。

但是,相对于专业展来说,综合展的国际客源和展品更能突出航展国际化的要求,也更符合上海作为中国经济发展领头羊的形象,更能在国际上树立上海的城市形象,并且上海有足够的条件,也有足够的能力举办大型的国际化的综合性航空展览会。

鉴于以上分析,上海航展应定位于集技术交流、产品展示、经贸洽谈为一体的大型国际性航空航天博览会,使其成为国内外各大企业推广产品、拓展市场、宣传企业形象的极佳机会,成为世界航空航天界最新技术交流、信息传递、产品推介的平台,成为展示我国改革开放的风采、扩大对外交往、反映航空航天等产业成就、扬我国威、军威的舞台。

第5章 上海国际航展的规模及客源

5.1 举办时间

目前世界上每年会举行数次大型国际航展,由于参加航展企业投入较大,连续参展积极性不大,因此,一般同一地区的航展时间安排最好为年份错开,不同地区的两次航展之间的时间间隔在2个月以上为宜。目前国际及亚洲主要航展的举办时间如下表所示:

国际及亚洲主要航展的举办时间表

序号	名称	举办时间
1	巴黎航展	单数年的6—7月
2	范堡罗航展	双数年的6—7月
3	新加坡航展	双数年的2月
4	迪拜航展	单数年的11月
5	珠海航展	双数年的11月
6	韩国航展	单数年的10—11月

由上表可见,目前9月尚无重大航展举行,上海航展应迅速抢占这一时间段。9月,上海平均气温27℃,月降水量92.2毫米,月日照时数170.2小时,秋高气爽,光照充足,气温适宜。9月,有中国传统的中秋节,有一年一度的上海旅游节,10月初又将是国庆长假,因此,这段时间正是来上海旅游人数最多的时节。同样,上海9月的气候适合举行飞行表演。按照国际惯例,一般航展前期准备时间为18—24个月。参考以上各个航展的举办时间,因此首届上海国际航展定于××××年9月举办较为合适。

5.2 举办规模(略)

5.3 客流量分析

5.3.1 参展商来源(略)

5.3.2 专业参观者来源(略)

5.3.3 普通参观者来源(略)

第6章 营销思路

6.1 营销原则(略)

6.2 营销渠道(略)

6.3 营销计划实施(略)

6.4 展会期间及会后的营销(略)

6.5 航展无形资产的开发与利用(略)

第7章 项目选址与建设内容

7.1 项目选址

上海国际航展拟选址于上海浦东国际机场举行。具体选址方案有两个。

方案一:利用为APEC会议建设的35万平方米的专机坪或基地航空公司维修机坪作为室外展示场地,并在其附近新建室内展厅。

方案二:在浦东机场东北角预留综合用地范围内新建机坪。

两个方案的飞行表演均安排在海上进行,有利于飞行表演的安全,仅需加强海面巡逻和救护措施。经比较,方案一利用现有设施,投资较少(固定资产投资约××××多万元)。方案二可利用土地面积较大,对项目远期发展比较有利,但前期工程投资大,约需投资×亿元(依据专机坪工程测算),建设周期也比方案一长。从建设资金、建设周期等因素考虑,上海国际航展的前几届拟按方案一实施。待上海航展积累经验和资金后,利用浦东机场建成的第二条跑道,实施第二方案。

具体的选址方案还需结合机场总体规划、二期工程的建设计划等情况来确定,并报有关部门审批后定。

7.2 建设内容(略)

7.3 浦东国际机场公用配套条件(略)

第8章 项目的组织管理及运营模式

8.1 航展的组织管理机构(略)

8.2 航展的运营模式(略)

第9章 投资估算、资金筹措及经济效益初步分析

9.1 投资估算(略)

9.2 资金筹措(略)

9.3 经济效益分析

9.3.1 财务效益分析(略)

9.3.2 社会效益分析(略)

第10章 项目风险与对策分析

项目在以下几方面存在一定的政策、经营风险,有可能对项目的投资收益带来一定的影响,应予以考虑和防范。

10.1 风险因素

10.1.1 政策风险(略)

10.1.2 运作风险(略)

10.1.3 军机缺乏风险(略)

10.1.4 飞行安全风险(略)

10.2 对策(略)

第11章 结论与建议

11.1 结论

举办航展对提升上海国际地位,对促进我国航空制造业的发展,对促进上海会展业的发展,对带动旅游业及相关产业的发展、拉动经济发展有积极意义,举办航展是必要的,也是符合上海发展需求的。(略)

11.2 建议(略)

【评析】

这篇可行性研究报告原文较长,内容详尽,材料翔实,数据充分,分析透彻,结论令人信服。从摘录的部分看,其写作有一个非常突出的特点,这就是善于做纵横比较。纵向比较是指能从历史的角度分析本项目的必要性和经济、社会效益;横向比较是指把本项目与其他相关的展会作比较分析,从中找出本项目的优势。为了论证举办时间(9月份)的合理性,作者列举国际及亚洲主要航展的举办时间,作横向比较,又从上海9月份的平均气温、月降水量、月日照时数、文化节事、长假旅游、飞行条件等诸多方面加以论证,显示了作者思考问题的多向性和严密性,很值得学习效仿。

该文也有两个不当之处:一是第5章的标题为"上海国际航展的规模及客源",但下面第一部分所论证的时间却不为标题所包含,出现了标题与内容的脱节。因此标题中应当增加"时间"一词。二是"1.1.2 项目承办单位"最后的"组作"一词属于生造词,可改为"合作承办"。

第三节 会展总体方案

一、会展总体方案的含义

会展总体方案是在举办会展活动时,对活动的内容、形式、时间、地点、接待、宣传等各个方面进行总体筹划的文案。会展总体方案的作用在于作为规划会议、展览和节事活动全局性的蓝图,为各项具体的组织筹备工作指明方向,确定原则,奠定基调。会展总体方案写作要做到总揽全局、目标清楚、思路清晰、分工明确、综合协调。会展总体方案必须经会展活动的领导机构(组织委员会或筹备委员会或领导小组)批准,有的还要报更高的机关审批同意,然后下发依照执行。

二、会展总体方案的基本内容

(一) 会议总体方案的基本内容

1. 会议的名称。会议名称是指会议活动正式称谓,是会议活动基本特征的信息标识,其作用在于通过揭示会议的主题、性质、范围等具有基本特征的信息,区别各种不同的会议,便于从视觉和听觉上对会议进行宣传。

会议名称的表述一般采取特征揭示法。常见的会议名称所揭示的特征有主题特征、主办者特征、功能特征(如审批、鉴定、表彰、总结、交流、研讨、发布等)、与会者身份(如董事会议、理事会议等)、范围特征(如世界、国际、全国等)、时间和届次、地点、方式(如座谈会、茶话会、视频会等)等特征。一次会议的名称所揭示特征的多寡,应当根据会议的实际情况来确定。会议目的、要求和类型不同,会议名称所揭示的特征也各有侧重。如"第17次上海市市长国际企业家咨询会议"这一名称就揭示了会议的主办者(上海市市长)、与会者身份(企业家)、范围(国际)、届次(第11次)、会议的功能(咨询会议)等若干特征。两项会议活动合并举行时,两个名称之间用"暨"字连接,如"《中韩两国政府间青少年交流协议》签字仪式暨新闻发布会"。

2. 会议的背景、目标和指导思想。会议的背景一般要说明会议发起的最初动机和历史条件、批准的机关、历届会议的基本成果、本届会议所面临的机遇和挑战以及现实意义和历史意义。会议是一种有目的的交流活动,会议的目标是对会议所要解决的问题和所要完成的任务的综合表述,反映了会议组织者的期望,也是与会成员的共同期盼。所谓会议指导思想,是指在办会过程中必须遵循的方针和基本原则。以上三项内容的表述要求做到清晰、明确、概括。

3. 会议的主题、议题和议程。会议活动有主题性和非主题性两种。主题性会议有一个或若干个鲜明的主题。所谓会议主题,即根据会议的总体目标和任务策划制定的、贯穿会议各项议题的主线和统帅。会议主题应当反映全体与会成员共同关注的问题。当然,并非所有的会议都必须具有主题。有些工作性的例会,议题涉及面较广,内容比较分散,没有必要预设一个主题。但对于研讨性的论坛、对话性的会议来说,必须确定主题。议题是会议活动的基本要素,是根据会议目标确定并付诸会议讨论或解决的具体问题。对于主题性会议来说,由于主题比较抽象、概括,必须通过具体的议题才能进行交流、沟通,二者构成纲和目的关系。主题是议题的高度提炼和集中体现,议题则是对主题的具体拓展和演绎。会议主题和议题的策划对与会者的参会决策具有重大影响,要在充分调查研究的基础上,以务实的态度和与时俱进的精神提出具有前瞻性、务实性和迫切性的主题和议题。

会议的主题和议题的表述要求做到集中、简洁和明确。所谓集中,即一次会议的主题要尽可能单一。为提高会议效率也可将几个主题组合起来,但不宜过多。主题和议题一般采用词组或短语加以表述,力求文字简洁,确保含义明确。

实例评析

会议名称:第八届西湖国际中小企业会议

主　　题:中小企业与创新

议　　题:①中小企业生存与发展环境;②家庭企业及其发展;③中小企业的政府扶持政策……

【评析】

上述主题的表述采用了"××与××"的词组并列法,这是当前主题表述最常见的一种方法,其作用在于突出前项和后项的内在关系,具有简洁明了的表达效果，同时又为议题的具体展开提供了较为广阔的空间。

议题①采用了偏正词组，强调了生存和发展环境与中小企业创新的关系，切入的角度比较明确。相比之下，议题②“家庭企业及其发展”则较空泛，与“创新”这一主题的关系不够紧密。议题③“中小企业的政府扶持政策”在表述上有歧义，不如改为“对中小企业的政策扶持”，这样更为简明扼要。

议程是指围绕各项议题展开报告、交流、审议、协商、谈判、表决的一套既定顺序，它反映了每项议题在会议中的地位、次序以及相互间的逻辑关系，在某种意义上体现主办者对与会各方的协调能力以及对会议进程的驾驭能力。会议议程是会议总体策划方案的重要组成部分，可以作为总体方案正文的一段，也可以以附件的形式另外单独成文。单独成文的会议议程写作详见本书第六章《会展现场服务文案写作》。

4. 会议的对象。会议对象即会议成员，是会议活动的主体。会议对象的策划内容有以下方面：

(1) 与会资格。会议对象的与会资格一般分成四种：一是正式成员，具有表决权、选举权、发言权和提案权，同时要履行遵守会议决议的义务，是会议活动的基本对象。二是列席成员，有一定的发言权，但无表决权和选举权，是否具有提案权根据会议的性质或根据会议的需要而定。在多边会议活动中，列席成员不受会议最终决定的约束。三是特邀成员，由会议的主办者根据会议的需要专门邀请，礼仪性和象征性较强，其权利和义务由主办者或会议领导机构确定。四是旁听成员，可参加会议，但既无表决权，也无发言权和提案权。

(2) 会议对象的规格。即指与会者的职务和身份的高低，要根据会议的性质和所要达到的目的来确定。比如“高峰论坛”一般邀请高级管理人员参会。

(3) 会议的规模。即参加会议的总人数，统计范围包括所有的正式、列席、特邀和旁听的对象。一般情况下，会务人员和执行采访任务的记者不列入会议规模的统计范围。确定会议的规模要考虑会议的效果、效率、效益、成本和场地等因素。

5. 会议的时间。包括会议时机的选择，会议的起讫时间，会期和日程安排。会议时间策划要考虑时机是否成熟，举办时间是否合适、是否有利于达到会议的目的，会期安排是否适当、是否有利于减低成本、提高效率等因素。表述时要具体写明会议开始和结束的年、月、日、时、分，并写明“会期×天”。重要的会议还要在总体方案中说明日程安排，或者将会议日程单独成文作为附件。

6. 会议的地点。会议地点策划包括两方面的含义：一是选择合适的举办地，如国际性会议要考虑选择在什么国家或地区以及什么城市举行；二是选择合适的场馆(包括会场、宾馆的规格及布置要求等)。在一些重要的会议策划方案中，地点的表述不能仅仅写明举办地的城市或场馆名称，而应当阐明选择会议地点的目的和意义，有时还要对不同的地点进行分析比较，确保所选择的地点能符合会议主题的需要，能够营造良好的会议气氛，能使会议产生良好的政治、经济和社会效益，并且在接待能力、交通条件、价格等方面具备一定的优势。

7. 主办、协办、支持单位以及拟设立的会议组织机构。如设立组织委员会、筹备委员会、指导委员会、执行委员会、主席团、学术委员会、秘书处等。表述时要具体说明每一机构的职权、组成人员、工作分工等。

8. 会议的举行方式和配套活动。会议的举行方式包括大会集中、分组讨论、主题演讲、圆桌切磋、视频连线、餐会交流等等。配套活动包括开闭幕式、欢迎宴会、展览演示、参观游览、余兴娱乐等等。表述时要注意说明每一项安排的出发点和预期效果。

9. 会议的接待、会场布置、后勤保障和技术手段。会议接待包括接站、接机、引导、食宿安排、票务联系等。会场布置包括与会者座位格局的设计、主席台的座次安排、会场的气氛渲染等方面。由于会场布置的内容和形式反映主办方或会议主席同与会者之间的相互关系，能够营造特定的会议气氛，从而调动与会者的情绪，提高会议宣传的效果，因而常常是会议策划方案的重要内容。必要时可画出会场布置的效果图作为总体方案的附件。对于一些技术要求较高的视频会议、跨语言交流的国际性会议，还要说明必须配备的技术设备。

10. 会议的宣传方案。如召开新闻发布会、编写会议简报、邀请记者采访、发送新闻稿件等。

11. 财务安排。包括收费标准、经费预算以及筹集的渠道、方式。必要时可专门列出会议经费预算表作为方案的附件。

12. 其他应当说明的事项。

（二）展览总体方案的基本内容

1. 展览的名称。展览的名称一般由届次、举办地、参展范围、行业范围及展品特征等信息和名称中心词构成。届次一般用“年”、“届”、“季”表述。举办地一般写举办城市的名称。参加范围包括参展商和观众两方面，常用“中国”、“中华”、“全国”、“国际”、“华东”、“西部”等词语表述，但非经国务院有关行政部门的批准，不得使用“中国”、“中华”、“全国”、“国际”等表达全国性和国际性含义的词语。行业范围及展品特征体现展览的主题，专业化程度越高的展览会，表述行业范围的概念越具体，如“20××全国医疗器械展览会”这一名称中表述行业范围概念的用词是“医疗器械”。“20××中国高新技术展览会”这一名称中的“高新技术”一词表述的是展品特征。展览名称的中心词有“展览”、“展览会”、“展销会”、“博览会”、“洽谈会”、“交易会”等。

2. 举办展览的背景、目的和宗旨。这部分的内容及表述要求与会议总体方案相同。

3. 展览的主题、特色和主要活动。展览会的主题有两种含义，一是指贯穿展览会整体框架、内容和过程的指导思想，如 2010 上海世博会的主题是“城市，让生活更美好”；二是指一般展览会的题材的共同属性，如“20××全国临床影像医疗技术设备展览会”，所展出的展品必须符合“临床影像医疗技术设备”这一共同属性。展览会主题的表述要避免空泛，防止概括不全或者过于抽象，在文字表述上应适当表现展览会的行业属性，如第三届上海国际工业博览会的主题是“工业化与信息化”，其中“工业”一词与该展览会的行业属性相联系。

实例评析

名称:20××中国餐饮业博览会

主题 传统与创新,规范与发展

【评析】

上述展览会的主题表述有两点值得商榷:一是比较空泛。该主题试图用“传统与创新,规范与发展”概括“20××中国餐饮业博览会”的整体内容,但“传统与创新,规范与发展”是每一个行业面临的共同问题,也是每一个行业永恒的课题,以此来表述特定展览会的主题显得较为空泛,缺乏针对性,存在主题大于内容的问题;二是未照应展览会的行业属性,从文字表述上看不出与展览会的特定联系,如果其他的展览会也套用这一主题,就会造成主题表述的雷同化。

展览的特色是对展览的主题、展品、规模、参展商、观众、场馆、服务、举办形式等方面的优势、亮点的归纳和介绍。如果已经办过数届,应当概括介绍往届的特色。

主要活动是指构成展览会整体框架的主要板块,如展览、研讨、洽谈等,要具体写明各项板块活动的内容(有时也可确定分主题)和活动形式。

4. 展览的主办、协办、支持单位以及拟建立的组织管理机构。举办大型展览会一般设立组织委员会、执行委员会、秘书处等。表述时要具体说明每一机构的职权、组成人员、工作分工等。

5. 展览的时间,包括展览的时机、展期、展览周期、具体的办展日期以及展览日程。展览时机策划时要分析市场对目标产品的周期性变化、季节、休假日等因素。展期是指展览时间跨度,策划时要考虑观众心理效果、预计观众人数、场馆接待能力以及成本等因素。展览周期是指同一类型和同一系列的两次展览之间的时间跨度。比如中国华东进出口商品交易会(简称“华交会”)的展览周期是一年,每年3月1日至7日在上海举行。而广交会的展览周期则为一年两届,每届两期。展览周期的策划要考虑市场需求及其周期变化、办展的规模和组织工作投入的时间等因素。展览日程要写明布展、开幕式、开闭馆、撤展的具体时间。

6. 展览的地点,包括确定举办的城市和具体的场馆。确定展览的举办城市要综合分析当地的市场开放程度、产业结构、经济特色、经济的辐射能力、举办展览的硬件条件、接待能力、交通运输条件、当地的政治是否稳定、政府及相关的行业组织和相关媒体是否支持等因素。

7. 展览的规模。写明展览面积(总面积和净面积)、展位(标准展位、特装展位)的数量、预计参展商和观众(专业观众和普通观众)的数量。

8. 展览的财务安排。写明各类展位、门票、广告和收费服务的价格,必要时要制作财务预算表作为总体方案的附件。

9. 参展范围、条件和参展办法。参展范围、条件是对参展企业或组织的行业属性和地区属性的规定。参展办法要写明报名手续、截止时间和地点。

10. 配套活动内容与形式。如开幕闭幕、新闻发布、成果介绍、项目签字、文艺晚会等。

11. 展会服务、现场管理和确保安全的措施。

12. 招商、招展、招客和广告宣传计划。

13. 其他应当说明的事项。

(三) 节事总体方案的基本内容

1. 节事活动的名称。一般由届次、举办地、参加范围、活动内容和中心词(节、会、月、周)组成,如“第十一届上海国际电影节”。

2. 节事活动的背景、目的和宗旨。

3. 节事活动的主题、特色和板块活动的构成。相比会议和展览,节事活动的内容比较丰富、形式多样,表述时不仅要写明各个板块活动的内容和形式,还要阐明各个板块活动与主题的演绎以及板块之间的相互关系。

4. 节事活动的规模以及拟参加的对象。节事活动一般规模都较大,参加人员的面较广,方案中要具体说明活动的规模以及确定规模的因素、参加对象的类别、确保实现设计规模的具体措施。

5. 节事活动的时机确定、日程和地点安排。许多节事活动都有固定的举办周期和日期。由于节事活动一般时间较长,活动地点较分散,因此对日程安排和地点的表述要具体、明确,一目了然。

6. 活动的主办、协办、承办、支持单位以及拟建立的组织管理机构及其分工。

7. 现场接待、服务、管理和安全措施及其责任。

8. 招商、招展、招客和宣传工作安排。节事活动的对象主要是观众和游客,但如果其中安排展览、展示、演出等活动,方案中还要写明做好招展、招商工作的具体设想或计划。

9. 财务安排,包括各项收入和成本的预算。公益性的节事活动还要提出筹措资金的方法和渠道。

10. 其他需要说明的事项。

三、会展总体方案的结构与写法

(一) 标题

标题由会展活动的全称和文种(策划书或方案)组成,如“××国际学术会议筹备(总体)方案”。“总体”二字也可以不写。

(二) 主送机关

总体方案如果直接上报上级机关审批,应当写明上级机关的名称。如果作为请示的附件上报,或者由会展策划公司提交给委托者,则不写主送机关。

(三) 正文

正文部分应当逐项载明总体方案的具体内容,结构体例一般采用序号加小标题的形式。开头先用一段文字写明制定方案的目的和依据,然后用序号编排各项内容。

正文内容的表述有两种方法:一种是详述法,即详细表述各项具体安排。另一种是简述法,对各方面的计划仅作原则性的安排,然后依据总体方案制定各个专题策划方案。

直接上报请求批准的方案，结尾处要写“以上方案请审批”等字样。如作为请示的附件上报，则省去结尾。

(四) 附件

如有附件，要写明附件的名称和序号。

(五) 署名

一般应当署策划机构名称。如果文案是由具体承办人员策划并拟写的，可由拟写人员署名。经审批下发执行的总体方案也可署审批机关的名称，或由审批机关批转下发。

(六) 成文日期

报上级机关审批的总体方案写提交日期，经批准下发的总体工作方案写批准日期。成文日期一定要写明具体的年、月、日。

四、会展总体方案的写作要求

(一) 切实可行

制定会展总体方案的目的在于正确指导会展的各项组织工作，因此，切实可行便成为会展总体方案写作的出发点和落脚点。一份切实可行的会展总体方案，能够最大限度地避免工作失误，从而保证会展活动的成功。

(二) 富有创意

会展总体方案写作既要注意操作上的可行性，又要强调内容与形式的创造性，使会展项目富有强烈的时代感，能吸引层次更高、数量更多的与会者、参展者和观众，从而塑造会展活动品牌形象，提升会展项目的竞争实力。

(三) 系统全面

会展总体方案涉及到内容和形式、时间和地点、人员和经费、规模和规格、服务和安全等各个方面，任何一项细节考虑不周、安排不当，都会影响全局，甚至导致会展活动的失败，因此必须运用系统思维，注重各项活动要素和工作要素之间的有机联系，使形成的方案真正成为统领和指导会展组织工作全局的蓝图。

实例评析

“20××·中国西部论坛”总体工作方案

“20××·中国西部论坛”定于20××年9月4日至6日在我省举行。这次论坛由国务院西部开发办、国家发展计划委员会、国家经贸委、外经贸部、国务院新闻办和陕西省人民政府主办，西部其他11个省、自治区、直辖市人民政府和新疆生产建设兵团协办，陕西省人民政府承办。为搞好各项筹备、组织工作，确保论坛取得圆满成功，特提出如下工作方案：

一、主题、宗旨

“20××·中国西部论坛”的主题是：西部投资环境与对外开放。

“20××·中国西部论坛”的宗旨是：宣传中央关于西部大开发的战略决策和方针政策，加深国内外对中国西部地区的了解和认识，研究西部大开发中出现的新情况、新问题，改善西部地区的投资环境，进一步扩大对外开放，推进西部大开发战略的实施。

二、组织机构

（一）成立“20××·中国西部论坛”组委会

（成员名单略）

（二）成立“20××·中国西部论坛”筹委会

（成员名单略）

（三）筹委会办公室工作机构及职责

1. 综合协调组（成员名单略）。主要职责：总体组织协调，安排论坛各项活动日程和会议议程，筹措资金，策划布置主、分会场，完善有关设施，协调、衔接配套活动，与国务院西部开发办进行联络，制定工作目标，督促检查落实情况。

综合协调组下设会场、活动、联络、财务和商业运作五个小组。（成员名单和职责略）

2. 新闻宣传组（成员名单略）。主要职责：协助国务院新闻办举办新闻发布会，制定省内宣传方案（包括宣传画、张贴画的设计和审核）并组织实施，邀请、协调、接待各新闻媒体和记者。

3. 材料组（成员名单略）。主要职责：起草我省领导人讲话稿，组织、协调西部省、市、区和新疆生产建设兵团的各种材料，审核论坛文件和宣传新闻资料。

4. 邀请接待组（成员名单略）。主要职责：与国家有关部委共同联系、邀请代表，掌握邀请工作进度，协助活动组安排会议议程，负责制定礼宾接待方案并组织实施。

5. 投资洽谈组（成员名单略）。主要职责：负责在华外资企业投资洽谈会的各项筹备工作，提出实施方案并组织实施，重点抓好我省洽谈项目的落实和洽谈企业的组织工作。

6. 安全保卫组（成员名单略）。主要职责：负责制定安全保卫方案并组织实施。

7. 环境整治组（成员名单略）。主要职责：负责制定论坛会议前、中、后西安市市容市貌特别是代表经过的主要路段、下榻宾馆、会场周边的市容市貌整治方案并组织实施。

8. 信息组（成员名单略）。主要职责：编制会刊，收集、整理、编辑、翻译、发放及出版论坛期间筹委会交办的各种文字材料和音像资料；建立网站、网页；筹建论坛会场新闻中心。

三、主要活动（节录）

9月3日（星期一）

14:00—15:00　组委会新闻发布会

地　点：西安国际会议中心国际会议厅

……

9月4日（星期二）

9:00—9:40　外商投资企业再投资洽谈会开幕式(外经贸部组织)

地　点:西安唐乐宫

10:00—10:50　参观西安投资贸易洽谈会展览

11:00—11:30　西安投资贸易洽谈会开幕式(西安市组织)

地　点:西安国际展览中心

……

17:40　党和国家领导人会见部分贵宾

地　点:省政府综合楼会见厅

18:00—19:30　开幕晚宴

地　点:省政府综合楼宴会厅

20:00—21:30　参加入城式(西安市组织)

地　点:西安市南门外广场

9月5日(星期三)

8:30—10:00　主题论坛(一)

地　点:西安国际会议中心大会堂

……

15:30—17:20

A. 圆桌会议

地　点:西安国际会议中心腾龙阁

B. 专题论坛(分别在三个会场进行)

专题之一:投资软环境与体制创新

地　点:西安国际会议中心大会堂

专题之二:加入世贸组织后市场环境变化与对策

地　点:西安国际会议中心国际会议厅

专题之三:投资软环境与体制创新

地　点:西安国际会议中心多功能厅③

18:00—19:30　西安市招待会

20:00—21:00　观赏仿唐乐舞

地　点:西安唐乐宫

……

四、会场、翻译

主题论坛、圆桌会议、专题论坛会场和新闻中心都设在西安国际会议中心。

(一) 主题论坛会场配备电视大屏幕、多媒体投影、同声传译系统和音响。

(二) 圆桌会议会场配备多媒体投影、音响控制系统。

(三) 专题论坛会场配备多媒体投影、音响系统。

其中,多媒体投影、同声传译系统、音响及控制系统、桌椅由西安市负责,会场组协调西安国际会议中心落实;电视大屏幕由活动组负责落实。

(四) 新闻中心设在西安国际会议中心多功能厅②,新闻中心指挥部设在多功能厅①。新闻中心及指挥部建设由新闻组提出方案,省信息中心负责实施。西安市协调电信部门提供宽带网接口。

（五）为了便于新闻记者工作，宽带网接至西安国际会议中心大会堂两侧休息间，同时进入房间，具体由西安市负责，会场组协调西安国际会议中心落实。

（六）在西安国际会议中心大会堂两侧和前厅设立16个超大屏幕电视，供12省（市、区）、新疆生产建设兵团和湖南湘西、湖北恩施、吉林延边3个自治州展示投资环境，由活动组负责落实，会场组协调提供必要的电源接口并配合安装。

（七）论坛会场外设置会标、横标、悬挂气球，具体由活动组负责（会场外环境整治美化工作由环境整治组负责）。

（八）主题论坛、圆桌会议、专题论坛、新闻发布会会场的布置由活动组负责。

（九）开幕晚宴、闭幕冷餐会、午餐会、主题论坛、圆桌会议、专题论坛以及新闻发布会均设现场翻译，具体由省外办负责。

同声翻译人员由省外办负责落实。

五、邀请与接待

（一）邀请工作

邀请的原则是：高规格、高层次，既要广泛，又要突出重点。

党和国家领导人由国家计委和国务院西部开发办负责邀请。

中央和国务院有关部委负责人由组委会负责邀请；外国政要、外国驻华大使及商务参展、国际组织驻华代表，世界500强企业家、国外及港澳台知名企业家，在华投资的大企业高层管理人员由组委会邀请，国家计委外事司和外经贸部有关司局负责落实；国内大企业及行业代表由组委会邀请，国家经贸委负责落实；国内外著名学者、各省（市、区）代表由组委会邀请，陕西省政府负责落实。

国内外主要新闻媒体由国务院新闻办负责邀请。

邀请贵宾、嘉宾总规模控制在300—500人，新闻媒体记者总数控制在350人以内。

陕西省政府与国务院西部开发办协商，精选一批在国内外有重要影响力的代表，进行跟踪式邀请，确保与会，确保论坛的高规格。

（二）接待工作

接待工作的原则是：热情、周到、得体、安全。

党和国家领导人由省委、省政府成立专门班子负责接待。

中央、国务院有关部委和各省市区负责人由省各厅局对口负责接待；外国政要、外国驻华大使及商务参赞、国际组织驻华代表、世界500强企业家、国外及港澳台知名企业家、在华投资的大企业高层管理人员由省外办、外经贸厅、贸促会、台办、对外开放办负责接待；国内大企业由省内大企业负责接待；国内外著名学者由省教育厅、科技厅和相关高校负责接待。

新闻记者由新闻宣传组负责安排。

从9月3日到7日，组委会免费接待各省（市、区）及新疆生产建设兵团代表各10人，湖南湘西、湖北恩施及吉林延边自治州代表各5人。其他代表统一安排食宿，费用自理。

论坛活动期间，省内所有旅游景点可凭贵宾证、嘉宾证、记者证免收门票。

六、宣传工作

宣传工作要紧扣主题、突出重点，综合运用报刊、广播电视、互联网等传媒手段，组织高潮迭起的集中宣传，形成广泛热烈的舆论氛围，扩大论坛在海内外的影响。新闻宣传组要制定详细的工作方案和实施细则，重点做好以下工作。

（一）举办新闻发布会

本次论坛开幕前在北京和西安各举办一次组委会新闻发布会，论坛期间安排西北片、西南片各举办1次新闻发布会。

（二）设论坛倒计时栏

从8月8日起，在《陕西日报》、陕西电台、陕西电视台等新闻媒体设"20××·中国西部论坛"倒计时栏。

（三）进行电视直播

论坛开幕晚宴及主题论坛等主要活动要在中央电视台、陕西电视台进行直播。开幕晚宴要上当日19:00中央电视台《新闻联播》。

（四）设立新闻中心

在西安国际会议中心设立新闻中心，为记者提供论坛的各种信息。主题论坛、圆桌会议、专题论坛会场要控制进入会场的记者人数。

（五）举办电视沙龙、专访

论坛期间，邀请部分贵宾到电视台围绕主题论坛举办几场有特色的电视沙龙；组织报刊、广播电视对有重要影响的贵宾进行专访。

以上工作由新闻宣传组负责。

（六）建立网站、办好会刊

具体由信息组负责。

（七）投资环境展示

具体由省对外开放办公室负责。

（八）做好社会环境宣传及氛围的营造工作

具体由环境整治组负责。

七、安全保卫

安全保卫工作由省公安厅总负责，西安市政府配合，要周密部署、落实责任、精心组织、制订预案，确保万无一失。

（一）会场安全

会前要组织安全检查，各会场均设安检门，与会人员凭证进入会场，贵宾持证免检进入会场。

（二）住地安全

凭证件出入，注意防盗、防火。来访人员，未经本人许可不得入内。

（三）交通安全

要事先对代表途经路段进行检查、维修，对接送代表的车辆进行严格检测。活动期间，要求驾驶员不能离开车辆。

（四）做好群众来信来访工作

有关部门要掌握有关动态，及时化解矛盾，防止集体性上访事件发生。

（五）证件

本次论坛设贵宾证、嘉宾证、记者证、工作人员证及车辆通行证，分别由综合协调组和安全保卫组制作并安排发放。

（六）饮食安全

由接待组负责，做好食品检疫工作。各有关宾馆饭店要实行专人定点采购，每顿饭都要留样，严防食物中毒。

八、市容环境整治、美化

从现在开始到8月底，突出抓薄弱环节，以整顿大街小巷环境卫生、规范重点路段沿街建筑主面、加快实施主要道路点亮工程，摆放花卉造型营造街景气氛，整顿食品卫生和交通秩序为重点，精化细化美化市容环境，营造浓重、热烈、高雅的喜庆气氛，充分展示西安良好的投资环境和旅游环境。

8月15日前，西安市要全部停止路面开挖；8月25日前，完成东新街、南环路等主要路段拓宽工程，恢复运行；8月底前，对市区主干线两侧建筑进行刷新，做好迎宾大道主要街道，雁南路、会展路及会场周围的美化工作。

九、经费

本次论坛经费要本着简朴节约的原则，少花钱、多办事、办好事。实行一支笔审批，财务组设审计员，严格把关，杜绝胡花乱支现象。

十、在华外资企业再投资洽谈会

由外经贸厅协助外经贸部做好组织接待工作，费用单列。

十一、各工作小组要按本方案修改完善各自的工作方案和实施细则

附：1.“20××·中国西部论坛”主要活动安排意见

2.“20××·中国西部论坛”宣传标语、口号

3.“20××·中国西部论坛”商业运作方案

“20××·中国西部论坛”筹委会办公室

20××年8月3日

【评析】

《“20××·中国西部论坛”总体工作方案》写得非常出色，其主要特色在于：

一、起点较高，富有创意

会展策划方案写作的成功与否，首先取决于是否符合策划对象的实际。西部开发是一项国家战略，“中国西部论坛”又是一项国家级的大型论坛活动，起点高，政策性强，辐射面广，总体方案的写作必须适应论坛的这些基本特点。纵观全文，该方案在论坛的主题宗旨、活动安排、嘉宾邀请、现场接待、对外宣传等关键要素的策划上，起点较高，处处体现出对论坛活动的宏观思考，提出的方案和措施能从大处着眼，渗透出较强的全局意识。

二、内容详尽，措施周密

大型论坛策划涉及的内容广泛，是一项极其复杂的系统工程，各项活动要素的策划都要反复思量，考虑周到，任何一个小小的疏漏都可能导致整体的失败。该方案既有对论坛的主题、宗旨以及各分会场专题的详细介绍，又有对确保论坛顺利举行所要采取的具体措施（如邀请、接待、宣传、安全、环境整治、经费等）的周密考虑，至于本方案无法一一细说的宣传标语口号、商业运作方案等，则以附件的方式加以补充和完善，通篇体现了作者的系统、全面的策划能力。

三、层次清楚、语言简练

该方案的结构层次采用序号法标注，每一层次说明一项工作，结构安排合理、段意表达清楚。语言表述上，通篇使用消极修辞，明白晓畅，基本无冗句、冗字。

第四节 招展和招商工作方案

一、招展和招商工作方案的含义和内容

(一) 招展和招商工作方案的含义

在会展活动中，招展是指招徕参展商，招商是指招募合作伙伴(赞助商、广告商等)、展览会的观众、会议的代表和节事活动的游客。做好招商和招展工作是会展活动成功的关键，而要做好招展和招商工作，首先必须做好先期的策划，制定好工作方案。所谓招展和招商工作方案，就是运用科学的策划、运筹方法，将招展和招商的目的、任务、原则、对象、方法、步骤以及时间要求诉诸文字，上报有关领导机关审批或经批准后下发有关部门执行的文案。招展和招商工作方案可以作为会展总体方案的一部分或附件，也可以先订立总体方案，然后再根据总体方案授权具体责任部门制定。

招展和招商工作方案与公开发表的招展公告、招商公告和观众邀请函不能混淆。前者是展览会组织机构的内部性文件，一般是作为会展总体策划方案的附件上报或下发，当然也可以在媒体上公布；后者则属于一种广告宣传和邀请要约的行为。有的会展组织机构将招展公告或招展书称为招展方案，虽然不违反什么规定，但容易同内部的招展工作方案相混淆。

(二) 招展和招商工作方案的主要内容

1. 招展工作方案的主要内容

独立成篇的招展工作方案一般应当表述以下内容：

(1) 制定的依据和招展工作的原则。制定的依据不外乎两方面：一是展览会的基本定位，即明确展览会“是什么”、“有什么”；二是产业分布的特点，要从宏观上分析和介绍展览题材所在行业在全球、全国的分布特点、发展状况等。招展工作的原则是指贯穿招展工作全过程的基本要求，一般要根据有关的法律法规和以往的经验教训来确定。

(2) 展览会的基本情况，如展览会的名称、主办单位、性质和展品的类型、展览面积、展区和展位的分布、展位规格等。如果是作为会展总体方案的附件，可省略这一内容。

(3) 展位的价格及其制定的策略。这是招展方案的核心内容之一，也是影响招展工作的重要因素。一般要写明制定价格的依据，作一些横向比较，同时说明展位价格差异和价格优惠的策略因素。

(4) 招展的对象和范围。一般要写明所招参展商的行业特征、数量和质量要求、国际和国内参展商比例等内容。

(5) 招展机构的设置、人员的配备与培训、任务与分工、奖惩措施。

(6) 招展代理的选择、制定、管理以及招展代理的佣金水平。

(7) 招展宣传和展位营销的具体方法、途径。如发布广告和招展公告，向目标客户邮寄参展邀请函，派营销人员上门推销，举行新闻发布会等。

(8) 完成招展工作任务的质量要求和进度安排。

(9) 招展工作的费用预算。

2. 招商工作方案的主要内容

在会展领域,有各种性质的招商。招性质不同,招商工作方案的内容也不同。

(1) 合作性招商工作方案的主要内容:

① 制定招商工作方案的依据和原则。

② 合作项目介绍、合作方式和回报方式。会展招商的项目开发是会展经营的重要内容,除了招募赞助商、合作伙伴和开发广告资源外,会展的名称、会徽、口号、吉祥物等标志也常常是会展招商的开发项目。要写明各个合作项目的具体名称、规格、价格以及相应的回报方式或者合作方式,以便有意向的单位选择。

③ 招商的对象和范围。要写明招商对象的具体资格和条件。如同时向海外招商,应当写明海外招商对象的具体要求。

④ 招商机构的设置、人员的配备与分工。

⑤ 招商宣传的具体方法、途径。如发布招商公告、招商邀请函等。

⑥ 完成招商工作任务的质量要求和进度安排。

⑦ 招商工作的费用预算。

(2) 会议代表、观众和游客组织工作方案的主要内容

① 制定方案的依据和原则。这类招商的对象包括会议代表、展览的观众和节事活动的游客,制定工作方案的依据主要是会议、展览和节事活动的性质、主题、行业特征和消费需求等。

② 招商的对象。会议招商的对象是与会者,包括政府组织、企事业单位以及非政府组织的代表,也包括对会议主题有兴趣的专家。展览会招商的对象包括专业观众(又称客商)和普通观众。节事活动招商的对象主要是指游客。方案中要写明招商对象的具体类型和规格,如有的论坛只对官方组织开放,有的只对专家开放;有的展览会只对专业观众开放,有的则同时接纳专业观众和普通观众。高规格的会议和展览对招商对象有一定的条件限制。

③ 定价。包括会务费的收费标准和观众门票价格。

④ 招商机构的设置、招商人员的配备与分工。

⑤ 招商宣传的具体方法、途径。如发送会议邀请函和观众邀请函,举行新闻发布会等。

⑥ 完成招商工作任务的质量要求和进度安排。

⑦ 招商工作的费用预算。

二、招展和招商工作方案的结构与写法

(一) 标题

招展和招商工作方案的标题一般由会展活动的名称或招商项目名称和文种名称组成,如《××博览会招展工作方案》、《××旅游节招客工作方案》。

(二) 主送机关

直接上报给领导机关(如组委会)审批的方案应当写明主送机关名称;以总体方案

的附件形式上报或经批准后下发执行的方案则无需写主送机关。

(三) 正文

开头先交代制定本方案的目的,然后转入主体。主体部分一般用采用序号法结构体例,即用序号加小标题的形式一一列明需要说明的基本内容。写作时要突出本次招展工作与以往招展工作的不同之处,对较过去有改进的方面要重点说明。直接上报审批的方案,最后要写"以上或方案请审批"的结尾用语。如作为总体方案的附件一并上报,则可省去结尾。

(四) 署名

呈报上级机关审批的方案应当署提交机构的名称。审批后下发执行的方案也可署审批机关的名称,或由审批机关批转下发。

(五) 成文日期

上报的方案写提交日期,下发的方案则写批准日期。

实例评改

第四届中国国际装备制造业博览会招展招商工作方案

为进一步提高第四届中国国际装备制造业博览会(简称制博会)的招展招商水平和确保国家级展会的质量,经对前三届制博会招展招商工作进行认真总结,本届制博会招展招商工作的原则和指导思想为:认真遵循会展业发展的客观规律,在严格执行"一个中心"、"五个统一"的基础上,实行市场化运作与政府适度参与相结合的招展招商运作机制,保质保量完成第四届制博会招展招商任务,为推动制博会向知名品牌国际展览会的方向发展奠定一个良好基础。具体工作方案如下:

一、坚持"一个中心"

第四届制博会的招展招商工作由沈阳振兴国际展览有限公司(简称振兴公司)全程策划和组织实施。招展招商工作以振兴公司为中心,筛选部分有经验、有影响、有信誉的省内外展览公司作为中介代理机构配合招展招商工作。振兴公司将邀请省、市有关单位参与招展招商工作。这些单位的招展招商目标将以世界500强等国外企业、国内外商投资企业和装备制造业有代表性的重点公司,龙头企业为重点。目前已委托的招展机构及招展方案如下:

1. 沈阳市对外贸易经济合作局。重点邀请数控机床、世界500强企业及跨国公司参展,主要安排在A2馆,共计302个展位。

2. 中国贸促会沈阳市分会作为国外招商代理机构,重点负责韩国、日本等国外企业的招展工作。

3. 中国贸促会机械行业分会配合沈阳振兴公司负责国内装备制造业重点企业的招展工作。

4. 辽宁北方工商业展览有限公司配合沈阳振兴公司,负责国内机床及机床辅件企业的招展工作。

5. 大连星海会展中心负责邀请软件和信息化企业参展,安排在E馆东区。

6. 通过美国驻沈领事馆与美国商务部合作，设立美国企业展区。

7. 委托巴西巴中商会作为招展代理，负责南美地区的招展工作。

8. 委托波兰共和国JBConsulting(JB咨询)公司作为波兰及欧盟地区代理招展机构，负责波兰和东欧地区参展企业的招展工作。

二、做到“五统一”

为确保第四届制博会招展招商工作健康有序地进行，从根本上杜绝以往招展过程中存在的市场无序、缺乏指导、相互竞压、无人管理的混乱局面，本届制博会要严格执行“五统一”的原则。

一是统一策划。包括：招展招商工作方案的编制、展品范围的确定、展区划分、展位设置、筛选中介代理机构、招展工作分工、招展招商宣传工作的安排和推进、报名参展程序等，由振兴公司统一策划、制定政策、组织实施。

二是统一展位确认。各展馆平面图由振兴公司绘制，各招展代理单位凭参展单位的《参展申请书》提出展位申请。振兴公司对参展单位及展品进行参展资格认定，统一确认展位。

三是统一价格。沈阳振兴国际展览有限公司对外公布的第四届制博会展位租赁价格为：

A. 国内参展企业的展位费：$3\,m\times3\,m=9\,m^2$国际标准展位7000元人民币/个，室内净地700元人民币/m^2，室外光地300元人民币/m^2；

B. 国外参展企业和国内外商投资企业的展位费：$3\,m\times3\,m=9\,m^2$国际标准展位1500美元/个，室内净地150美元/m^2，室外光地60美元/m^2；

为鼓励企业增加展出面积，积极报名参展，对在20××年5月1日前报名参展的企业按惯例执行展位费折扣优惠政策，最高折扣率不超过展位费的10%。

四是统一收费。凡参加第四届制博会招展工作的中介代理机构及省、市有关单位应按要求通知参展单位在确定展位时，按规定将展位费划拨到沈阳振兴国际展览公司账户，振兴公司收到全额展位费后，为参展单位开具《参展确认书》。

五是统一管理协调。沈阳振兴国际展览有限公司要担负起第四届制博会招展工作的组织、协调和管理职能，与各招展代理中介机构和有关单位签订招展代理协议，制定招展工作各环节管理办法。配备专职人员与各代理单位进行工作衔接和管理，定期召开招展招商调度会，对招展招商工作中出现的问题要及时采取措施加以解决，确保招展招商工作顺利进行。

沈阳振兴国际展览有限公司鼓励和支持各招展招商中介代理单位组织有关装备制造业、有代表性的重点公司和龙头企业参加制博会，并将视具体情况增加代理佣金比例或其他形式的奖励。

【评改】

从内容上看，这篇招展方案的指导思想清晰，分工明确，“一个中心”和“五个统一”的措施针对性强、扎实有力。但在写作上有以下几方面的问题值得商榷和改进：

一、招展与招商二者的概念混淆。如前所述，在会展领域中，招展、招商和招客是三个不同的概念。招展是指招徕参展商，招客是指招徕会议代表、展览会观众和节事活动的游客，招商则是指招募赞助商、合作伙伴等。这份方案有时并提“招展、招商”,有时却只提“招展”,不提“招商”,可见作者并未将二者加以区别。纵观该方案全文,实际针对的是招展而不是招商,因此从表述的严密性要求出发,应当删去“招商”的提法。

二、招展工作原则和指导思想的表述相混。指导思想和原则这两个概念常常同时出现在各种文件中,二者的混淆情况也经常发生。指导思想是根本性的原则,是具体原则的统帅;原则是依据指导思想提出的行动准则。当一篇文件中既要表述指导思想又要提出工作原则时,应当先表述指导思想,后阐明具体原则,或将所要遵循的原则包含在对指导思想的表述中。上述方案的问题是将指导思想和原则的表述相互混淆,给人以“原则高于指导思想”或“原则即指导思想”的错觉。实际上,该方案有关坚持“一个中心”和“五个统一”的提法,恰恰是在整个招展工作中必须坚持的原则,可惜却未在开头指明。

三、第一层次的小标题“坚持‘一个中心’”概括不全。小标题的写作要能够概括所辖层次的主要内容。上述方案主体部分的第一个层次实际上讲了两方面的内容,一方面强调了要坚持“一个中心”,另一方面对各招展机构作了详细而又明确的分工,强调了招展的重点,而且后者的文字远远多于前者。既然如此,该层次的小标题应当对这两方面的内容都加以概括,然而却只反映了前一方面的内容,犯了概括不全的毛病。

四、内容不全。由于已经连续办了三届,本届是第四届,有关方面对展会的基本情况已经相当熟悉,因此该方案对展会的背景、目的、宗旨的介绍作了省略,这是应该的。但是,既然是招展方案,就应当对展览的总面积、展区的划分和展位的类型及其数量有所交代。即使这份招展方案是总体方案的一个附件,有关信息可能已经在总体方案中说明,但作为一个完整的招展方案,至少应当写明展览面积、展区、展位等与招展工作直接相关的内容。

五、多处语言不严密、不规范

1. 开头第一句话“为进一步提高第四届中国国际装备制造业博览会(简称制博会)的招展招商水平和确保国家级展会的质量”有两个问题:一是“进一步”和“第四届”搭配不当。“进一步”一词一般用来说明在过去基础上的提高,表现一种持续的过程,而在这里却针对尚未举行的“第四届中国国际装备制造业博览会”,前后相互矛盾。修改的办法是删去“进一步”或“第四届”。二是把“提高第四届中国国际装备制造业博览会的招展招商水平”与“确保国家级展会的质量”简单归结为并列关系。其实只要稍稍仔细分析一下,并不难看出前者和后者存在因果关系,前者是因,后者是果。这样,这两句短语之间就不能用“和”联结,而应当用逗号隔开。

2. 第三自然段中的“第四届制博会的招展招商工作由沈阳振兴国际展览有限公司(简称振兴公司)全程策划和组织实施。招展招商工作以振兴公司为中心,筛选部分有经验、有影响、有信誉的省内外展览公司作为中介代理机构配合招展招商工作。”两句话存在下列问题:

一是语言重复。两句话可以并为一句话,两处“招展招商工作”可以省去一处。

二是“招展招商工作由沈阳振兴国际展览有限公司全程策划和组织实施”和“招展招商工作以振兴公司为中心”这两句话的位置颠倒。仔细分析一下不难发现，前一句讲的是具体措施，后一句则强调原则，存在“原则”和“措施”的关系。而一般的表述总是“原则”在前，“措施”在后。因此“招展招商工作以振兴公司为中心”应当提前到句首，一方面明确照应和解释小标题，另一方面充当这一自然段的主旨。

3. 第三自然段中的“这些单位的招展招商目标将以世界500强等国外企业、国内外商投资企业和装备制造业有代表性的重点公司，龙头企业为重点。”一句存在以下问题：

一是“这些单位”应当去掉，因为招展的目标或重点是针对整个博览会而言的，并不仅仅是“这些单位”。

二是“世界500强等国外企业”、“国内外商投资企业”和“装备制造业有代表性的重点公司”这三个概念的适用性有问题。“世界500强”和“国内外商投资企业”遍布各种行业，装备制造业博览会不可能都邀请，只能邀请其中具有本行业特征的企业参展。

三是“世界500强等国外企业”、“国内外商投资企业”和“装备制造业有代表性的重点公司”这三个概念的划分标准不一致。“世界500强”中也有在中国投资的企业，这样就与“国内外商投资企业”这一概念相交叉。“装备制造业有代表性的重点公司”是以行业特征划分的概念，而前两个概念却是以投资的渠道来划分的。将不同划分标准的概念并列表述，违反了形式逻辑的基本规则。第四自然段中的“数控机床”、“世界500强”、“跨国公司”三个概念的表述也存在同样的问题。

4. 第三自然段最后的过渡句“目前已委托的招展机构及招展方案如下”中的“方案”一词改为“分工”更加确切，同时也避免了与第一自然段中的“方案”一词重复。

5. 主体部分“二”的第一段有以下问题：

一是“为确保第四届制博会招展招商工作健康有序地进行，从根本上杜绝以往招展过程中存在的市场无序、缺乏指导、相互竞压、无人管理的混乱局面”一句的两个分句表述顺序不当。从两个分句的相互关系看，“从根本上杜绝以往招展过程中存在的市场无序、缺乏指导、相互竞压、无人管理的混乱局面”是“确保第四届制博会招展招商工作健康有序地进行”的必要前提，因此表述的顺序应当互换。

二是“执行”和“原则”不能搭配。“执行”的对象是某项具体的工作或任务，而“原则”比较抽象，一般同“实行”或“坚持”搭配。

6. 简称不统一。第三自然段已经写明沈阳振兴国际展览有限公司简称振兴公司，然而下文却多处称“沈阳振兴公司”和“沈阳振兴国际展览有限公司”，前后不统一，自相矛盾。此外，“本届制博会”、“本届博览会”和“第四届制博会”的提法也随意交替出现，显得很不严谨。

该方案中还存在标点错误以及缺少制发机关等其他问题，不一一评改。

【修改后参考例文】

第四届中国国际装备制造业博览会招展工作方案

中国国际装备制造业博览会（以下简称“制博会”）是国家级展会。为进一步提高制博会的招展水平，确保国家级展会的质量，在认真总结前三届制博会招展工作的基础上，确定本届制博会招展工作的指导思想为：认真遵循会展业发展的客观规律，实行市场化运作与政府适度参与相结合的招展运作机制，坚持“一个中心”、“五个统一”的原则，保质保量完成招展任务，推动制博会向知名品牌国际展览会的方向发展。

本届制博会共分五个展区，设国际标准展位×××个，室内净地××××平方米，室外光地××××平方米，招展工作的具体思路如下：

一、坚持“一个中心”，明确招展分工

本届制博会的招展工作以沈阳振兴国际展览有限公司（以下简称“振兴公司”）为中心，由其负责全程策划并组织实施。招展的重点是世界500强和其他外商投资企业在装备制造业中的龙头企业或有代表性的公司。振兴公司应组织和挑选部分有经验、有影响、有信誉的国内外展览公司作为中介代理机构开展招展工作，同时邀请省内有关单位参与招展工作。

拟邀请下列机构作为本届博览会的招展机构：

1. 沈阳市对外贸易经济合作局，为国外招展代理机构，主要负责邀请数控机床制造领域的世界500强及跨国公司参展，主要安排在A2馆，共计302个展位。

2. 中国贸促会沈阳市分会，为国外招展代理机构，主要负责韩国、日本等国企业的招展工作。

3. 中国贸促会机械行业分会，为国内招展代理机构，负责国内装备制造业重点企业的招展工作。

4. 辽宁北方工商业展览有限公司，为国内招展代理机构，负责国内机床及机床辅件企业的招展工作。

5. 大连星海会展中心，为国内招展代理机构，主要负责邀请软件和信息化企业参展，展位安排在E馆东区。

6. 美国驻沈阳领事馆。通过该领事馆与美国商务部合作，招揽美国有关企业参展，并设立美国企业展区。

7. 巴西巴中商会，为国外招展代理机构，负责南美地区的招展工作。

8. 波兰共和国JBConsulting(JB咨询)公司，为波兰及欧盟地区代理招展机构，负责波兰和东欧地区的招展工作。

二、实行“五个统一”，加强管理协调

为从根本上杜绝以往招展过程中存在的市场无序、缺乏指导、相互竞压、无人管理的局面，确保本届制博会招展工作健康有序地进行，必须坚决做到以下“五个统一”：

一是统一策划。招展工作方案的编制、展品范围的确定、展区划分、展位设置、筛选中介代理机构、招展工作分工、招展宣传工作的安排和推进、报名参展程序的确定等，均由振兴公司统一策划并组织实施。

二是统一确认参展资格和展位。各展馆平面图由振兴公司统一绘制。各招展代理单位凭参展单位的《参展申请书》向振兴公司提出展位申请。振兴公司负责对参展单位及展品进行参展资格的认定并统一确认展位。

三是统一价格。本届制博会实行统一的展位租赁价格，由振兴公司统一对外公布。各类展位租赁价格如下：

A. 国内参展企业的展位费为：国际标准展位（$3\,m\times3\,m=9\,m^2$）7000元人民币／个，室内净地700元人民币／m^2，室外光地300元人民币／m^2。

B. 国外参展企业和国内外商投资企业的展位费为：国际标准展位（$3\,m\times3\,m=9\,m^2$）1500美元／个，室内净地150美元／m^2，室外光地60美元／m^2。

为鼓励企业积极报名参展，增加展出面积，对在20××年5月1日前报名参展的企业按惯例执行展位费折扣优惠政策，最高折扣率不超过展位费的10%。

四是统一收费手续。本届制博会的招展中介代理机构及省内招展单位应通知参展单位在确定参展后，按规定的时间将展位费划拨到振兴公司账户。振兴公司收到全额展位费后，为参展单位开具《参展确认书》。

五是统一管理协调。振兴公司要担负起本届制博会招展工作的组织、协调和管理职能，与各招展代理中介机构和有关单位签订招展代理协议，制定招展工作各环节的管理办法，配备专职人员与各代理单位进行工作协调，定期召开招展调度会，对招展招商工作中出现的问题及时采取措施加以解决，确保招展工作顺利进行。

振兴公司应鼓励和支持各招展中介代理单位积极组织装备制造业中的龙头企业和有代表性的重点公司参展，并将视其招展工作的业绩提高代理佣金比例或以其他形式进行奖励。

第四届中国国际装备制造业博览会组委会

20××年××月××日

第五节　会展接待方案

一、会展接待方案的含义

会展接待方案是指为会议、展览和节事活动的参加对象（包括会议代表、参展商、观众、游客和媒体记者）提供迎送、引导、食宿、出行、交通、娱乐等方面的安排而事先策划、拟定的文案。会展接待方案属于会展专项方案，应当根据会展总体方案的要求策划、拟写。

二、会展接待方案的一般内容

会展接待方案可以包含在会展总体方案中，也可以单独拟写，作为会展总体方案的附件。大型会展活动的接待工作方案分为总体接待方案和专项接待方案两种。总体接待方案对会展活动期间内各方面的接待作出框架性安排，专项接待方案仅对某项具体的接待作出安排，如记者接待方案、开幕式接待方案等。就一般而言，会展接待方案应当包含以下内容：

（一）制定依据和接待工作的指导思想

会展接待方案属于会展专题策划方案，必须以总体方案为依据。接待工作的指导思想即总原则，又称接待方针，应当根据会展目标和会展领导机构对接待工作的要求以及参加对象的具体情况确定。

(二) 接待对象

会展接待的对象的种类众多，身份、资格各不相同，如上级领导、政府官员、协办支持单位、特邀嘉宾、正式成员、列席代表、参展单位、客商、普通观众、游客以及媒体记者等等。有的以政府代表团的名义来访，有的是联合组团参加，有的则以个人身份参会、参展、参观。接待方案要先明确接待对象的种类、身份、资格、人数，对一些身份特殊的对象，还要制定专门的接待方案，同时还要简要说明接待的缘由、目的和意义。

(三) 接待规格

接待规格实际上是参加对象所受到的礼遇，体现接待方对来访者的重视和欢迎的程度，主要表现在以下几个方面：

1. 迎接、宴请、看望、陪同、送别参加对象时，主办方出面的人员的身份。

2. 接待过程中主办方安排宴请、参观、访问、演讲、游览、娱乐等活动的次数、规模和隆重程度。

3. 主办方安排的食宿标准。食宿标准越高则规格越高，反之则低。

(四) 接待内容和具体措施

会展接待的具体内容包括接站(接机)、现场引导、报到签到、食宿安排、欢迎仪式、设宴款待、看望拜访、会见会谈、翻译服务、文艺招待、参观游览、联欢娱乐、票务预订、返离送别等方面。接待的具体措施包括接待人员的组织与培训、接待中交通安全、饮食安全和人身安全等措施。

(五) 接待日程

将各项接待内容落实到具体时间称为接待日程。接待活动满一天的就应当制定接待日程。接待日程是整个会展活动日程的有机组成部分，在安排上应当同会展活动日程的相协调，并在会展活动日程表中反映出来，以便接待人员和接待对象都能了解和掌握。

(六) 接待分工

接待任务必须分解并且落实到人，必要时可在组委会下面设接待工作机构，内设报到组、观光组、票务组、保卫组等接待工作小组，分别负责各项接待工作。

(七) 接待经费

会展接待经费是整个会展经费的构成部分，接待方案应当对接待经费的来源和支出作出具体说明。对外公布的接待方案一般不写这一部分的内容。

三、会展接待方案的结构和写法

(一) 标题

总体接待方案的标题由会展活动名称加“接待方案”四字组成，如《太原市招商旅游年暨纪念建城2500年系列活动接待方案》。专项接待方案的标题由接待事项和“方案”或“安排”组成。如：《中华人民共和国第五届城市运动会记者接待方案》。

(二) 主送机关

接待方案直接上报上级时,应当写明上级机关的名称。如以请示的附件上报,则不必写主送机关。

(三) 正文

正文的开头部分一般写明制定该方案的目的和依据。主体部分一般采用序号加小标题的结构体例分别写明接待的对象、缘由、方针、规格、内容、日程、分工和经费安排等。直接上报请求批准的接待方案,结尾处要写"以上方案妥否,请审批"等字样;作为请示或会展总体方案附件的接待方案可省去结尾。

(四) 附件

接待方案如有附件,要写明附件的名称和序号。

(五) 署名

上报审批的接待方案署提交部门的名称。如果接待方案是由策划人员具体承办的,也可由承办人员署名。接待方案经审批后也可以审批机关的名义发布,或由审批机关批转下发。

(六) 成文日期

写明提交的具体日期。经批准发布实施的方案,也可写批准的日期。

实例评改

20××中国(南宁)粮农产品绿色食品展览会暨粮农加工技术设备展示会接待方案

20××中国(南宁)东南亚粮农产品绿色食品展览会暨粮农加工技术设备展示会将于20××年6月11—13日在南宁举行。为做好这次会议的接待工作,特制定本接待方案。

一、接待领导小组

(接待领导小组名单略)

工作职责:负责领导、指导、协调接待组各个部门的工作,承办组委会安排的各项工作,并负责督促落实。

接待组下设:接待一、二、三、四组,信息联络组,综合协调组等六个工作部门。(名单略)

各组工作人员根据工作需要从有关单位选定抽调,工作职责根据接待领导小组的分工确定。

二、会议住宿安排

目前南宁市具有四星级以上的宾馆(酒店)主要有南宁饭店、凤凰宾馆、明园、西园饭店、锦华、夏威夷、国际、跨世纪大酒店等八家,总接待能力为3000人左右,其中南宁饭店、凤凰宾馆、明园、西园饭店为自治区人民政府接待酒店,需提前一个月预定,费用约为双人每天290元左右;三星级宾馆(酒店)主要有金悦宾馆、南方、金福兴、翔云、银河大酒店等五家,总接待能力约为3000人,费用约为双人标准间每天230元左右;二星(含准二星)级的宾馆(酒店)主要有江南大厦、桂银、新华大酒店、桂盐、邮电、振宁宾馆等10多家，总接待能力约为5000人，费用约为双人标准间每天190元左右。以上宾馆价格均为参考价。

参加会议代表，按照各省、市、自治区代表团的人数及南宁市各宾馆（酒店）的接待能力进行具体安排。请各省联络员将展团预订的宾馆星级水平、入住人数、天数、抵达时间，于20××年4月1日前将展团预订情况表（见附表）传真至组委会接待组。

三、会议用餐安排

各代表团均在所下榻的宾馆（酒店）统一用餐。

四、会议报到安排

各代表团抵达南宁市后，由各代表团联络员负责在预订的宾馆（酒店）办理入住手续。

五、交通安排：

南宁国际会展中心位于广西壮族自治区首府南宁市民族大道延长线106号，地处南宁市快速环道与民族大道交汇处的竹溪立交桥边，交通极为便利。距机场约40分钟车程，到南宁市公路客运枢纽琅东客运站约5分钟车程，到南宁火车站约20分钟车程。

1. 从广西桂海高速公路南宁三岸出口至会展中心的道路全天不限制货车，外地货车运载废品进出较为方便。

2. 乘火车到南宁火车站后，搭6路、213路可直达会展中心。

3. 乘飞机到达南宁国际机场后可搭乘民航巴士，到终点站南宁火车站下车后转公交车可达。

4. 市内经停车场会展中心的公交车有：6、25、34、42、45、52、60、206、211、213、603、城环一线等12路公交车。

六、会议参观考察安排

会议结束后，需要到桂林、北海等地参观考察的，中央各部委局及中央直属单位的领导由组委会接待组负责登记，统一安排；其他与会人员由各代表团联络员负责与入住宾馆（酒店）旅游部门联系，自行安排。组委会接待组将派员予以协助。

七、南宁市治安状况及来宾注意事项

南宁市的社会治安，随着经济的发展，城市建设的改造，特别是“136”工程的实施，状况较好，但来南宁的各位来宾应注意如下几个方面的问题：

1. 进入宾馆、饭店时贵重物品要交给总台保管，不要将物品随便交给他人，并注意咨询、阅读宾馆或饭店的注意事项。

2. 逛街时要注意自己携带的东西，并注意好钱包。

3. 不要随意接触不该接触的人，以免上当受骗。

4. 南宁的摩托车比较多，应注意遵守交通规则。

5. 晚上9:30以后，不要单独外出，如需外出活动的，请与接待组联系，以便派人陪同。

【评改】

这份会展接待方案直接公布在网上，既可作为有关接待机构开展接待工作的依据，同时也具有向国内外与会、参展单位公开告知接待信息的作用。方案一开头先说明制定本方案的目的，然后从接待机构设置、住宿、用餐、报到、交通、参观考察、安全六个方面作了安排，考虑较为周到，内容较为详尽，措施也较为具体。从写作的角度要求，以下几处需要修改：

1. 第一部分中“工作职责：负责领导、指导、协调接待组各个部门的工作，承办组委会安排的各项工作，并负责督促落实”一句存在两个问题。

一是“各项工作”这一词组的含义太广，用词不当。接待领导小组只是组委会下设的一个部门，不可能、也没必要承办组委会安排的一切工作，而只能承办“各项接待工作”。

二是既“承办”又“负责督促落实”的提法在事理上说不通。承办和督促落实必须是两个不同的主体。同一个主体不可能对自己承办的工作进行自我督促，而上文中“并负责督促落实”的意思就是对自己已经承办的工作进行督促，事理上显然说不通。这句话应当改为：“承办落实组委会交办的各项接待工作。”

2. 第一部分“接待组下设：接待一、二、三、四组，信息联络组，综合协调组等六个工作部门”一句有两个问题：

一是冒号使用不当，应当去掉。“下设”是个动词，与后面的宾语构成动宾关系，不应当用冒号隔开。

二是句末的句号应当改用冒号，因为这一句与下面的内容存在明显的总分关系。或在后接一句“各组的职责及组长名单如下”，过渡到下文。

3. 第一部分最后一句“各组工作人员根据工作需要从有关单位选定抽调，工作职责根据接待领导小组的分工确定。”存在两个问题：

一是定语有歧义。从上下文的意思来判断，“工作职责”的定语作了承前省略。但这一省略产生了“工作职责”到底是指“各组的工作职责”还是指“各组工作人员的职责”的问题。修改的方法是将“工作职责”改为“工作人员的职责”，还承前省略定语的真面貌。

二是对确定工作职责的依据表述不确切。“分工”一词在这句话中属于名词，意思是“分配到的工作”。“接待领导小组的分工”就是“接待领导小组所分配到的工作”的意思。由于每个工作人员与接待领导小组之间隔了工作部门这一层次，因此，工作人员的职责不可能直接根据“接待领导小组所分配到工作”来确定，而应当根据“各接待工作部门的分工”来确定。

综合以上两点分析，后一分句可改为：“工作人员的具体职责根据各组的分工确定。”

4. 第二部分第二段“参加会议代表，按照各省、市、自治区代表团的人数及南宁市各宾馆（酒店）的接待能力进行具体安排”一句存在主项与谓项搭配不当的问题。这句话的主项是“代表”，谓项是“安排”，二者无法搭配。从意义上分析，这句话的主项应为“住宿”而不是“代表”。

5. 第二部分第二段“请各省联络员将展团预订的宾馆星级水平、入住人数、天数、抵达时间，于20××年4月1日前将展团预订情况表（见附表）传真至组委会接待组”一句出现多处错误：

一是同一句话两处用了“将”字句。由于这一句的谓语动词“传真”不能带宾语，因此必须用“将”或“把”字句，把“传真”的宾语提前。但一个单句中同时用两“将”，就造成了成分多余。

二是根据上下文,"传真"的对象应当是"展团预订表"(应当是"展团宾馆预定表"),而"宾馆星级水平、入住人数、天数、抵达时间"只是预订表上填写的具体内容。

三是"展团"前应当加上"各"字。此句可改为:"请各省联络员将各展团预订的宾馆星级水平、入住人数、天数、抵达时间等信息填入展团宾馆预订情况表(见附表),于20××年4月1日前传真至组委会接待领导小组。"

6. 第五部分存在以下问题:

一是第一段"南宁国际会展中心位于广西壮族自治区首府南宁市民族大道延长线106号,地处南宁市快速环道与民族大道交汇处的竹溪立交桥边,交通极为便利。距机场约40分钟车程,到南宁市公路客运枢纽琅东客运站约5分钟车程,到南宁火车站约20分钟车程"中"交通极为方便"一句的次序应当调整。这一段的内容是说明南宁国际会展中心优越的地理位置,而"交通极为方便"显然是这一段的主旨,因此应当移到末尾,以起到收结全段、突出主旨的作用。

二是第一段和下面的内容之间不存在总分关系,没有必要分项标号。如必须分项标号,前面必须有适当的总领句或提示语。

三是第"1."点中的"由于……因此"使用不当。"由于……因此"一般用于证明某种观点,属于议论性表述,而该小点的写作目的是向参会单位说明道路情况,应当采用陈述性表述。

7. 第七部分第一段"南宁市的社会治安,随着经济的发展,城市建设的改造,特别是'136'工程的实施,状况较好"一句存在以下问题:

一是"随着经济的发展,城市建设的改造"中的逗号错用。"经济的发展"和"城市建设的改造"属于两个并列的词组,因此逗号应改成顿号,或者将逗号换成"和"。

二是"城市建设的改造"中的"建设"同"改造"不能搭配。"改造"应改成"发展",并与前一个"发展"合并。

三是"城市建设"一词一般是指城市的硬件建设,与社会治安状况没有太大的直接联系。这里应当强调的是精神文明建设和物质文明建设对社会治安状况好转的作用。

四是"随着"一词后面应当跟随表现动态的词语,如"有所好转"、"越来越好"等。但这里却使用了"状况较好"这一表现静态的词语,导致前后失调。

此句可改为:"随着精神文明和物质文明建设水平的不断提升,特别是'136'工程的持续推进,南宁市的社会治安状况越来越好。"

上述接待方案中还存在其他一些搭配不当、标点错误的错误以及缺少发文机关名称和发文日期等问题,不一一评改。

【修改后参考例文】

20××中国(南宁)粮农产品绿色食品展览会
暨粮农加工技术设备展示会
接待方案

20××中国(南宁)东南亚粮农产品绿色食品展览会暨粮农加工技术设备

展示会将于20××年6月11—13日在南宁举行，为做好这次会议的接待工作，特制定本接待方案。

一、接待领导小组

（接待领导小组名单略）

工作职责：负责领导、指导、协调接待组各个部门的工作，承办组委会安排的各项工作，并负责督促落实。

接待组下设：接待一、二、三、四组，信息联络组，综合协调组等六个工作部门。（名单略）

各组工作人员根据工作需要从有关单位选定抽调，工作职责根据接待领导小组的分工确定。

二、会议住宿安排

目前南宁市具有四星级以上的宾馆（酒店）主要有南宁饭店、凤凰宾馆、明园、西园饭店、锦华、夏威夷、国际、跨世纪大酒店等八家，总接待能力为3000人左右，其中南宁饭店、凤凰宾馆、明园、西园饭店为自治区人民政府接待酒店，需提前一个月预定，费用约为双人每天290元左右；三星级宾馆（酒店）主要有金悦宾馆、南方、金福兴、翔云、银河大酒店等五家，总接待能力为约3000人，费用约为双人标准间每天230元左右；二星（含准二星）级的宾馆（酒店）主要有江南大厦、桂银、新华大酒店、桂盐、邮电、振宁宾馆等10多家，总接待能力为5000人，费用约为双人标准间每天190元左右。以上宾馆价格均为参考价。

参加会议代表的住宿，按照各省、市、自治区代表团的人数及南宁市各宾馆（酒店）的接待能力由接待工作组统一安排。请各省联络员将各展团预订的宾馆星级水平、入住人数、天数、抵达时间等信息填入展团宾馆预订情况表（见附表），于20××年4月1日前传真至组委会接待领导小组。

三、会议用餐安排

各代表团统一在所下榻的宾馆（酒店）用餐。

四、会议报到安排

各代表团抵达南宁市后，由各代表团联络员负责在预订的宾馆（酒店）办理入住手续。

五、交通安排

南宁国际会展中心（广西壮族自治区首府南宁市民族大道延长线106号）地处南宁市快速环道与民族大道交汇处的竹溪立交桥边，距机场约40分钟车程，到南宁市公路客运枢纽琅东客运站约5分钟车程，到南宁火车站约20分钟车程，交通极为便利。

运载展品的外地货车可从广西桂海高速公路南宁三岸出口驶向南宁会展中心，该道路全天不限制货车通行。

乘火车到南宁火车站的代表团，可搭6路、213路直达会展中心。

乘飞机到达南宁国际机场的代表团，可搭乘民航巴士到南宁火车站，然后再转公交车直达会展中心。

在会展中心停靠的有6、25、34、42、45、52、60、206、211、213、603、城环一线等12条公交线路。

六、会议参观考察安排

会议结束后，需要到桂林、北海等地参观考察的，中央各部委局及中央直属单位的领导由组委会接待工作组负责登记、统一安排；其他与会人员由各代表团联络员负责与入住宾馆（酒店）旅游部门联系，自行安排。组委会接待工作组将派员予以协助。

七、南宁市治安状况及来宾注意事项

随着精神文明和物质文明建设水平的不断提升，特别是“136”工程的持续推进，南宁市的社会治安状况越来越好，但来南宁的各位来宾应注意如下几个方面的问题：

1. 入住宾馆、饭店要将贵重物品交给总台保管，不要随便交给他人，并仔细阅读宾馆、饭店的注意事项。

2. 外出逛街要注意保管好自己携带的东西，特别是钱包。

3. 不要随意接触陌生人，以免上当受骗。

4. 南宁的摩托车比较多，出行时应遵守交通规则，注意安全。

5. 晚上9:30以后，不要单位独外出。如需外出活动，请事先与接待工作组联系，以便派人陪同。

20××中国（南宁）粮农产品绿色食品展览会
暨粮农加工技术设备展示会接待工作组
20××年5月20日

第六节 开、闭幕式和签约仪式方案

一、开幕式、闭幕式方案

（一）开幕式、闭幕式方案的含义

开幕式、闭幕式是宣布各种会展活动正式开始和结束的具有象征性和标志性的仪式。开幕式、闭幕式种类繁多，繁简不一。有的开幕式和闭幕式热烈、精彩、隆重，时间长达几个小时；有的开幕式和闭幕式则非常简短。但无论举行何种形式的开幕式和闭幕式，事先都要精心策划和安排。将开幕式、闭幕式策划和安排的内容以书面的形式加以表述，便形成开幕式、闭幕式方案。

（二）开幕式、闭幕式方案的基本内容

1. 举办开幕式、闭幕式的目的、意义和指导思想。

2. 开幕式、闭幕式的时间、地点。

3. 嘉宾邀请和观众组织。嘉宾邀请的范围包括行业主管部门、行业协会和商会的领导，承办单位、协办单位、赞助单位的领导或代表，东道主以及与会展活动有关的机关、企事业单位的领导或代表，有关国家、地区、组织的代表。

开幕式和闭幕式常常受到媒体的高度关注，因此方案中要列出邀请的媒体名单。

为使开幕式和闭幕式具备一定的规模，也可组织部分群众观摩。

4. 主持人、致辞人和剪彩人的身份和姓名。具体要求如下：

(1) 开幕式、闭幕式通常由主办方主持。主持人应当有一定的身份。联合主办的

会展活动，可采取共同主持的形式，各方主持人身份应大体相当。文艺类活动的开幕式可邀请明星客串主持。

(2) 重要的开幕式、闭幕式，可由主办方身份最高的领导人致开、闭幕词。致开、闭幕词人的身份一般应当高于主持人。仪式较为简单的，可由主持人直接致开、闭幕词。开幕式也可先由主办单位的领导发表主旨讲话或欢迎词，然后由来宾代表先后致辞，最后请在场身份最高的领导宣布“××活动开幕”或者以剪彩仪式代替致开幕词。致闭幕词一般都安排在闭幕式的最后。

(3) 剪彩人。剪彩是开幕式上常见的一种仪式。剪彩人应当是出席开幕式身份最高的领导，有时也可安排主办单位、协办单位领导与当地政府领导共同剪彩。联合主办的会展活动，一般安排共同剪彩，剪彩人的身份应大体相当。

5. 开幕式和闭幕式的形式。开幕式和闭幕式的形式主要有两类，一类是以致辞为主的形式；另一类是文艺晚会的形式。前一类开幕式和闭幕式也可以安排文艺演出，但一般是放在仪式开始前或结束后。后一类则是致辞和文艺表演交织融合，载歌载舞，主要用于文艺类会展活动的开幕式和闭幕式。如安排文艺表演，要有节目介绍以及拟邀请表演的团体。

6. 现场工作人员的组织和分工。现场工作人员分别负责签到、引导、翻译、礼仪、会场布置、设备调试等工作。

7. 现场布置和物品准备。如主席台、会标、国旗（涉外活动还需准备有关国家的国旗）、花卉、彩旗、标语、拱门、彩球、剪刀、托盘、签到簿、笔、胸花、扩音设备等。

8. 开幕式、闭幕式程序。开幕式程序一般包括介绍领导和来宾、宣布开幕时开始、升国旗（会旗）和奏国歌（会歌）、致开幕词（或欢迎辞）、代表致辞、剪彩、参观或文艺表演等。闭幕式程序一般包括介绍领导和来宾、宣布闭幕式开始、代表致词、颁奖、降会旗和奏会歌、会旗交接、宣布会展活动闭幕、文艺表演等。

程序是开幕式和闭幕式方案写作的重点，写作方法有两种：一种是按先后顺序用序号表述，另一种是用具体的起始时间表述，后一种用于对时间要求比较严格的活动。

9. 经费安排。

(三) 开幕式、闭幕式方案的结构和写法

1. 标题。写明开幕式和闭幕式的名称和文种（策划书、方案）。

2. 主送机关。直接上报上级审批的开幕式或闭幕式方案，应当写明主送机关。作为请示的附件上报或者由会展服务企业提交给委托者时，不必写主送机关。

3. 正文。开头部分有两种写法：一种是阐明举行开幕式或闭幕式的目的意义，指导思想；另一种直接进入策划方案的具体安排，在各项策划要素中体现指导思想。全篇要突出主题，层次分明，每个创意点要说明意义和效果。

4. 署名和日期。批准前的策划方案应当署提交方案的机构名称，日期应当写提交日期。批准后如需公开发布，可以组委会的名义正式发布，日期写批准发布的时间。

实例评析

第七届全国推广普通话宣传周闭幕式活动方案

一、活动目的、意义

抓住机遇,利用全国第七届推广普通话宣传周活动闭幕式在我市召开的有利契机,充分调动各地、各行业推普的积极性,使广大群众热情参与推普工作,促进推普工作产生更广泛的社会影响。通过宣传活动,贯彻落实好“大力推行、积极普及、逐步提高”的推广普通话的工作方针,以学校为基础、以城市为重点、以党政机关为龙头、以新闻媒体为榜样、以公共服务行业为窗口,促进普通话逐步成为校园语言、公务用语和社会服务规范用语,提高我市推广、普及普通话和用字规范化水平。搞好这次活动对于提高我市城市文化品位,推进文明城市创建工程,加强我市的政治、经济、文化建设有着深远的意义。

二、活动原则和宗旨

本次闭幕式的指导原则是:“隆重、热烈、简朴、实效”,力求融服务性、观赏性、参与性、娱乐性于一体,深入宣传《中华人民共和国国家通用语言文字法》,大力营造语言文字工作环境氛围,充分展示我市语言文字工作的成果和特色,努力提高我市市民语言文字基本素养,增强语言文字规范意识和推普参与意识,促进推广普通话和语言文字规范化工作向纵深发展。闭幕式会场布置要隆重热烈、喜庆壮观、活动内容要丰富多彩、井然有序,以引起人们的广泛关注并激发人们的推普热情,从而进一步掀起推广、学习普通话的新高潮。

三、活动时间:20××年9月18日上午9:00

四、活动地点:呼和浩特市新华广场

五、主持人:呼和浩特市人民政府副市长、呼市汉语委主任、全国第七届推普周呼和浩特组委会主任×××

六、闭幕式议程

1. 介绍出席闭幕式领导及来宾

2. 学生献辞

3. 呼和浩特市副市长×××致词

4. 由国家教育部语用司××司长宣读全国人大×××副委员长的贺信

5. 宣读普通话大赛及中小学书画比赛获奖名单并颁奖

6. 公务员代表发言

7. 教师代表发言

8. 宣读组委会向全市人民发出的推普倡议书

9. 由国家语委咨询委员会×××副主任讲话并宣布第七届全国推普周活动闭幕

10. 宣布文艺表演开始

七、闭幕式文艺表演程序安排

文艺演出要有序进行,表演要热烈、庄重、欢快、向上,充分展示青城各族儿女的精神风貌,营造良好的语言环境,进一步提高文化生活品位。

1. 入场

各参加闭幕式的队伍,按照场内所排的位置,从东西两侧(主席台两侧)通道，由南向北依次进入场地。鼓号队在行进中演奏入场，到达指定位置就座；其他表演队伍挥动手中鲜花、彩绸、彩扇等依序步入指定位置。八辆彩车从广场主席台后开始围绕广场顺时针方向缓缓转数周，然后停放到广场东侧路旁。

2. 学生献辞、宣读倡议书

(1) 按闭幕式议程，第二项为“学生献辞”，献辞时200名身着校服的少先队员，舞动手中鲜花、伴随着鼓号队奏乐声，欢呼着从主席台两侧涌向主席台，分主席台两侧站立(安排部分学生站在主席台花坛前，面向场内。配合领诵同学做好献辞的齐诵，达到台上台下相呼应，营造第一个高潮)。

(2) 献辞结束后，两侧学生原地后退，分别坐在主席台两侧空地处，与两旁就座的队伍有机地结合起来，并在表演高潮时不断舞动手中鲜花，与演员形成互动，增添效果。

(3) 议程在宣读“倡议书”时，由播音员、教师、公务员、窗口服务单位代表领读，由鲜花队伍齐读，坐在主席台两侧的学生起立，学生面向场地，作为衬映。形成有分有合，增强感染力。

3. 文艺演出

(1) 表演内容、顺序：

由土中200人表演哈达舞《吉祥》，其中数名演员手捧洁白的哈达，走在队伍的最前面，并款款步入主席台向领导和来宾敬献哈达；紧随其后新城区呼市十九中100人表演《满族舞》；由呼市少年宫100人表演少儿舞蹈《奔腾》；赛罕区南门外小学128人表演少儿舞蹈《皮筋舞》；玉泉区五里营小学100人表演少儿舞蹈《腰鼓舞》；职业学院独唱、合唱三首推普歌曲；呼市回中100人表演回族舞蹈《花儿与少年》；呼市二职200人表演舞蹈《好收成》。

(2) 由于文艺表演的节目均有时间限制，为使表演有条不紊地进行，要按顺序预先将表演队伍安排在会场两侧就座。表演时按左右(东西)两侧队伍交替进行，既有互动又不单一，两侧遥相呼应、互相鼓动，使场内气氛活跃、高潮迭起。

(3) 管乐队在开幕前演奏，鼓号队在献辞和闭幕式结束时演奏，显示少先队员们朝气蓬勃、欣欣向荣的精神面貌。

(4) 其他队伍的表演，既有继往开来的时代感，又有浓郁的民族特色和地方特色，要给领导、来宾及观众留下深刻印象。在表演过程中由各演出单位准备约一分钟的“简介”或“解说词”，也可用短诗做陪衬，表达各族少年儿童蓬勃向上的精神和信念，以烘托节目效果；若时间不够或恐“喧宾夺主”，“解说词”等也可省略不用。

(5) 全部节目表演结束，全场起立，待主持人宣布此次活动结束后，用鲜花和掌声欢送国家、自治区、呼市各级领导退场，最后各表演队伍依次退场。

4. 场地指挥协调

按照闭幕式统一安排，成立现场演出(包括“献辞”、宣读“倡议书”)指挥组，任务如下：

(1) 安排各队伍有序入场。责任人：×××及领队。

(2) 协调指挥“献辞”、“倡议书”鲜花队伍(主席台两侧)的进退场和高潮部分的配合工作。责任人：×××及领队。

(3) 东西入场口两侧指定专人负责指挥表演队伍的入场和退场。责任人:×××、×××。

(4) 负责专人指挥和监督八辆彩车从广场主席台后开始,围绕广场顺时针方向缓缓行驶数周,然后停放到广场东侧路旁。责任人:×××、×××。

(5) 指定专人负责协调各单位的表演顺序,责任人:×××、××。

(6) 9月11日下午3:00在新华广场组织彩排,从入场到表演到退场的各个程序,各领队要心中有数,以确保闭幕式演出的顺利进行。

八、参加闭幕式的单位及分工

1. 宣传彩车(共八辆)

承办单位:新城区政府(汉语委)、回民区政府(汉语委)、玉泉区政府(汉语委)、赛罕区政府(汉语委)、内大普通话测试站、内农大普通话测试站、内师大普通话测试站、呼市普通话测试站。

2. 观众队伍

公务员方阵(500人)——呼和浩特市机关工委负责组织,责任人:×××。

教师方阵(2500人)——呼和浩特市教育局(汉语委)及市四区教育局负责组织,责任人:×××、×××。

窗口行业方阵(500人)——团市委负责组织,责任人:×××。

部队方阵(500人)——中国人民武装警察指挥学院呼和浩特分院负责组织,责任人:×××。

学生方阵(6000人)——自治区教育厅、呼和浩特市教育局及市四区教育局负责组织,责任人:×××、×××。

九、闭幕式会场布置

活动场面分为三个部分:主席台、场内、场外。

(一) 主席台布置:(由市文化局新思路文化有限公司负责)

1. 主席台正面悬置一幅喷绘背景;

2. 主席台台面铺设280平方米的红色地毯,放置功能音响一套、落地式麦克风两部;

3. 主席台上摆放长方形会议桌和椅子,桌面铺白色台布并插上鲜花;

4. 主席台前方台阶摆放400盆色彩绚丽的草花,两侧放置2个彩色贺球。

(二) 场内布置:(由市文化局新思路文化有限公司负责)

1. 主席台东侧贺球前方为300人的鼓号队,在闭幕式开始和结束前演奏乐曲;

2. 主席台西侧贺球前方为200人的管乐队,在闭幕式开始和结束前演奏乐曲;

3. 鼓号队和管乐队内侧前方各放置一只华表;

4. 主席台正前方为表演场区,东西两侧为表演方阵,表演方阵前各竖立3个红色灯笼柱,场区北侧为观众方阵(待广场完工后实地测量后画出平面图);

5. 观众方阵北面放置5个彩色拱门,分大、中、小对称一字形排放。

(三) 场外布置:(由市文化局新思路文化有限公司负责)

1. 主席台两侧各悬挂3个(共6个)氢气球,球下悬垂10米长彩色条幅;

2. 广场周围插放100面彩旗;

3. 广场正北临街面，升旗台西侧摆放全区各盟市有关行业、企业、高校语言文字工作成绩的宣传展板；上空悬挂6个升空气球，并悬垂10米长彩色条幅（全区宣传展板由教育厅负责）；

4. 广场正北临街面，升旗台东侧摆放首届“呼和浩特公务员、中小学教师、窗口单位职工普通话大赛”新闻图片及推普综述文字报道展板，上空悬挂6个升空气球，并悬垂10米长彩色条幅（展板由市机关工委负责）；

5. 广场东北角设立宣传咨询台（由内大、财院、内蒙古电子信息学院普通话测试站负责）；

6. 广场东北角面向锡林路，设立面向社会人员普通话水平测试模拟现场（由内大、农大、工大普通话测试站负责）。

全国第七届推普宣传周·呼和浩特活动组委会

20××年8月14日

【评析】

一、写作特色

（一）主题鲜明，颇有创意

在大型节事活动中，如果说成功的开幕式往往能给人惊喜和震撼、显示主办者实力的话，那么成功的闭幕式则往往能让人感受完美和隽永，使节事活动的意义更为深远。有关部门决定把第七届全国推广普通话宣传周闭幕式交给呼和浩特市主办，对于呼和浩特市来说，这是一次展现城市形象和实力的重要机会，同时也是进一步推进呼和浩特市普通话推广工作的强大动力。这份方案的作者(们)深知举办这场闭幕式的重大意义，在内容和形式的策划上用心良苦，特别是对文艺表演的策划颇有创意，丰富多彩，高潮迭起，较好的表现了“推广普通话”活动的主题，同时也达到了展现呼和浩特城市形象的目的。

（二）内容完整，考虑全面

该方案一开头先概要说明举办开幕式的目的、意义，然后阐明举办开幕式的原则，接着根据既定原则对开幕式的时间、地点、主持人、程序、文艺表演、参加单位及分工、现场布置等进行了周密的策划和安排，考虑非常全面，安排十分精细，具有较强的可操作性。

（三）层次分明，脉络清楚

该方案的结构体例采用序号加小标题的形式，二级层次用阿拉伯序数标注，层次的安排遵循先虚后实、先宏观后微观的顺序，做到了结构合理，层次分明，脉络清楚。

（四）语言通俗、准确

这篇方案语言通俗、平实、准确，无难懂的字、词、句，也无模棱两可表述。

二、需要改进之处

（一）第一部分的语言还可进一步斟酌。如“以学校为基础、以城市为重点、以党政机关为龙头、以新闻媒体为榜样、以公共服务行业为窗口，促进普通话逐步成为校园语言、公务用语和社会服务规范用语”这样的意义表述，用于推广普通话宣传周活动本身十分贴切，而用于一项闭幕活动则显得较为生硬。

（二）第二部分对“活动原则”和“宗旨”的表述次序不合理。“宗旨”一般解释为主要指导思想和意图，其地位高于“原则”。如既要阐明原则，又要解释宗旨，应当按照先“宗旨”后“原则”的次序。

（三）“闭幕式议程”应当改为“闭幕式程序”。“议程”和“程序”是两个不同的文种。“议程”是指一次会议中围绕各项议题展开的报告、发言、讨论、审议、磋商、表决等活动，也就是说，“议程”是以“议题”为中心的。因此，有明确议题的会议活动才需要制定“议程”。有的活动没有明确的议题，活动的直接目的是举行仪式，如开幕、闭幕、开工、竣工、揭幕、剪彩、颁奖、授勋、追悼等仪式，所安排的各项环节的先后顺序称为“程序”。因此，对闭幕式的顺序安排应当称作“程序”，而非“议程”。

二、签约仪式方案

（一）签约仪式方案的含义

签约仪式是缔约各方对会议、谈判的最后文件进行共同签署的公开仪式。由于签约仪式能扩大签字项目的知名度，其策划工作越来越受到重视。将签约仪式的策划思路和具体安排写成书面文件，便形成了签约仪式方案。

（二）签约仪式方案的基本内容

1. 签约仪式的名称。写法有以下几种：

（1）由签约双方名称、签字文本的标题和“签字仪式”或“签约仪式”组成。如：

《天津经济技术开发区　韩国现代 AUTONET 株式会社投资意向书》签字仪式

（2）由签约各方的名称、签约项目名称和“签约仪式”组成。有时签约项目名称较长，或签约方较多，也可不写签约方的名称。如：

天津开发区与新加坡国际展览集团合作管理滨海国际会展中心签约仪式

（3）由签约主题和“签约仪式”，一般用于主题相同的多项文本的签约仪式，如：

哈洽会绿色食品项目签约仪式

签约仪式名称写作要注意两个问题：一是正确使用“签字仪式”和“签约仪式”。在词义上，“签字”应当和文本标题搭配，“签约”应当同项目名称搭配。请看下例：

中博先进材料股份有限公司增资扩股签字仪式

【评改】

“签字”一词在意义上应当与文本搭配，而“中博先进材料股份有限公司增资扩股”是签约的项目名称，不是文本标题。项目可以签约，而不能直接签字。修改的办法有两种：一种办法是将项目名称改为文本标题，如：

中博先进材料股份有限公司增资扩股协议书
签字仪式

另一种办法是把"签字仪式"改为"签约仪式"，如：

中博先进材料股份有限公司增资扩股签约仪式

二是要注意句子成分的完整性。请看下例：

EASTPO & KOMAF2014××国际机床展合作签字仪式

【评改】

上述名称中的"EASTPO"和"KOMAF"分别是中韩两国机床展览机构的名称，"2014××上海国际机床展"是这两家机构合作的项目名称。从语法角度看，"2014××国际机床展"作为一个项目，无法成为施事主体，不能与"合作"这一动词构成主谓结构。修改的方法是将项目名称转化为文本标题，如：

EASTPO & KOMAF《2014××国际机床展合作协议书》签字仪式

或者把签约项目名称改为动宾结构，"签字仪式"相应地改为"签约仪式"。

EASTPO & KOMAF 合作举办 2014××国际机床展签约仪式

2. 签约仪式的时间。时间要由签约各方协商确定。

3. 签约仪式的地点。举行签约仪式的场馆要有一定的规格，或者选择有特殊意义的场馆。举办展览会、洽谈会，主办方应当在展馆内专门设立签约中心，以方便参展商和客商之间随时举行签约仪式或由主办方举行集体签约仪式。

4. 签约仪式的参加对象。具体包括：

(1) 签字人。签字人员是签约仪式上的主要角色。签字人可以是双方参加谈判的主谈人，也可另派更高级别的领导人作为签字人员，以示重视。签字人员要符合以下条件：一是具有法定资格；二是职务应当一致或大致相当。

(2) 领导人。为了表示对谈判成果的重视和庆贺，签约各方也可以派出身份较高、职务大体相等的领导人参加签约仪式。

(3) 致辞人。如安排致辞，一般由签字各方身份最高的领导人分别致辞。有时也可安排上级机关或协调机构的代表致贺词。由会展主办单位举行的集体签约仪式可安排主办方领导人致辞。

(4) 主持人。主持人一般由主办方派有一定身份的人士担任。

(5) 见证人。见证人主要是参加会谈的人员，有时也可邀请保证人、协调人、律师、公证人员参加。

(6) 助签人。助签人主要职责是在签字过程中帮助签字人员翻揭文本、指明签字之处、交换文本。双边签字时，双方助签人的人选应事先商定。多边签字时，也可由主办方选派一名助签人，依次协助各方签字。喜庆色彩较浓的签约仪式，也可由经过专门培训的礼仪小姐担当助签人。

(7) 群众代表。有时为了充分发挥签约仪式的激励和宣传教育作用，可组织签约单位部分群众参加。

(8) 记者。为扩大影响，可有选择地邀请有关的新闻单位派记者参加。

5. 文本准备。要注意下几个环节：

(1) 使用的文字。涉外签约，如双方如使用不同的语言文字，签字文本应当用双方的文字书写印刷；国际组织框架内的多边谈判，最后文件的起草和印刷，应使用该组织规定的正式语言。

(2) 正本和副本。正本即签字文本，用于签字后由各方或交专门的机构保存，同文字文本是两个不同的概念。国际性多边会谈的最后文本可以使用多种文字书写和印制，形成多个文字文本。缔约各方可以在每一种文字文本上签字，也可以仅在一个共同商定的文本上签字。因此，文字文本就不一定都成为签字文本。双边会谈或者缔约方数量不太多的多边会谈，如三方会谈、四方会谈。正本的数量根据缔约方的数量而定，各方各保存正本一份，各方都必须在每份正本上的每种文字文本上签字。

有时为了方便使用，也可以根据正本的内容与格式印制若干副本。副本的法定效力、印制数量和各方保存的份数，由缔约各方根据实际需要协商确定，并在条款中加以规定。一般情况下，副本不用签字、盖章，或者只盖章、不签字。

(3) 在先权。涉外双边签字的文本印制时还应注意在先权的问题：一是本国的文字文本在先。涉外双边会谈签字的文本如用各签字国的文字同时印制，在本国保存的文本中，应将本国的文字文本置于前面，对方的文字文本列于后面。二是本国国名在先。双边会谈签字，文本中并提双方国名或领导人(全权代表)姓名时，在本国保存的文本中，本国的国名和领导人姓名应当列在前面。三是本国签字在先。涉外双边签字缔约，本国全权代表签字的位置应当安排在本国保存的文本签字处的前面(从右向左竖排文字则在右侧)，如果双方签字的位置是左右并排，则安排在左边。

在先权仅适用于政府之间的双边缔约。国际多边协议的签字位置的顺序，一般按国名的英文字母顺序排列，也可根据文本书写文字的字母顺序排列。

6. 现场布置和物品准备。要注意以下几点：

(1) 签字桌椅。双边签字，一般设长方桌，上铺深绿色或深红色的台呢。桌后放两把椅子,为双方签字人员的座位。如签字方较多,则加长签字桌或将签字桌排成圆形或方形。举行集体签约仪式,可设多排桌椅。涉外双边签约仪式的座位以签字人员的人朝向为准,按主左客右的惯例摆放。

签字桌上可放置各方签字人的席卡。席卡一般写明签约的国家或组织的名称、签字人的职务及姓名。涉外签约仪式应当用中英文两种文字标示。

(2) 国旗。涉外签约仪式一般要挂各签字国的国旗。双边签字,双方的国旗可以按签字人的座位插在签字桌中央的旗架上,也可以分别插于签字桌的两端或一并挂在背面的墙上。多边签字,则插在各方签字人座位前的桌上或身后。

(3) 文具。签字用的文具包括钢笔、墨水、吸墨器(纸)。

(4) 文本。各方保存的文本置于各方签字人座位前的桌子上。

(5) 参加人员位置。双边缔约,双方领导人与签字桌同向,按主左客右的惯例站立于签字人员的后面,各方领导人按身份高低从中间向两侧排列。其他人员就座于签字桌的对面或前方两侧。

(6) 讲台。签字桌的右侧放置讲台或落地话筒。

(7) 会标。即签约仪式的名称,用大字书写,要求醒目、具有视觉冲击力。涉外签约仪式的会标应当用中文和外文书写。

(8) 香槟酒。有时在签约仪式结束后,各方举行小型酒会,举杯共庆会谈成功。工作人员应事先准备好香槟酒、酒杯等。

7. 签约仪式流程:

(1) 来宾签到,在工作人员的引导下进入预定的位置。

(2) 主持人向全体参加人员介绍主要来宾。

(3) 主持人宣布签约仪式开始。

(4) 签字。助签人翻开文本,指明签字处,签字人在己方保存的文本上签字。然后助签人合上文本,在签字人的身后互相交换文本。助签人打开对方保存的文本,指明签字处,请签字人逐一签字,再用吸墨器吸干。

(5) 各方签字人起立,相互交换文本并握手致意。

(6) 主持人请各方领导人致辞。

(7) 举行小型酒会,举杯庆贺。

(8) 联合举行记者招待会或新闻发布会。

(三) 签约仪式策划方案的结构和写法

1. 标题。由签约仪式的名称和文种(方案、策划书)组成。

2. 主送机关。直接上报上级审批的签约仪式方案,应当写明主送机关。作为请示的附件上报的,不必写主送机关。

3. 正文。以序号加小标题的方式逐项、清楚地表述上述基本内容。

4. 附件。有些现场布置的效果图可用附件补充说明。

5. 署名和日期。署提交的机构名称,写提交日期。

实例评析

中国上海××大学　美国××大学合作交流备忘录签约仪式方案

1. 签约仪式名称：中国上海××大学　美国××大学合作交流备忘录签约仪式。

2. 时间：2014年5月18日下午4时开始，约30分钟。

3. 地点：上海国际教育博览会签约中心（上海××展览馆××厅）。

4. 出席对象：

(1) 中方：上海市教委主任×××、上海××大学党委书记兼校长×××、上海××大学副校长×××、上海××大学校长助理×××；有关处室和院系负责人和教师代表；共50人。

(2) 美方：美国驻沪总领事××××××、美国××大学校长×××××、美国××大学副校长×××××、美国××大学校长助理×××××；美国××大学交流访问团成员10人。

5. 签字人员：中方：上海××大学校长×××；美方：美国××大学校长×××××。

6. 主持人：上海××大学国际交流处处长××。

7. 致辞人：中方：上海市教委主任×××，上海××大学校长×××；美方：美国驻沪总领事××××××，美国××大学校长×××××。

8. 助签人员：由上海国际教育博览会公关礼仪部派两名礼仪人员担任。

9. 现场翻译：由上海国际教育博览会公关礼仪部派一名英语翻译担任。

10. 礼仪接待：由上海国际教育博览会公关礼仪部选派礼仪人员负责签到、引导。

11. 宣传报道：邀请解放日报、中国教育报、东方电视台、上海教育电视台采访。由上海××大学负责邀请。

12. 物品准备：由上海国际教育博览会公关礼仪部负责。

(1) 签字文本准备：A4规格印制正本一式两份，副本一式四份。设塑料封面，中方为红色，美方为蓝色。文本原稿由上海××大学提供，上海国际教育博览会公关礼仪部代为印制。

(2) 双人签字桌一个，上铺墨绿色台布，吸墨器两个，签字笔若干（包括签字、签到用笔和备用笔），小型中国国旗和美国国旗各一面，旗架一个，讲台一座，话筒一个，坐椅若干，签到簿一本（特制，封面上写明签约仪式名称、时间和地点），鲜花若干，香槟酒2瓶和酒杯8个。

(3) 会标：用5×2展板布置，红底白字。

(4) 讲台、签字桌及现场四周摆放鲜花。

13. 现场布置：双方领导人面向全体人员站立于签字人后面，中方于左侧，美方于右侧，按身份高低从中央向两侧排列。观众席前排为双方领导人在仪式开始前的座位，第二排为美方交流访问团成员座位，其他为中方人员座位（含记者席）。

签约仪式现场效果图如下：

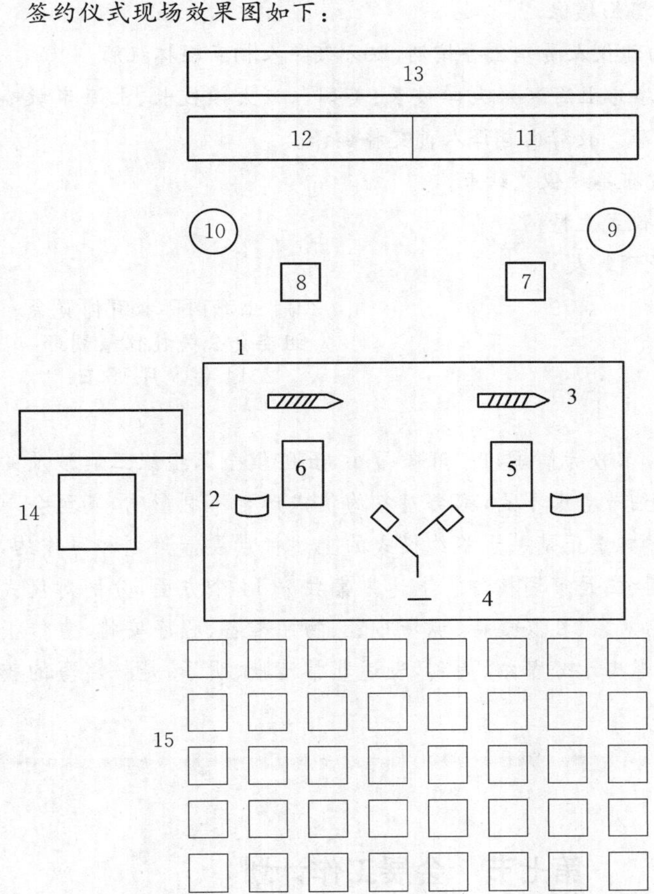

（注：1. 签字桌；2. 吸墨器；3. 签字笔；4. 旗架；5. 中方保存的文本；6. 美方保存的文本；7. 中方签字人座位；8. 美方签字人座位；9. 中方助签人位置；10. 美方助签人位置；11. 中方领导人位置；12. 美方领导人位置；13. 会标；14. 讲台；15. 其他参加人员座位）

14. 签约仪式程序：

(1) 入场签到。

(2) 全体参加人员先在观众席就座，双方主要领导坐在前排。

(3) 主持人按身份高低先宾后主、一宾一主介绍双方主要领导，并请被介绍的领导逐一上台，在礼仪人员引导下在指定位置站好。

(4) 主持人宣布签约仪式开始。

(5) 助签人引导签字人入签字座位。

(6) 双方签字。助签人翻揭文本，指明签字处，用吸墨器吸干。第一次由助签人交换文本，第二次由双方签字人交换文本。签字人交换文本时握手并面向观众，让记者摄影摄像。

(7) 祝酒。由礼仪人员端出香槟酒，双方领导人相互碰杯祝酒。

(8) 致辞：顺序为上海××大学校长、美国××大学校长、上海市教委主任、美国驻沪总领事。致辞由翻译人员交替翻译。

(9) 主持人宣布签约仪式结束。

附件：1. 签约仪式主持词

2. 经费预算表

2014 上海国际教育博览会
组委会公关礼仪策划部
2014 年 5 月 16 日

【评析】

签约仪式一般都较为简短，但“麻雀虽小，五脏俱全”，组织工作涉及的面并不少，任何一项细节考虑不周，都会对签约仪式产生不利影响，甚至会导致仪式的失败。上述方案正是基于签约仪式的上述特点展开策划和写作的，其特色一是内容全面、二是策划精细。上述方案共分 14 个方面，分别对仪式名称、时间地点、出席对象、礼仪接待、现场布置、物品准备、程序安排、宣传报道等作了全面策划，考虑十分精细、周到，表述非常清晰、明了，是一篇写的较为出色的会展文案。

第七节　会展工作计划

一、会展工作计划的含义和种类

(一) 会展工作计划的含义

从广义上说，凡在会展领域内对未来的工作作出安排的书面文案都叫做会展工作计划。从这个意义上说，针对具体会展项目的策划书属于广义会展工作计划范畴。狭义的会展工作计划则是指围绕某个阶段的会展工作或某个会展项目的筹备、实施和善后而制定的、在任务、要求、时间进度等方面较为详细具体的操作安排。

(二) 会展工作计划的种类

会展工作计划的种类很多，如按内容覆盖面区分，可分为综合会展工作计划和专项(单项)会展工作计划；按性质划分，可分为办展工作计划、参展工作计划、会议筹备工作计划、员工培训工作计划等等；按期限划分，可分为长期工作计划(超过三年称为规划)、年度计划、季度计划、月度计划、日计划等；按写作方式区分，可分为条文式和表格式。

二、计划的结构和写法

(一) 标题

计划的标题有两种写法

1. 由计划单位、计划时限、计划主题、文种四部分组成，适用于内部工作的安排，如：《××会展公司2014年度员工培训计划》。这一类计划的文种有时也可写作“要点”（即一段时间内主要工作安排），如：《××会展公司2014年工作要点》。

2. 由项目名称和文种组成，无需标明单位名称、时间期限或者主题，适用于专项工作安排，如：《××届××展览会主场搭建计划》。

（二）题注

有些工作计划需要在特定的会议上通过。如通过后应当标明题注，用括号括入通过的日期和会议名称。

（三）正文

1. 开头。说明制定计划的起因和缘由、目的和指导思想。内容重要的计划也可以列出小标题“序言”或“前言”引出开头。开头与主体之间常常用过渡句“特制定本计划”承上启下。内容较为简单的计划可不写开头，直接写主体部分。

2. 主体。主体一般由目标、措施、步骤三部分组成，被称为会展计划的“三大要素”，解决“做什么”、“怎样做”、“何时做”的问题。首先要写明规定时限内必须实现的基本目标或完成的基本任务，以及这些目标、任务数量和质量上的要求。其次要写明实现目标完成任务的措施与方法，由谁或什么部门负责。再次要说明实现目标、完成任务要采取的步骤，先做什么，后做什么，具体有什么要求。这部分的写作，在内容上要求做到任务明确、政策清楚、措施有力、步骤得当、时限合理；在表述上，措辞要准确简明，层次要清楚。主体部分的写作形式可根据需要采用条文式或表格式。条文式一般采用序号法将任务、措施等内容安排成“分列式结构”。表格式一般以任务及其要求与完成的时限分成两列，明确规定每项任务完成的时间节点和要求。

3. 结尾。计划写作一般没有结尾的套语。比较重要的计划可在结尾处予以强调，或发出号召。

（四）署名和制定日期

如果计划的标题中没有写明制定机关，则正文右下方应当署制定机关名称。制定日期写领导签发或会议通过的日期。

实例评改

中国展览馆协会20××年工作计划

20××年中国展览馆协会继续以行业发展为己任，以服务于政府、行业和企业为宗旨，加强协会自身建设，努力提高服务质量，发挥行业中介组织的作用，做企业与政府的沟通桥梁，推动行业交流与合作，不断适应新形势，树立新观念、解决新问题，推动中国展览业快速、健康、可持续发展。

一、继续办好展中展，促进行业交流与发展

第八届中国国际展览和会议展示会（展中展）于20××年1月16日至17日在上海国际展览中心举行。以“机遇　挑战　创新　发展”为主题的第八届展中展目的是引导和推动中国展览业的发展，促进行业交流与公平竞争。展会依托长三角会展业的区域优势，以崛起的长三角经济圈为商机，立足市场，彰显品质，以专业化模式搭建国内外业界企业树立形象、结识客户和维护客户关系的交流合作平台。中国展览馆协会继续秉承“大家的事情大家做”的工作理念，支持参展单位举办不同形式的业内活动，丰富展会内容，引进展览展示的先进理念和技术。

展中展历时八年，曾在中国会展区域性中心城市：华东地区上海、华北地区北京、华南地区广州、华中地区武汉留下了深刻的足迹，明年展中展将登陆中国西部会展中心城市成都，完成了真正意义上的全国巡回展，显示了中国展览馆协会为推动中国会展业的发展所做的努力，这也是“展中展”存在和继续发展的价值所在。

二、继续推进展览馆协会领导下的各专业委员会工作

协会秘书处要进一步加强与协会下属的各专业委员会的联系，指导各专业委员会的工作，积极推动协会下属的各专业委员会针对各自环节特点，组织贴近会员的交流活动，发展充实会员力量，增强专业委员会凝聚力，特别是在建立行业标准、推进企业资质认证工作等方面加强工作落实。

三、促进建立企业诚信体系，加强行业自律

目前行业信用体系建设工作正在政府部门的指导下在行业协会中逐步展开。中国展览馆协会正积极配合此项工作的开展，第八届展中展期间召开的中国会展业自律自强研讨会邀请了中国企业评价协会信用工作委员会的专家，介绍信用在企业当中的应用和建设。协会将继续通过举办这样的活动加强对会员企业信用风险管理知识的培训，增强行业诚信意识，提高行业自律水平，规范行业竞争秩序，促进行业健康发展。

四、开展专业培训、提高会展从业人员素质

根据展览行业形势发展和企业的实际需要，协会将针对不同的人才需求举办有特色的会展专业培训。展协将充分发挥展览理论专业委员会优势通过举办专题讲座、交流经验，通过培训、讲座、论坛、研讨会等各种形式的活动，提高中国会展界从业人员的整体素质，给中国会展业发展提供有效的人力资源支持。

五、加强对外交流，为企业开展合作搭建平台

在成功举办第××届国际展览业协会(UFI)年会的基础上，协会将根据企业需求和行业发展的实际需要，按照“走出去，引进来”的方针，通过组织代表团、考察团的形式，加强会员企业与国外业界的交流与合作，计划重点考察欧洲和亚洲的周边国家和地区的展览行业发展现状，促进国际合作。

六、提高举办活动的质量与水平，增强协会凝聚力

协会活动成功与否一方面有赖于良好的组织筹备，另一方面也有赖于协会会员的积极参与和支持。年内计划6月中下旬或7月初在成都举办20××年中国展览馆协会会员年会。协会上半年将主要做好召开协会年会、理事会的组织筹备工作。年会期间拟根据会员不同领域的需求增设专题讲座和行业培训，丰富年会内容，使会员活动更有实效，通过提高年会活动的质量，增强协会凝聚力。

七、加强行业统计，为企业、为政府提供行业资讯

在20××年展会项目调查统计的基础上，进一步总结经验，完善行业统计内容，逐步建立起规范、权威的统计体系。统计工作将逐步纳入协会长期的工作中，每年一次，特别是在会员范围内全面开展统计工作，逐步做到统计信息真实、可信，为企业、为政府提供有价值的行业资讯。

【评析】

这是一份从内容到格式都比较规范的会展工作计划。第一段开宗明义，阐明该组织的工作宗旨和整体工作思路，然后分七个方面简要说明20××年度的工作设想，层次分明，脉络清晰。需要改进之处是：

一、时态表述方面的问题

1. 主体部分第一个小标题是"继续办好展中展，促进行业交流与发展"，但下面的内容却以"完成式"回顾介绍刚刚闭幕的第八届"展中展"。造成这一情况的原因是批准这份年度计划的理事会议是在第八届"展中展"之后(以月下旬)举行的，而办好"展中展"却又是该协会当年的一项主要工作，不能不写，于是作者便采用"完成式"加以表述。这种写法与计划写作的要求并不相符。计划是一种对未来工作作出安排和部署的文件，内容表述上应当以"将来式"为主。有时由于种种原因，年度计划的起草较早，而正式批准时间却稍晚，有的工作已经开始实施，甚至完成，但这并不能改变计划写作的"将来式"特征。改进的方法是在"于20××年"前插入"将"字。

2. 第一部分小标题下面第二段中的"明年展中展将登陆中国西部会展中心城市成都，完成了真正意义上的全国巡回展，显示了中国展览馆协会为推动中国会展业的发展所做的努力"一句，前后用了两个表示"完成式"的"了"字，与前一分句中的"明年"和"将"所确定的将来时态相矛盾。改进的方法非常简单，删去这两个"了"字即可。

二、标点符号使用方面的问题

1. 该逗未逗。如"以'机遇　挑战　创新　发展'为主题的第八届展中展目的是引导和推动中国展览业的发展"一句，句子太长，中间缺少停顿。应在"展中展"后面加一逗号，这样节奏上就比较合理。

又如"目前行业信用体系建设工作正在政府部门的指导下在行业协会中逐步展开"一句应当在"目前"后面加上逗号，表示停顿。

2. 标点符号使用不当或漏标。如第四部分"展协将充分发挥展览理论专业委员会优势通过举办专题讲座、交流经验，通过培训、讲座、论坛、研讨会等各种形式的活动，提高中国会展界从业人员的整体素质"一句的标点就有多处问题：

(1)"展协将充分发挥展览理论专业委员会优势……"与后面的"通过……提高……"是两个分句，中间必须加逗号。

(2)"通过举办专题讲座、交流经验"中的顿号应当改为逗号。逗号可以用于句子内部状语后边的停顿，顿号则用于句子内部并列词语之间的停顿。

(3)"通过举办专题讲座，交流经验"和"通过培训、讲座、论坛、研讨会等各种形式的活动，提高中国会展界从业人员的整体素质"属于两个并列的分句，中间应当用分号隔开。

三、语言表述方面的问题

1. 个别句子动宾之间插入的定语太长。如第一个小标题下面第一段中“以专业化模式搭建国内外业界企业树立形象、结识客户和维护客户关系的交流合作平台”一句,谓语动词“搭建”与宾语“交流合作平台”之间插入的定语太长,导致动词与宾语之间的关系疏远,读起来相当拗口,不符合消极修辞的要求。修改的方法是将定语“国内外业界企业树立形象、结识客户和维护客户关系的”转换成“为”的宾语,并提前到动词“搭建”之前,充当目的状语。修改后的句子为:“以专业化模式,为国内外业界企业树立形象、结识客户和维护客户关系搭建交流合作平台”。

2. 个别词语含义不清。如第三部分“目前行业信用体系建设工作正在政府部门的指导下在行业协会中逐步展开”一句的“行业协会”一词是指本行业还是所有行业,意思很不清楚,应当明确表述。

3. 简称、全称交替使用,且不统一。正文部分有的地方使用“中国展览馆协会”的全称,有的地方简称“展协”,有时则简称“协会”,显得很随意。改进的方法是在“中国展览馆协会”第一次出现时用括号写明“以下简称××”,以后出现的简称必须与此一致。

其他方面的问题不一一评改。读者可参考以上评改意见对这篇计划文案作整体改写。

第四章

会展营销与合同文案写作

章前导语

本章围绕会展营销工作，重点介绍了会展广告文案、拓展公告、参展邀请函、参展申请表、参展确认书、会展招商公告、会展招商邀请函、观展邀请函、观展回执、会议邀请函、参会回执、会展合同、会展意向书等文案的含义、特点、主要内容以及结构的写法。

第一节 会展广告文案

一、会展广告文案的含义和种类

(一) 会展广告文案的含义

会展广告是指通过特定的媒介向公众介绍会展信息的宣传活动。会展广告具有以下几个基本要素：

1. 广告主。广告主是为推销会展产品或服务，自行或者委托他人设计、制作、发布会展广告的法人、其他经济组织或者个人。

2. 广告目的。会展广告的目的包括招展、招商、寻求合作举办的伙伴、寻求承办或代理机构、招徕观众、提高会展品牌的知名度等。

3. 广告信息。即广告主想要通过广告所要宣传的内容。

4. 广告媒介。广告媒介是指传播广告信息的物质载体，如广播、电视、报纸、刊物、招牌、网站等。

5. 广告受众。即会展广告信息的接受者，也是会展广告信息传播和影响的目标群体。

6. 广告费用。广告费用包括广告设计、制作、发布的各项费用。广告费用的大小同选择的媒介、发布的时机、发布的次数、内容的多少直接相关。

7. 广告代理。即专门从事广告策划、设计、与制作的专业公司。

会展广告文案有广义和狭义之分。凡有关会展广告的文书材料都属于广义上的会展广告文案，如广告合同、广告策划书、电视广告脚本、广播广告文稿、报刊广告清样、发布计划等等。狭义上的广告文案专指广告作品的文字部分，如电视广告的脚本、广播广告和报刊广告的文字稿。

(二) 会展广告的种类

会展广告可以按时间、媒介等许多标准来划分，种类繁多。如果按会展广告的制作目的来划分，主要有：

1. 招展招租广告。即以招徕参展者为主要目的的广告。

2. 招商广告。即以销售会展期间的广告、寻求合作伙伴、宣传会展期间各项劳务服务为目的的广告。

3. 参会参观广告。有些会议或展览活动的举办目的本身具有营利性，需要用广告发布会议信息，吸引与会者或参观者的注意，以增加主办者的门票收入。

4. 征集广告。即以征集会展活动的会徽、会旗、会歌、吉祥物、口号、活动方案等为目的的广告。

5. 形象广告。即以宣传会展品牌、树立社会形象为主要目的的广告。

6. 综合性广告。即以全面介绍会展信息，展示会展实力为目的的广告。这类广告既有展示形象的作用，又可以起到招展、招商、吸引观众等多种效果。

二、会展广告文案的结构和写法

会展广告文案的结构由标题、正文、广告语和随文四大要素组成。

(一) 标题

标题是表现会展广告主题的文字部分，通常采用比其他要素更醒目的字体，位置置于广告文案最显著的地方，以引起受众的注意，激发受众阅读正文的兴趣。

会展广告标题的形式丰富多样，从语言形态分，有词组型和句子型两种；从结构形式上看，有单行式、双行式和多行式。在双行式和多行式标题中，主标题最为重要，一般要揭示会展的名称。眉题或肩题起揭示会展特点的作用。主标题下方的子题一般说明会展的时间地点。会展广告的标题制作要求活泼灵巧，不拘一格。

会展活动的名称是会展广告中关键性的信息，因而是标题的主要内容，并且要以显著的位置和强烈的视觉效果加以突出。名称一定要写全称或人们共同认知的简称，首次举办的会展活动不可使用简称。

会展广告标题一般有以下几种表达方法：

1. 名称式。即直接用会展活动的名称作为标题，如《2010 上海世界博览会》。

2. 新闻式。即在标题中揭示展会开幕或即将开幕的新闻事实，如《2014 上海国际电影节隆重开幕》。

3. 祝贺式。即从第三人称的角度祝贺会展活动举行，如《国酒茅台热烈祝贺第二届中国-东盟博览会隆重举行》。这类标题用于祝贺性会展广告，既宣传了会展活动，又树立了祝贺单位的形象。

4. 修辞式。即巧妙运用夸张、双关、比喻、比拟、对偶、谐音等修辞手段写作标题。如《2014 新居室惠展》，其中的“惠”字，与“会”同音，但意义却不一样，体现了这次展会实惠多多的亮点。又如：

百姓装潢时尚家具实景展示会
来百姓装潢　送半个厨房

其中主标题中的“半个厨房”比喻参加这次展示会的买家可以享受到相当于装修半个厨房价格的优惠，相当形象、直观，具有较强的诱惑力。

(二) 广告语

广告语又叫广告口号，是为强化受众对会展品牌的印象，在广告中长期、反复使用的特定宣传用语。在会展广告文案中，广告语常常表现会展活动的主题，如“城市，让生活更美好”既是 2010 年上海世博会的主题，同时也是上海世博会广告的口号。

广告语的写作一是要新颖独到、与众不同，二是要简短有力、好读易记，三是单一明确、正面宣传，四是形象鲜明、号召力强。

广告语的位置比较灵活，正文的前面、后面和中间都可以。只要能突出会展广告的主题，并与广告文案保持整体协调，广告语可以放在文案中的任何位置。

(三) 正文

会展广告的正文是会展广告文案的核心，是对广告标题的具体展开，其任务是传递会展活动的主要信息和特点。不同的会展广告，正文传递的信息各有侧重。以综合性会展广告为例，正文的信息一般包括：

1. 组织者及组织机构信息。要写明主办单位以及协办、支持、承办单位的名称，以显示组织阵容的强大。必要时还可介绍组委会、筹委会、执委会等级组织管理机构的设置情况，以显示组织机构的完备性。

2. 会展活动的历史信息。包括会展活动的批准单位、创办年份、已办届数、主要成果等。恰到好处的介绍会展活动的历史信息，有助于宣传会展项目的生命力，激发受众参会、参展的兴趣和愿望。

3. 会展活动的内容和形式。包括会展活动的目的、宗旨、主题、议题、议程、展品范围、各项配套活动的安排等等。

4. 参加的对象。包括会议的规格、报告人的身份、参会参展的范围和条件。

5. 会展活动的规模。如展览面积、展位的数量、参会参展人数等。

6. 会展的时间。包括报到时间、举办时间、会期和展期。

7. 会展的地点。应具体写明会展活动举办地的地名、路名、门牌号码、楼号、房间号码、场馆名称，必要时画出交通简图，标明地理方位及抵达的公交线路，以方便参展者和观众。

8. 费用和价格。会议活动要向与会者说明经费的承担部分以及支付方式。展览活动要列明展位价格、门票价格以及其他收费服务的项目。

9. 报名的方式和截止日期。会展活动如需要履行报名手续，应说明应提交哪些文件、材料，报名的时间和地点。

10. 其他专门事项。如参加学术会议的论文撰写和提交的要求，展览活动的进馆布展和撤展要求，会展活动期间观光旅游活动的安排，以及组织者认为必须说明的事项等等。

11. 联络方式。如主办单位或会议筹备机构的地址、邮编、银行账号、电话、传真、电子邮箱、网址、联系人姓名等等。

(四) 广告随文

广告随文又称广告附文，其功能是对广告正文的内容作进一步的补充说明，是整个会展广告文案的有机组成部分。

会展广告随文通常写明以下内容：

1. 广告主的标识。如会展企业的名称和 LOGO、会展项目的名称和 LOGO 等。特别是做会展企业或会展项目的形象广告时，这部分的内容必不可少。

2. 联系方式。在综合性会展广告中，联系方式属于正文的内容，但在其他广告中，联系方式则以随文的形式出现。

3. 权威机构的证明标志或获奖情况。国际会展业权威认证机构 UFI、FKM、BPA 或者国家商务部的认证、评估等级证书，能够增加会展企业和会展项目的可信度。

会展广告附文的写作要突出关键条文，语言简明、直观易记，与正文的表述风格一致。

三、会展广告文案写作的要求

（一）鲜明

主题鲜明、突出，避免面面俱到，是会展广告的写作首要原则。会展广告要突出宣传会展活动的特色和亮点，内容集中，给人以深刻的印象。有的会展品牌已经为人熟知，广告写作可以突出形象为主，有的甚至全篇仅为一个揭示会展名称的标题和一句突出会展理念或主题的广告语，如：

2010年上海世界博览会（标题）

城市，让生活更美好（广告语）

画龙点睛的广告语有助于强化广告主题。如2005上海书展广告打出了“悦读周”的新口号，其中“悦读”一词很有新意，提倡一种读书快乐和快乐读书的新理念，使书展广告的主题一下子得到了升华。

（二）真实

真实是会展广告的生命。会展广告文案传达的信息要有客观依据，材料一定要准确，切忌夸大造假，并处理好广告的形式虚构和信息真实之间的辩证关系。

（三）活泼

会展广告的写作没有固定的模式，相反，在表现方法、结构安排和版式设计上讲求创新要做到构思新颖，图文互补，生动活泼，不落俗套。

实例评析

“完美的家”5.1房产博览会广告

博览会时间：

×月×日—×月×日××体育馆

博览会组织：

- ××市房地产地协会主办
- ××联合展贸有限公司承办
- ××××报社协办
- ××市建设委员会、××市国土资源和房屋管理局、××市规划局、××××报业集团的大力支持！

展出内容：

- 各类商品楼宇（包括住宅、写字楼及商业用房等）
- 二手房（包括换房、转让、出租等）
- 房地产中介、代理及物业管理配套设施
- 新型建材、家居设计、建设模型及游乐设施

“5.1”房博会现场系列活动：

- 举办大型咨询活动

咨询内容：广州市未来的城市规划、房地产交易、产权登记、测绘、房改房上市、土地管理、物业管理、房地产政策、法律、法规等。

● 举办"完美的家"幸运大抽奖活动

天天抽奖:一等奖 1 名;二等奖 2 名;三等奖 3 名;四等奖 10 名

【评析】

这份会展广告文案的写作特色是主题鲜明、亮点突出。全文紧紧围绕"完美的家"这一主题精心选择材料,不追求展会信息的面面俱到,着力突出三大亮点:一是组织阵容强大,主办、承办、协办、支持单位均为当地行业组织、龙头企业、政府机关和强势媒体;二是展出内容专业、配套,从普通住宅、商业用房、二手房到物业管理配套设施、新型建材和家居设计,凡与"完美的家"这一主题相关的展品应有尽有,实现了专业性和配套性的有机结合;三是现场活动温馨、诱人,既有涉及房产交易的各种咨询,又有十分诱人的抽奖活动,具有较强的鼓动性。

从写作角度分析,这份会展广告有以下几方面需要改进:

一、标题中"广告"一词应当去掉。广告文案的标题不同于会展公文等文案,无需写明文种。有些文案的标题中必须写明文种,那是因为这些文种具有特定的功能,如"命令"表示要强制执行,"函"用于不相隶属的单位之间商洽工作、询问答复问题。广告的功能显而易见,标题的文字要尽量简短,写上"广告"二字反而显得多余。

二、主办、承办、协办、支持单位的表述形式不统一。对主办、承办、协办单位的表述采用了主谓结构,而对支持单位的表述却采用了偏正结构,显得很不协调。修改的方法是去掉支持单位一句中的"的"字,将偏正结构转为主谓结构。

三、"房地产中介、代理及物业管理配套设施"一句中的概念归类不恰当。"房地产中介、代理"属于交易环节或者是交易机构,与"物业管理配套设施"不能归在一类。这句话也存在歧义。由于"及"是连词,表示并列的意思,这样的话,"房地产中介、代理"和"物业管理"可以分别与"配套设施"构成偏正关系,结果造成了意义上的混乱。修改的方法是把"房地产中介、代理"和"物业管理配套设施"各单列一项,分开表述。

四、对抽奖活动的介绍过于简单。一般要说明抽奖的对象、方法、奖品等,给人一种踏实感。

五、缺少广告随文。至少要写明联系电话。

第二节 招展公告和参展邀请函

一、招展公告

(一) 招展公告的含义

招展公告又称为"招展书",是一种以通过媒体公开发布的方式广泛邀请社会各界(法人、其他组织或个人)参展的会展文案,具有要约邀请的性质。内容具体确定,并且表明经受要约人承诺。受该意思表示约束的招展公告,视为要约。

(二) 招展公告的内容

招展公告在内容表述上有详写法和略写法两种版本:详写法的版本要求内容全面,一般无需再用其他文案补充说明;略写法的版本公布展会的主要信息,另外再用参展说明书(展览服务手册)作为附件,详细介绍展会的信息,或在网站上刊登展会的宣传资料。

详写法的招展公告一般要写明以下内容:

1. 展会的名称、中英文简称、LOGO、历史成果和当前背景;
2. 展会的目的、宗旨、主题和活动形式;
3. 主办、协办、承办、支持单位及组委会的阵容;
4. 展会的时间、展期、地点;
5. 展会的规模(展览面积和展位数量);
6. 展品范围、展区设置;
7. 展位规格和价格;
8. 参展的资格和条件;
9. 参展程序和报名办法;
10. 展会日程安排,包括参展单位的工作人员的报到和作息时间、布展时间、展馆开放时间、撤展时间等;
11. 展会服务项目;
12. 参展须知(参展须知也可另外单独成文);
13. 联系方法。

(三) 招展公告的结构与写法

招展公告的结构由标题、正文、附件名称、署名和发布日期组成。由于是公开发布,且对象不确定,因此招展公告不写主送机关或称呼。

1. 标题。有两种写法:一种由展览会的名称和"招展公告"组成,如《第十一届上海白玉兰假日消费品博览会招展公告》。另一种采用公文式标题,由发布机关、事由和"公告"组成。如《中国—东盟博览会秘书处关于第二届中国—东盟博览会参展参会有关事项的公告》。

2. 正文。正文有两种写法:一种是开头先用一段文字简要介绍展览会的名称、主办者、历史成果和当前背景,然后用"现将有关事项公告如下"作过渡,转入主体部分。主体部分采用序号加小标题的形式逐项表述主题、形式、展品、价格等内容。一般不设结尾。另一种写法通篇采用序号加小标题的体例。

正文写作要特别注意时间、地点、展品范围、展位价格等基本信息表述的准确性。

3. 附件名称。略写法版本应当注明附件的序号和名称,详写法版本视情况确定是否需要附件。

4. 署名。写明主办者或组委会的名称。

5. 发布日期。

20××山东(国际)文化产业博览会招展公告

主办单位:山东省人民政府
支持单位:中华人民共和国文化部
国家广播电影电视总局
中华人民共和国新闻出版总署
中国国际贸易促进会
承办单位:山东省文化厅
山东省广播电视局
山东省新闻出版局
大众报业集团
山东出版集团
济南市人民政府
实施单位:大众报业集团
国际策展人:温琴佐·桑福(意大利文化中心主席)

一、展会主题

推动山东文化产品和服务走向世界,搭建文化资源与投资资本沟通平台。

二、展会理念

推动"六大战略":
整合文化资源
推动文化投资
刺激文化消费
培育文化品牌
打造文化航母
形成产业集群
实现"三个结合":
文化与市场相结合
文化与科技相结合
文化与创新相结合

三、展会内容

四大版块:
博览交易——拓展市场,拉动投资
发展论坛——提升认识,深化研究
节庆活动——丰富生活,刺激消费
网上展会——方便参与,扩大影响

四、展会特色

(一) 地域特色　齐鲁风采

充分发挥山东文化底蕴深厚优势,做大做强齐鲁文化品牌。通过主题论坛、文化展演、项目推介、产品交易、成果展览,展示山东文化特色、文化精髓以及文化发展的最新成就,开发丰厚的文化历史资源,整合区域文化产业发展布局,形成齐鲁文化产业发展的新优势。

(二) 开放理念　国际平台

按照省委、省政府制定的实施经济国际化战略和进一步提高对外开放水平的决策部署,立足山东,面向沿黄、华东、环渤海、港澳台,辐射日韩,联动东南亚、欧美及世界其他国家,设立国际策展人,广泛开展国际性招商活动,使文博会成为实现山东文化产业参与国际国内分工合作的重要平台。

(三) 产业先导　商机无限

文博会将邀请国内外文化产业专业人士参与,探讨产业核心和焦点问题,帮助政府和企业掌握全球文化产业的先进理念、技术成果和发展趋势,培育市场主体,构建国际化、规范化的产业体系,推动我省文化产业链的形成和延伸,为文化产业升级提供新的思路。

(四) 优势媒体　高效传播

文博会由组委会统一协调,大众报业集团负责具体实施,山东省广播电视局、山东出版集团及全省媒体全力支持,媒体优势明显,参展单位风采、活动组织状况将得到最大程度的展现,是企事业单位树立品牌、扩大影响的最佳舞台。

五、展示内容

(一) 文化资源展示

城市形象推广、城市文化资源、文化品牌、文化产业政策、文化产业招商合作项目、知名文化企业以及配套机构。

(二) 文化企业展示

文化企业建设成果、投资环境、投资政策、文化项目、文化产品、企业形象、项目招商和洽谈。

(三) 文化产品展示

具有齐鲁文化内涵和区域文化特点、适合国内外市场需要的各类文化产品,包括网络动漫、演艺作品、期刊、图书、音像、工艺品、古玩、字画等。

(四) 项目洽谈交易

知识产权交易、版权交易、音像制品交易、技术转让、传媒广告经营合作等。

六、供需交流

为了推动全省各地文化产业的发展,加强文化产业项目的对外招商,文博会将向各地政府、企业、个人征集一批高质量的文化产业招商项目,编辑成册、重点推荐。这是各地企业开拓市场、寻求合作、实现文化产业项目资本转换的最好机会。同时,为了促成这些合作项目,组委会将邀请大量专业机构和专业人员参与文博会,具体有:

1. 国内倡导文化战略的地方政府决策者和执行者、研究人员;
2. 国际国内文化系统、广电系统、新闻出版系统的相关人员;
3. 国际投资机构、投资银行、风险基金;
4. 文化产品和服务的采购商、代理商、经销商;
5. 有意进军文化产业的大型企业集团;
6. 文化产品和服务的消费者等。

七、展区布置

展区的布置将围绕文博会主题和全省文化产业发展整体战略展开,将突出“六大亮点”、“十大板块”。

（一）“六大亮点”：

1. 突出山东文化产业发展的高技术成果；

2. 突出山东文化产业集团的整体风采；

3. 突出山东悠久丰厚的历史文化底蕴；

4. 突出山东各地的文化资源和区域优势；

5. 突出中外文化产业的交流融合；

6. 突出文博会的社会性，吸引全社会参与，让群众受益。

（二）“十大板块”：

1. 山东文化产业优秀成果展示及文艺演出区

山东文化产业突出成果、文化产业重要招商项目及文艺展演。

2. 高技术文化传媒、创意产业与网络动漫文化展示区

数字电视、媒体技术、创意制造业、网络电视、流媒体终端设备、服务器、芯片处理器、网络游戏、卡通与动漫制作、卡通作品、动漫作品、网络技术、网络产品交易。

参展单位：相关行业大型企业、网络运营商、IT企业、网络游戏开发商、网络游戏代理商、动漫制作公司等。

3. 大型文化产业集团风采及企业文化展示区

大型文化产业集团成果展示及重要的文化产业招商合作项目，全省企业文化风采。

4. 十七市文化资源及文化产业展示区

十七市的文化产业发展成果、文化资源、文化产业招商项目。

5. 广电出版展示区

省内广电、出版机构文化产业发展成果展示。

6. 演艺舞美展示区

演艺作品、剧本、戏剧服装、舞台道具、演出器材等。

7. 港澳台、日韩、欧美文化产业展示区

8. 省内外职业教育展示区

职业教育成果，职业教育学校、培训机构展示，职业教育新思路、新技术展示，职业教育招商项目。

9. 旅游休闲、体育文化用品展示区

旅游景区展示、旅游项目推介、旅游文艺演出、体育器材、体育休闲项目推荐展示、相关项目招商。

10. 古玩、字画等艺术品展示交易以及图书展销区

古玩、字画、艺术品、奇石、工艺美术品以及图书、音像的展示、交易、拍卖、展销。

八、相关活动

（一）论坛活动

中国企业文化论坛

省会城市文化产业发展高端论坛

山东美术、书法、摄影及民间艺术发展论坛

（二）文艺活动

“鲁信之夜·梦幻齐鲁”大型文艺晚会

“银座之夜·走进文博会”大型商业文艺晚会

美丽山东城市形象大使总决赛暨颁奖仪式

“蔚蓝色浪漫”东方歌舞团大型歌舞晚会

“泰山魂”刘文金作品音乐会

“时尚之夏”中意模特服装表演

日本山口县民间艺术演出

多媒体杂技剧《泉城写意》

都市情景剧《泉城人家》

山东艺术品拍卖会暨专家义务鉴宝活动

九、参展程序

（一）预订展位

符合条件的参展单位向组委会招商办公室提出申请，组委会招商办公室根据参展单位预订展位数量和面积，按照先到先选、重点优先的原则，统一规划展位。20××年4月20日截止报名。

（二）签署合同

组委会招商办公室与参展单位签署合同书，7日内参展单位将展位费用汇入组委会招商办公室的指定账号。

（三）展位确认

组委会招商办公室在参展商费用到账3日内发出展位确认书，并向参展商提供《参展指南》，参展商照此做好参展的各项准备工作。

（四）提交资料

参展商根据组委会招商办公室的要求及时提交所需资料，以备编辑会刊和会务资料所用，截止日期为20××年4月30日。

十、布展要求

为保证展示效果，展位布展统一要求为：

（一）展示方案的申报与确认

参展单位要根据统一要求制定展示方案，包括文字脚本、平面布置图、施工图、电力分布图（图纸比例为1∶100）和整体效果图，并务必于20××年5月10日前报组委会招商办公室。以上几项图纸须经组委会招商办公室审定并报送组委会审核后方可施工。

（二）各展区特装要求

展位设计要体现全省文化产业发展的整体战略和风采，体现高新技术成果和文化产业理念，有利于文化产业项目招商。

（三）特装设计装修要求

设计方案要富于创新精神，整体感强。以图片、图表、展品、模型、景观为主要表现形式，运用声、光、电等各种多媒体、高新技术手段强化展示效果。图片、文字的设计风格应和谐、简洁，重点突出。

（四）展品制作要求

模型、展位、沙盘制作规范，符合消防要求。特装展位所用材料必须做到安全第一，防火、环保。挂板可做连板，要求使用电脑喷绘等现代展板制作工艺。

十一、日程安排

报到布展时间:20××年6月13日18:00至15日16:00

展览时间:20××年6月16日至18日　上午9:00至下午17:00

撤展时间:20××年6月18日18:00至6月19日12:00

十二、联系我们

咨询有关事宜以及索取相关资料,请致电文博会组委会招商办公室或登录20××山东(国际)文化产业博览会官方网站。

组委会招商办公室联系电话:0531-85196682　85196683　85196058　85196584

组委会招商办公室传真电话:0531-85196636

文博会官方网站网址:www.sdicif.gov.cn

邮箱:sdicif@yahoo.com

账户:××报业(集团)有限公司

开户行:省工行营业部营业厅

账号:××××

20××山东(国际)文化产业博览会组委会

20××年2月6日

【评析】

这份招展公告内容清晰、信息全面、重点突出、结构完整、表述准确,读完之后,使人对这一博览会产生完整而又深刻的印象。其中对展会理念、展会内容、展会特色的介绍,使用了一系列对仗工整的句子,显示了作者较强的文字功底,是一份写得较好的招展公告。唯一不足的是没有列出展位价格。

二、参展邀请函

(一) 参展邀请函的含义

参展邀请函是一种以个别发送的方式邀请特定的法人、其他组织或个人参展的文案。与招展公告一样,参展邀请函也具有要约邀请或要约的性质。

参展邀请函与招展公告的不同之处在于,前者的邀请对象是明确的、特定的,因此一般不通过媒体公开发布,而是通过邮局寄送或电子邮件发送;后者的邀请对象具有不确定性,因此必须采取公开的方式发布,而且知晓的范围越广越好。

参展邀请函可以与招展公告配合使用,一方面通过招展公告向不确定的对象发出参展邀请,另一方面,通过参展邀请函向确定的对象,即目标客户发出参展邀请,双管齐下,可以收到较好的效果。

(二) 参展邀请函的内容

参展邀请函的内容与招展公告相差无几,一般也分为详写法和略写法两种,内容简要的参展邀请函一般要同时附寄或在网站上刊登参展说明书(参展商服务手册)或展会简介等资料。

(三) 参展邀请函的结构和写法

参展邀请函的结构由标题、称谓、正文、附件名称、署名和发文日期组成。

1. 标题。一般由展览会名称和“参展邀请函”组成。“参展邀请函”是固定的文种名称，不能写成“关于邀请参加××展览会的函”；也不宜省去“参展”二字，写成“××展览会邀请函”，因为展览会的“邀请函”可以于招展，也可以用于招商、招客，写明“参展”可以起到明确主题的作用。

2. 称谓。参展邀请函由于是发给特定对象的，因此一定要写称谓。邀请单位参展的，写单位名称；邀请个人参展，则写个人姓名，并冠以敬辞。

3. 正文。开头部分一般先用一段文字简要介绍展览会的名称、主办者，然后点出“诚邀（欢迎）贵单位（公司、您）参展”这一主题，再用“现将有关事项告知如下”作为过渡，引出主体部分。主体部分多采用序号加小标题的形式逐项表述具体内容。有时，表示诚恳邀请和欢迎的句子也可作为结尾。

与招展公告不同的是，参展邀请函的正文不能通篇使用序号加小标题的体例。

4. 附件名称。略写法版本应当注明附件的序号和名称，详写法版本视情况确定是否需要附件。

5. 署名、签署。一般写主办单位或组委会的名称，有的邀请函也可由组委会负责人亲自署名，以表诚意。

6. 发文日期。

实例评改

20××年中国教育信息化科技博览会参展邀请函

各相关企事业单位：

“20××年中国教育信息化科技博览会”是我国教育信息化大型综合性展会，由“中国教育信息化技术与教育信息化建设成果展览会”、“中国教育信息化高峰论坛”及“教育信息化科技博览电视专题片”等系列配套活动组成。

“20××年中国教育信息化科技博览会”是信息产业界与教育界的一次高规格的专业性互动盛会。本次活动将通过清华大学与北京师范大学联合主持的“中国教育信息化高峰论坛”邀请600所学校的校长、教学负责人和设备采购负责人等约1600人参会、参观展览并洽谈设备采购。展会还将向全国教育、培训界赠送10万张观展票，预计观展人数将超过3万人次。

活动宗旨：展示教育信息技术发展和教育信息化建设的最新成果；总结与交流教育信息化建设的先进经验；汇集学界、商界、政界的精英，围绕教育信息化与教育发展进行前瞻性探讨，探索在现代信息技术推动下我国教育发展的新思路和新方法；推动信息产业界与教育界的交流与合作，以教育信息化推动我国教育现代化的跨越式发展。

指导单位：国家教育部、国家信息产业部、国家科技部

主办单位：中国计算机用户协会、计算机教育杂志社、北京凤凰天龙文化发展有限公司

承办单位：计算机教育杂志社、北京凤凰天龙文化发展有限公司

支持单位：国家教育发展研究中心、国家信息产业部信息化推进司、国家

信息产业部政策法规司、中国高等教育学会、中国教育学会、中国软件行业协会、全国高校现代远程教育协作组、计算机基础教育研究会、清华大学、北京大学、北京师范大学、北京邮电大学、北京航空航天大学

支持媒体：中央电视台、中国教育电视台、北京电视台、凤凰卫视、hc360 慧聪网、搜狐网、千禧网、中国高等教育改革与发展网、中国教学科研网、中国基础教育网、中国教育先锋网、中国高职高专教育网、国家教育信息网、中国基础教育信息网、中国职业教育信息网、中国公众教育信息网、中国软件网、中国职业教育与成人教育网、IT 交易网、运城教育网、中青在线、中教企联网、在线教育咨询网、101 远程教育网、新华社、人民日报、中国教育报、科技日报、21 世纪经济导报、《教育信息化》杂志社、《教育研究》杂志社、《继续教育》杂志社、《中国教育》杂志社

展览时间：20××年 11 月 18 日—20 日

展览地点：中国国际展览中心 1 号馆

展览范围：教育信息化软硬件产品与设备、数字化资源库、多媒体课件、教育与培训软件等等，范围涵盖高等教育（包括教学与科研）、初等教育、幼儿教育领域内与信息技术有关的所有产品

参展单位：信息技术软硬件开发商与销售商、硬件生产商、系统集成商、ISP、ICP、信息技术培训机构与单位、远程教育机构与单位、数字化资源服务与供应商、网络运营商，其他信息技术研究、服务等相关机构

参展程序：

1. 填写“参展申请表”（见附页），并传真或电邮至中国教育信息化科技博览会组委会，以便确认您的参展申请。

2. 展位预定被确认后，请预付 50% 的参展费用作为订金；余款须在 20××年 10 月 30 日之前付完，若不付订金，参展申请视为无效。

3. 所有参展费用统一汇到：

户　名：北京凤凰天龙文化发展有限公司

开户行：北京银行紫竹支行

账　号：××××

4. 参展申请截止日期：11 月 8 日

参展服务：

为充分利用本届会议提供的各种有利机会，大会组委会特向各参展单位赠送：五张开幕式及晚宴票、五张闭幕式及招待酒会票、中国教育信息化高峰论坛主题论坛五张票、研讨会一张票（限选一场）、教育信息技术论坛一张票；会刊为参展单位免费登载 1/3A4 版面相关信息。

参展费用：

1. 标准展位

A：国内企事业单位：8000 元人民币/标准展位（9 m^2）

B：国外（含独资）企业：1000 美元/标准展位（9 m^2）

2. 光地（至少租用 30 m^2）

A：国内企事业单位：450 元/m^2

B：国外（含独资）企业：58 美元/m^2

注：标准展位的服务提供中英文门楣，铝合金框架，展台封闭面为白色保

丽板，展台满铺地毯，一张咨询桌，两把椅子，一个废纸篓，电源插座及两根日光灯.

附件一：参展申请表

附件二：展位分布平面图

联系人：张萍

电话：××

传真：××

Email：××

20××年中国教育信息化科技博览会组委会秘书处

20××年7月

【评改】

上述参展邀请函内容全面，语言较为准确、明白。需要改进的是：

一、称呼应当特指。邀请函是一种书信体文案，用于邀请某个特定对象参加某项活动，因此称呼应当特指。邀请单位的，应写明邀请对象的全称或通用性简称，邀请个人的，应写明对方的姓名。邀请函的称呼不能使用类似公文主送机关的统称，更不能使用“各相关企事业单位”这样一种模糊性称呼。如果需要公开发表这份招展文案，文种应当改为招展公告或招展书，称呼可以省略。

二、正文中应当明确表示邀请对方参展的意思。明确表示邀请对方参展的意思，是参展邀请函的写作目的和主题，也是参展邀请函写作的礼仪要求，在结构上，也是照应称呼的需要。一篇参展邀请函，没有特指的称呼不行，有称呼而没有在正文中照应称呼也不行。上文修改的方法是在正文的适当位置写上“特邀请贵公司(单位)参展”之类的话。

三、层次的标志应当明显。上述参展邀请函的内容涉及面广，篇幅较长，为了方便阅读和查找，应在每一个层次前标注序号。

四、“订金”的性质应当明确。“订金”和“定金”是两个法律意义完全不同概念，根据我国的法律，“定金”是一种债务担保，给付定金的一方履约后，定金应当抵作价款或者收回；给付定金的一方违约，无权要求返还定金；收受定金的一方不履行约定的义务，应当双倍返还定金。而“订金”的含义比较模糊，如是预付款，给付订金的一方付款后不想购买对方的产品或服务，订金应当退还；如作为债务担保，则应当明确说明。上述参展邀请函要求参展方在展位预定被确认后预付订金，但未说明一旦参展方退展，订金如何处理，这就留下了产生纠纷的隐患。修改的方法要视“订金”的性质。如这笔“订金”属于债务担保性质，应改成“定金”；如属于预付款性质，则将“请预付50%的参展费用作为订金”中的“作为订金”删去。

第三节 参展申请表和参展确认书

一、参展申请表

(一) 参展申请表的含义

参展申请表又称参展注册申请表、参展回执、参展报名表等，是参展单位向主办单位或向组委会申请参展并租赁展位的文件，具有要约的法律性质。如主办单位或者组委会发出的参展邀请函已经具有要约性质，则参展申请表一经填写、签字、盖章并寄出，便具有承诺的法律性质。

参展申请表由主办单位或组委会统一印制，随同招展公告或参展邀请函一起发布或派寄，由申请参展的单位填写、盖章，并在截止时间之前提交。

（二）参展申请表的内容

1. 参展单位或个人的基本情况。包括名称（中、英文）或姓名、地址和联系方式等。

2. 展品的名称及其介绍。

3. 拟租展位的规格、数量、展位费。

4. 如需在交纳租金后再确认其参展资格，可要求填写付款方式和日期。

5. 提交申请表的方式（邮寄、传真或网上提交）和截止时间。

6. 备注条款。有的参展申请表还附有参展合同的条款，如付款后参展单位能否有权利撤销展位、因不可抗力取消展览会是否退还展位费、展位安排的原则、参展单位的承诺等。这部分内容由主办单位或组委会事先制定，具有格式条款的性质，对双方均有约束力。

7. 汇款方式。

8. 展位搭建的要求。

9. 广告服务项目。

（三）参展申请表的结构与写法

1. 标题。写明展览会的名称和文种。文种名称可写“参展申请表”、“参展回执”、“参展注册申请表”，但不可写成“参展注册表”，因为“参展注册表”是参展者在展前报到时正式登记、确认已经到会的文书。

2. 正文。正文采用表格式或表格加条款的形式。表格项目设计要符合收集信息的需要，单元格的大小要适当，以便于填写。条款的内容往往具有合同的性质，遣词造句要准确、简明。表格的形式要美观、大方。

3. 署名。由申请单位填写全称或个人姓名并盖章。

4. 填表日期。

实例评改

第六届亚太礼品、文具暨家庭用品展览会参展申请表（回执）

The Application of the 6th Asia Gifts Stationery and Housewares Show

以下部分内容将刊登在会刊和互联网上，务必打字或正楷填写

Please print or write in block letter as some of the following information will be cited in our journal and on our website.

公司名称 Name of Company			展位编号 Booth No.	
详细地址 Address			邮政编码 Post code	
法人代表 Legal person representative		联系人 Person to contact	电话 Telephone	
电子邮件 E-mail		网址 Website	传真 Fax	

参展产品介绍(限 50 字以内,上网和刊登会刊截止期为 1 月 10 日)

Exhibits introduction (write in no more than 50 words and submit it before Jan. 10. 20×× for the publishing on the journal and the website)

申请租用 9 平方米展位______个,室内光地______平方米,展位费用______元

Require ______ booth of 9 m^2. Unfurnished indoor space of ______ m^2.

Total charge: ______

展位搭建和用电及其他要求(Booth building service, electricity supply and other requirements):

广告认刊项目		数量	

广告制作要求:

广告费用: 付款方式:☐现金 ☐支票 ☐汇款

此表代参展(广告)合同,请加盖公章,款到确认展位(广告)。

The application represents the contract. After signature the booth will be fixed upon the receipt of payment.

汇款方式: Mode of money transfer: 开户银行:工商银行静安支行南二分理处 Bank of deposit: The Industrial & commercial bank of China Shanghai Jing'an Branch 账号:1001207409014436696 A/C. No.: 1001207409014436696 账户名称:上海商展展览服务有限公司 Account name: Shanghai Shangzhan Exhibition & Service Co. Ltd.	本回执请发:上海市商业展览办公室 Return to: Shanghai Trade Exhibition Office 地址:中国上海石门一路251弄4号 Add.:No.4, lane 251, Shimenyi Road, Shanghai, China 邮政编码(Post code):200041 联系人:××× ×× ××× ×× Person to contact:××× ×× ××× ×× 电话(Tel.):8621-62672593 62728925 62679525 传真(Fax): 8621-62532849

【评改】

这份参展申请表项目设计比较合理,标题结构完整、语言表述简洁、清楚。需要改进之处是:

1. 应当明确规定公司名称书写文字。由于公司名称要做成楣板,还要上网和刊登在会刊上,因此一般要求申请单位分别用中、英文书写。

2. "参展产品介绍"这一项目有中英文对照说明,但没有规定用何种文字书写。尽管下面的小方格一般用于填写汉字,但申请单位还是会产生用中文还是用英文或者分别用中、英文书写的疑问。因此最好是在说明中写清楚用何种文字书写。

3. 上述申请表的大多数项目用中英文对照的表述方法,但"广告认刊项目"、"广告制作要求"、"广告费用"这三个项目却漏了英文说明,应当补上。

4. 该申请表要求申请单位盖章,却没有规定盖章的位置。一般应当在表格的最后设计一个单元格作为盖章的项目,并要求填写盖章的日期。

二、参展确认书

(一) 参展确认书的含义

参展确认书又称参展确认函或展位确认书(函),是主办单位在收到参展申请单位的参展申请表并经过审核,确认其具备参展资格后,向其发出的同意参展的文件。参展确认书具有接受参展单位要约的性质,一旦发出,只要对方按时或已经提交规定的展位费,主办方不得单方面取消对方的参展资格。

(二) 参展确认书的内容

1. 所要确认的申请单位名称,以称呼的形式表述。

2. 所收到的参展申请表和展位费。如果只收到参展申请表而未收到展位费,要告知对方付费的方法和期限。

3. 确认申请单位参展资格和展位,有时也可告知展位号。

4. 如果需要签订参展合同或办理其他手续,应告知具体时间和地点。

5. 布展的时间及要求。

(三) 参展确认书的结构和写法

1. 标题。由展览会名称和“参展确认书”或“展位确认函”组成。

2. 称谓。写确认对象的全称。

3. 正文。一般采用非标志性结构体例,不分段,一气呵成。结尾处可用“此致 敬礼”的格式,也可写致谢语。

4. 署名。写主办单位或组委会的名称并盖章。

5. 发出日期。

实例评析

20××沈阳国际时尚家电博览会
参展确认书

××××公司:

贵公司提交的《20××沈阳国际时尚家电博览会参展申请表》以及展位费预付款9000元人民币均已经收到,我们诚恳接受贵公司的参展申请,请于20××年5月23日至25日的9:00—17:00携此确认函前来沈阳国际展览中心办理布展手续并布展。

衷心感谢贵公司的大力配合和支持!

20××沈阳国际时尚家电博览会
20××年5月4日

【评析】

该参展确认函篇幅虽小,但内容齐全、清楚,格式完整、规范,语言得体,是一篇较好的范文。

第四节 会展招商公告和招商邀请函

会展招商和招展既有联系又区别。广义上的会展招商范围较广,除了展览的招展活动外,还包括会议、展览、节事的主办者寻求合作伙伴、支持者、赞助商、广告主以及招徕客商和普通观众等活动。但由于招展在举办会展过程中具有特殊的意义,因此人们便把招展从招商中独立出来,凡招徕参展商的活动称为招展,凡寻求合作伙伴、支持者、赞助商、广告主以及招徕客商和普通观众的活动称为招商。与此相对应,便出现了招展文案和招商文案的区分。

一、会展招商公告

(一) 会展招商公告的含义

会展招商公告又称“会展招商书”,是一种以通过媒体公开发布的方式广泛邀请社会各界(法人、其他组织或个人)合作办展办会、赞助的会展文案,具有要约邀请的性质。内容具体确定,并且表明经受要约人承诺,要约人即受该意思表示约束的会展招商公告,视为要约。

(二) 会展招商公告的主要内容

会展招商公告在内容表述上也有详写法和略写法两种版本:详写法的版本要求内容全面,一般无需再用其他附件补充说明;略写法的版本公布会展招商的主要信息,另外再附招商说明书作详细介绍。

会展招商公告的具体内容要视招商的性质而定。赞助招商、广告招商的性质不同,具体内容也各有侧重。一般而言,详写法的会展招商公告应包含以下内容:

1. 会展项目的基本情况,包括会议、展览、节事的名称、中英文简称、LOGO、历史成果、本届目的、主题、活动板块、组织阵容、时间、地点、规格、规模等;

2. 招商项目的名称、性质、优势、规格、价格以及合作(赞助)和回报方式;

3. 申请招商项目的资格和条件;

4. 申请程序和联系办法。

会展招商公告的简要版本的内容可作适当压缩,以避免同招商说明书重复,但必须载明展览会的名称、主办单位、时间、地点、申请程序、报名办法、联系方法等。

(三) 会展招商公告的结构与写法

会展招商公告的结构由标题、正文、附件名称、署名和发布日期组成。由于是公开发布,且对象不确定,因此会展招商公告不写主送机关或称呼。

1. 标题。由会展名称和“招商公告”组成,如《首届中国重庆文化艺术节文化产业博览会招商公告》。也可在会展名称后面写明招商的项目,如《第五届中国国际软件和信息服务交易会广告招商公告》。

2. 正文。正文有两种写法:一种是开头先用一段文字简要介绍会展概况,然后用“现将有关事项公告如下”作过渡,转入主体部分。主体部分采用序号加小标题的形式逐项表述每项基本信息。一般不设结尾。另一种写法通篇采用序号加小标题的体例。

正文写作要特别注意招商项目的名称、性质、优势、规格、价格以及合作(赞助)和回报方式等基本信息表述的完整性和准确性。

3. 附件名称。略写法版本应当注明附件的序号和名称,详写法版本视情况确定是否需要附件。

4. 署名。写明招商机构的名称。

5. 发布日期。

实例评改

古镇今年10月灯博会招商公告

古镇政务网　20××-4-19　17:25:44

2004中国(古镇)国际灯饰博览会定于10月18日—23日在古镇灯饰广

场隆重举行！本次展会共设2400个标准展位，分别设立特装展区和标准展区，现正全面对外招商。

招商热线：××××××

联系人：魏先生，袁先生

办公地址：古镇体育馆一楼

【评改】

这是一篇发布在一家政府网站上的会展招商公告，文字不多，但问题不少：

一、标题写作不规范

一是会展名称写法不规范。会展招商公告的标题应当写会展的全称，以突出会展形象，也便于检索查找，但这份公告的标题却用了"灯博会"这一简称。

二是年份代称使用不当。"今年"一词只是一个年份的代称，只有在特定的语言环境中才能表达一个具体的时间概念，不能用于任何会展文案的标题。

三是文种与写作目的的关系不清楚。在会展营销中，"招商"的含义远要比"招展"广。招展仅指以出租展位的方式招揽参展商，而招商还包括吸引投资洽谈会、项目对接会中的客商等。会展中的冠名权、各种标志以及广告资源等，都可用于招商。这份文案使用的文种是"招商公告"，但由于正文的内容过于简单，其写作目的到底是招展还是招商，或者既招展又招商，并不清楚。因此确定文种使用是否合理，必须首先明确写作目的。如果写作目的是招展，文种就应当用"招展公告"；如果写作目的是招商，就应当在下文中写明招商的项目；如果写作目的是既招展又招商，标题可以写"招商公告"，因为广义招商包括招展，也可写"招展招商公告"。由于招展和招商的对象不同，专业性展览会最好将招展文案和招商文案分开写作。

二、内容过于简单

网上发布的招展或招商公告内容虽然可详可略，但如采用略写法，应当同时在网上发布参展商服务手册或招商说明书，以便读者通过上网浏览就能得到一个完整的会展形象。即便是略写法的招展或招商公告，会展的基本信息也应当齐全，更何况这是一次冠以"中国"和"国际"名义的博览会。因此，无论这份文案是招展公告还是招商公告，应当介绍主办单位、主题、宗旨、参展范围和条件等基本信息。举办地点和办公地址一定要写明城市名称、路名、门牌号码。

三、语言表述不准确

首先，第一句话的感叹号使用不当。感叹号用于感叹句，而此句是陈述句，句末应当用句号。

其次，"本次展会共设2400个标准展位，分别设立特装展区和标准展区"一句的语序有问题。"分别"一词紧接在"2400个标准展位"后面，这样就产生了是"本次展会分别设……"还是"2400个标准展位分别设……"的歧义。从逻辑上看，2400个标准展位应当设在标准展区，那么在表述上就应当先说"本次展会分别设立特装展区和标准展区"，再说"共设2400个标准展位"，这样就顺理成章，脉络清楚了。

四、结构不完整

无论是招展公告还是招商公告，署名都是结构的必备要素。署名不仅可以表明作者的身份，同时也是对读者的尊重。因此，这份文案应在正文的右下方写明组委会的名称。

二、会展招商邀请函

（一）会展招商邀请函的含义

会展招商邀请函是一种以个别发送的方式邀请特定的法人、其他组织或个人进行会展合作、邀请赞助的文案，具有要约邀请或要约的性质。

招商邀请函与招商公告的功能不同：前者的邀请对象是明确的、特定的，一般通过邮局寄送或电子邮件发送；后者的邀请对象不确定，必须采取公开的方式发布，而且知晓的范围越广越好。

（二）会展招商邀请函的主要内容

会展招商邀请函的主要内容与会展招商公告相同，不再赘述。会展招商邀请函在内容表述上也可分成详写法和略写法两种版本：详写法的版本要求内容较为全面详细，一般无需再用其他附件补充说明；略写法的版本要概括介绍会展的主要信息和招商的主要事项，另外再附招商说明书等作补充介绍。

（三）会展招商邀请函的结构与写法

会展招商邀请函的结构由标题、称谓、正文、附件名称、署名和发文日期组成。

1. 标题。一般由会展名称和“招商邀请函”组成，如《中国神经科学学会第四次会员代表大会暨第七届全国学术会议招商邀请函》。也可在会展名称后面写明招商的性质或项目名称，如《2007 中国国际徽商大会合作伙伴招商邀请函》。

2. 称谓。邀请函一般都是发给特定对象的，因此一定要写称谓。邀请单位的，写单位名称；邀请个人的，写个人姓名，并冠以敬辞。

3. 正文。邀请函的开头一般先用一段文字简要介绍会议、展览和节事的主要信息，再用“现将有关事项告知如下”作为过渡，引出主体部分。主体部分可采用序号加小标题的形式逐项表述具体内容。由于邀请函总是针对特定对象的，因此必须在正文适当的地方用“诚邀贵公司成为大会的合作伙伴”一类的话点明写作的目的和主题。

4. 附件名称。略写法版本应当注明附件的序号和名称，详写法版本视情况确定是否需要附件。

5. 署名。一般写主办单位或组委会的名称，有时也可由组委会的最高领导亲自署名，以表诚意。

6. 发文日期。

实例评析

中国××学会第四届全国学术会议招商邀请函

××公司：

由中国××学会主办，××大学承办的中国××学会第四届全国学术会议定于20××年9月20—24日在上海市××会议中心召开。全国大专院校、科研院所、各大医院等单位的××科学工作者800多人将参加本届大会，欢迎贵公司赞助，现将赞助的方式、回报条件和有关事项说明如下：

1. 经费赞助

(1) 凡提供经费赞助的单位，在会标、大会广告及论文集“赞助单位”一栏中列名。

(2) 赞助费在20000元以上，为赞助单位提供1个3×3平方米的标准展位，并提供1个免费参会名额，住宿自理。

(3) 赞助费在50000元以上，为赞助单位提供2个3×3平方米的标准展位，在论文集中刊登该公司产品广告，并提供2个免费参会名额，住宿自理。

(4) 赞助费在100000元以上，为赞助单位提供4个3×3平方米的标准展位，在论文集中刊登该公司产品广告，并提供2个免费参会名额，住宿自理。

2. 广告赞助

大会学术论文集广告收费标准为：封二、封三，彩色4000元/张；封底，彩色，10000元/张；插页，彩色，2500元/张。

3. 宴会赞助

赞助单位提供“欢迎宴会”、“浦江之夜晚会”的费用，在会标中注明赞助单位名称。

4. 会议用包赞助

赞助单位提供会议用包，在会议用包的正面左下方印上赞助单位的标志。

5. 赞助费付款方式：(略)

6. 招商截止时间：20××年7月31日

7. 联系方式：(略)

附件：中国××学会第四届全国学术会议简介

中国××学会

20××年3月5日

【评析】

这份招商邀请函篇幅不长，但主题鲜明、重点突出。对会议的介绍采用了略写法，将主要笔墨集中在赞助的方式、回报条件和有关事项的说明上。所有赞助项目的表述清晰、明白，语言准确、简练，几无冗字。称呼的写作使用了特称，做到了对象明确。正文的开头部分在简要介绍了会议概况后，用一句“欢迎贵公司赞助”，既照应了称呼，又点明了写作的主题。通篇结构完整规范、条理清楚，格式上采用标志性结构体例，便于查找。为便于有关单位了解会议的情况，还专门印制了会议说明书作为附件，展现了作者强烈的服务意识。

第五节　观展邀请函及观展回执

一、观展邀请函

（一）观展邀请函的含义

观展邀请函是一种以个别发送的方式邀请特定的法人、其他组织或个人观摩会展、商约洽购的文案。观展邀请函是否具有要约邀请或要约的性质，要视具体内容而定。

（二）观展邀请函主要内容

1．展会的基本信息。包括展会的名称和LOGO、主题与宗旨、特点与优势、组织阵容、举办的时间和地点、展品与展览面积等。

2．展会招展情况。包括参展企业的行业分布和地区分布、参展的知名企业等。这部分内容观众最为关注，要重点加以突出。

3．展会的相关活动。包括开幕式、欢迎酒会、论坛、观光游览等。要具体列出这些活动的主题、程序、时间、地点，以方便观众提前做好准备。

4．观展手续和费用。

观展邀请函在内容表述上也可分成详写法和略写法两种版本，略写法的版本应另附观展指南等作为补充介绍。

（三）观展邀请函的结构与写法

观展邀请函的结构由标题、称谓、正文、附件名称、署名和发文日期组成。

1．标题。观展邀请函的标题一般由展览的名称和“观展邀请函”组成，如《20××中国国际厨房卫浴产品展观展邀请函》。

2．称谓。邀请函一般都是发给特定对象的，因此一定要写称谓。邀请单位的，写单位名称；邀请个人的，写个人姓名，并冠以敬辞。

3．正文。邀请函的开头一般先用一段文字简要介绍会议、展览和节事，再用“现将有关事项告知（敬告）如下”作为过渡，引出主体部分。主体部分可采用序号加小标题的形式逐项表述具体内容。由于邀请函总是针对特定对象的，因此必须在正文适当的地方用“诚邀贵单位（公司、您）前来观展”一类的话点明行文的目的。

4．附件名称。略写法版本应当注明附件的序号和名称，详写法版本视情况确定是否需要附件。

5．署名。一般写主办单位或组委会的名称，有时也可由组委会的最高领导亲自署名，以表诚意。

6．发文日期。

二、观展回执

（一）观展回执的含义

观展回执又称观展申请表、观展报名表等，是观展单位向主办单位或向组委会申请观展或参加会展举办期间活动的文件。如需要主办单位或者组委会专门安排接待的观展活动，一般应当随同观展邀请函一起发出观展回执，以便于掌握必要的信息，便于做好接待工作。

(二) 观展回执的主要内容

1. 观展单位的基本情况。可根据接待需要填写观展单位名称、联系方式等信息。必要的话还可要求填写观展人员姓名、性别、年龄、所任职务等信息，以便接待。

2. 安排接待的项目，如观展、住宿、观光、机票预订等具体要求。

3. 提交回执的方式、截止日期以及注意事项。

4. 调研问句。观展回执也是收集、反馈客户信息，开展会展调研的有效载体，主办单位可根据调研需要设置若干问句，请观展者配合填写。

(三) 观展回执的结构与写法

1. 标题。展会名称＋文种。文种名称可写“观展回执”、“观展申请表”、“观展报名表”。

2. 正文。正文采用表格式或表格加条款的形式。要求与参展申请表相同。

3. 署名。由申请观展的单位盖章或由个人署名。

4. 填表日期。

实例评改

赴韩参观《第××届大韩民国国际纤维机械展览会》邀请函

敬启者：

由韩国产业资源部支持，韩国纤维产业联合会(KOFOTI)举办的20××年《第××届大韩民国国际纤维机械展览会》将于今年5月11日—5月14日在韩国大邱举行。

大韩民国纤维机械展览会初次举办于1976年，隔年举办一次。20××年第××届展会在汉城举办，展出面积达11088平方米，共有13个国家216家企业参加了展会，合同成交额3487万美元，意向成交额71572万美元，共吸引10692名国内外买家与会，展会取得了圆满成功。

为增进中韩两国纺织业内市场信息的互通、增加韩国纺织机械企业对中国纺织市场投资环境的了解，促进两国纺织机械在技术与经贸方面的交流、合作，特邀请中国的纺织、服装及相关产业人士赴韩参观此次《第××届大韩民国国际纤维机械展览会》。为了便于各企业的参与，此次参观活动由我事务处统一安排赴韩事务。望有意参加此次活动的企业在规定的时间内与我处联系，获取相关材料，我们将竭力为各企业做好组织服务工作。

报名截止时间为20××年4月20日。

联系方式：(略)

第 15 届大韩民国国际纤维机械展览会观展申请表

观展单位中文名称			
单位地址		邮编	
单位法人		申请人	
职务		E-mail	
联系电话		传真	
单位网址			

公司类型
□制造企业 □流通企业 □政府机关 □社会团体/行业协会
□研究机关 □媒 体 □贸易公司 □其他________

您希望了解展会的哪些信息
□化纤类设备 □织造准备类设备 □织机类 □染色加工机类
□CAD/CAN 及试验机械 □缝制及刺绣机类
□无纺布织机类 □针织机类

您是通过什么渠道知道展会信息的
□网上 □广告 □贸易组织 □其他展会 □其他________

您参观此次展会的目的
□采购 □市场调查 □索取展会资料及下届展会信息 □其他________

为节省观展人员费用，我处采取统一组织观展的原则，观展人员综合费为 3500 元人民币/人，其中包括往返机票费、宾馆住宿费（五星级）、用餐费、交通费。（签证费 270 元另付）
□1 人 □2 人 □________________人

注：
1. 将观展申请表传真或送到由事务处委托的当地组织机构。
2. 认真填写《签证发给申请表》、《第 15 届大韩民国国际纤维机械展览会观展单位人员签证申请表》、《个人简历》，并按要求准备相关申办签证材料，并由当地组织机构统一寄到我处，所有申报材料在 20××年 4 月 10 日前送达当地组织机构，当地组织机构应于 4 月 10 日前统一将材料与观展综合费汇至我处。
3. 观展单位请将观展人员综合费与递交申报表在十日内交由当地组织机构并由地组织机构统一汇至我处（不应晚于 20××年 4 月 10 日），款项到位后统一开出发票（韩国发票）。

【评改】

从总体上看，以上观展邀请函以及观展申请表所表述的内容较为全面，标题写作较有特色，其中“赴韩参观”4 个字，突出了观展活动的跨国性，很吸引人。需要修改的是以下几方面：

一、标题及正文中展会名称外的书名号应当去掉。书名号用于书名、刊物名、篇名。文章中出现的展会名称完全没有必要用书名号。

二、时间要求前后不一致且不合理。上述邀请函的报名截止时间和观展申请表的截止时间不统一，前者为“4月20日”，后者为“4月10日”。此外，观展申请表的“注”中要求观展单位送达申请材料给当地组织机构的时间和当地组织机构将这些材料汇至“我处”的时间均为“4月10日”，无任何缓冲余地，操作上不可行。“观展单位请将观展人员综合费与递交申报表在十日内交由当地组织机构统一汇至我处（不应晚于20××年4月10日）”一句中的“十日内”和“不应晚于20××年4月10日”两个时间节点与前面所规定的截止时间也相互矛盾。

三、个别句子有语法错误。如第二段“20××年第14届展会在汉城举办，展出面积达11088平方米……展会取得了圆满成功”一句中的“展会”一词属于多余成分，应删去。

四、邀请函缺少署名和发文日期。

五、观展申请表的“注”中有多处语言重复、啰嗦的现象，不一一指出。

【修改后参考例文】

赴韩参观第××届大韩民国国际纤维机械展览会邀请函

尊贵的________公司：

由韩国产业资源部支持，韩国纤维产业联合会（KOFOTI）举办的20××年第15届大韩民国国际纤维机械展览会将于今年5月11日—5月14日在韩国大邱举行。

大韩民国纤维机械展览会初次举办始于1976年，隔年举办一次。20××年第××届展会在汉城举办，展出面积达11088平方米，共有13个国家216家企业参展，合同成交额3487万美元，意向成交额71572万美元，共吸引10692名国内外买家与会，取得了圆满成功。

为增进中韩两国纺织业内市场信息的互通，增加韩国纺织机械企业对中国纺织市场投资环境的了解，促进两国纺织机械企业在技术与经贸方面的交流、合作，特邀请中国的纺织、服装及相关产业的人士赴韩参观本届展会。为了便于各企业的参与，此次参观活动由我事务处统一安排赴韩事务。贵公司如有意参观本次展会，请在规定的时间内与我处联系，获取相关材料。我们将竭力为贵公司做好组织服务工作。

报名截止时间为20××年4月20日。

联系方式：（略）

××办事处

20××年2月20日

【观展申请表中“注”的部分修改后参考例文】

注：

1. 观展单位将填妥后的《观展申请表》于4月10日前传真或送到由事务处委托的当地组织机构，并领取相关表格。

2. 观展单位需认真填写《签证发给申请表》、《第××届大韩民国国际纤维机械展览会观展单位人员签证申请表》、《个人简历》，并按要求准备申办签证的相关材料，在20××年4月20日前连同观展人员综合费一起送达当地组织机构。

3. 当地组织机构应于 4 月 25 日前统一将观展单位的所有申请材料与观展综合费送达(汇至)我处。

4. 款项到位后由我处统一开具韩国发票。

第六节　会议邀请函及参会回执

一、会议邀请函

(一) 会议邀请函的含义

会议邀请函是一种以个别发送的方式邀请特定的法人、其他组织或个人参加会议的文案。

会议邀请函与会议通知在适用范围上有明显的区别:邀请函主要用于横向性的会议活动(即与会者以平等地位参加会议,主办者同与会者之间没有隶属、管理关系的会议),发送对象是不受本机关职权所制约的单位或个人,也不属于本组织的成员,一般不具有法定的与会权利或与会义务,是否参加会议由对象自行决定。邀请有关方面或人士出席学术研讨、咨询论证、技术鉴定、贸易洽谈、新闻发布等性质的会议,用邀请函为宜。会议通知用于具有纵向关系(即主办方与参会者之间存在隶属关系或管理关系)性质的会议,或者与会者本身具有参会的法定权利和义务的会议,如会员大会、董事会议、法定性代表大会等。对于这些会议的对象来说,参加会议既是权利又是义务,因此只能发送会议通知,不能用邀请函。学术性团体举行年会或专题研讨会时,要区别成员与非成员。对于团体成员应当发会议通知,而邀请非团体成员参加则应当用邀请函。

(二) 会议邀请函主要内容

1. 会议的名称。会议的名称一定要写全称。如果名称较长,正文中第一次出现名称时必须写全称,后面用括号注明“以下简称××会议”。

2. 主办者及组织机构。联合主办的会议,要写明每个主办者的名称。必要时还可简要介绍组委会、筹委会、执委会等组织管理机构的设置情况以及协办、支持、承办单位的名称。

3. 往届会议的情况。简要而又恰到好处地介绍往届会议的情况,有助于激发、提高邀请对象的兴趣。

4. 会议的内容。包括会议的背景、目的、宗旨、主题、议题、议程、报告人及报告题目等信息。

5. 会议的形式。如座谈会、报告会、新闻发布会、电视电话会等。举办大型综合性会议,由于配套性活动较多,要分别说明每项配套性活动的形式及其内容。

6. 参加对象。参加对象的表述有以下几种情况:

(1) 邀请的对象是单位的,应写明单位名称,并在正文中写明参加会议的人员的具体条件,如职务、级别等。有的会议为了达到一定的规模,邀请函中还规定每个单位参加会议的人数。

(2) 邀请的对象是个人的，直接写个人称呼。参加对象如资格不同，应分别用“出席”、“列席”、“旁听”、“特邀”等词语来对应，不能搞错。一般对正式成员和特邀成员用“出席”一词，列席成员用“列席”一词，旁听成员用“旁听”一词。会议成员之间不作资格区分的，可以一律用“出席”。区分有困难或较敏感的，也可一律用“参加”一词。

(3) 举办洽谈会、学术报告会等广泛邀请并自由参加的会议活动，邀请对象如不确定，不写主送单位名称和个人称呼。正文可根据会议的性质、类型规定参加对象的范围和条件。

7. 会议的时间。要具体写明报到时间、会议正式开始和结束时间、会期长短。如会前还需举行预备会议，还要说明预备会议的具体时间。为方便与会者对照日期与星期，日期后面应注明星期几。

8. 会议的地点。具体写明举办地的地名、路名、门牌号码、楼号、房间号码、场馆名称。

9. 参会费用。如需向与会者收取费用，要说明收费项目的名称(如会务费、注册费、资料费、食宿费等)、数额大小以及支付方式。如果费用是由主办者和与会者共同分担的，要写明分担的项目名称和各自分担的数额。

10. 报名的方式和截止日期。会议活动如需要履行报名手续，应说明应提交哪些文件、材料，报名的时间、地点。

11. 其他事项。如学术性会议的论文撰写和提交的要求，国际性会议所使用的工作语言，会议期间观光旅游活动的安排，以及组织者认为必须说明的其他事项。

12. 联络方式。包括主办单位或组织机构的地址、邮编、银行账号、电话和传真号码、网址、联系人姓名等等。

以上内容要素可根据会议的实际情况做适当的增减。

(三) 会议邀请函的结构与写法

会议邀请函的结构由标题、称谓、正文、附件名称、署名和发文日期组成。

1. 标题。由会议名称和“邀请函(书)”组成，如《亚太城市信息化高级论坛邀请函》。“邀请函”是完整的文种名称，与公文中的“函”是两种不同的文种，因此不宜将“邀请函”拆开，写成《关于邀请出席××会议的函》。

2. 称谓。邀请函一般都是发给特定对象的，因此一定要写称谓。邀请单位的，写单位名称；邀请个人的，写个人姓名，并冠以敬辞。

3. 正文。邀请函的开头一般先用一段文字简要介绍会议信息，再用“现将有关事项告知(敬告)如下”作为过渡，引出主体部分。主体部分可采用序号加小标题的形式逐项表述具体内容。由于邀请函总是针对特定对象的，因此必须在正文适当的地方用“诚邀您(贵单位)出席大会”一类的话点明写作的目的。

4. 附件名称。略写法版本应当注明附件的序号和名称，详写法版本视情况确定是否需要附件。

5. 署名。一般写主办单位或组委会的名称，有时也可由组委会的最高领导亲自署名，以表诚意。

6. 发文日期。

二、参会回执

(一) 参会回执的含义

参会回执又称参会报名表、会议注册申请表，是参会单位或个人向主办单位或向组委会提出参会请求的文件。与观展的对象往往不确定这一特点不同的是，会议活动的参加对象一般都要事先确定。参会回执、报名表具有预计参加人数、收集与会者信息、提供确定资格的依据以便于做好接待准备的作用，应当予以重视。

参会回执、报名表和申请表都具有收集或反馈通知和邀请对象信息的作用，而且都作为附件同会议通知、邀请函等一起发出，但使用文种名称时要根据文种的特点选用，不能混淆：回执不仅可以反馈通知和邀请对象的信息，同时还具有确认对方收到通知的作用；报名表和申请表的致发对象事先往往是不确定的，需要履行报名的手续才能确定；如果通知的对象本来就具有与会资格，就只能发回执，不能发报名表和申请表。比如，举行董事会议，秘书向董事们发会议通知的同时，可以要求对方填写回执并寄回，但决不能用报名表和申请表代替回执。代表大会亦如。但如果举行招商投资说明会或各种洽谈会，受邀对象可以自由决定参加与否，这种情况既可以附寄回执，也可以附寄报名表或申请表。

(二) 参会回执的主要内容

1. 参会对象的基本情况。以个人名义参加会议的，填写个人姓名、性别、年龄、服务单位、所任职务、职称、民族，必要时可要求随寄个人简历。以单位名义参会的，必须写清单位的法定名称、参加人员名单(包括参加人员的基本情况)。

2. 抵离情况。需要接机、接站的，可要求填写抵达的时间和交通工具。需要预订回程票的，应写明预订回程票的具体要求。

3. 论文选题。学术性会议可要求填写论文或研究报告的题目，以便会议学术机构掌握。

4. 联系方式。要求填写参会对象的联系地址、邮编、电话、传真、手机、电子邮箱等信息。

5. 其他事项。如参会费用的缴付方式、参会的项目选择、住宿和观光要求等。

(三) 参会回执的结构与写法

参会回执、报名表和申请表的格式与写法与上述观展回执一致，不再赘述。

实例评析

20××生物技术及医药国际研讨会邀请函

尊敬的________先生(女士)：

为及时了解国际生物科技领域的最新成果，推动我国生物医药技术的发展，中国科学院生物研究所与《生物学研究》社、《中国医学杂志》社决定联合举办20××生物技术及医药国际研讨会，特邀请您的出席。现将有关事项告知如下：

一、会议宗旨

建立年度国际级生物技术前瞻研讨会平台，跟踪国际生物技术发展前沿，加强国际交流，促进中国生物技术产业化发展。

二、主要议题

1. DNA结构和生物学的革命

2. 进化与发育生物学的演变过程

3. 中国生物学研究的现状和展望

4. 生物医药学研究的现状

5. 生物技术发展的趋势

6. 生命科学研究的创新和实践

7. 中国生物技术产业的挑战

三、会议时间

20××年10月14日—16日，会期3天。

四、会议地点

上海市××路××号××宾馆。

五、有关事项

1. 与会者须提交论文。会议学术委员会将通过评审确定大会交流的论文。

2. 与会者的交通费、食宿费一律自理，另交会务费××××元人民币。

3. 论文和"报名表"务必于20××年9月20日前邮寄、传真或用电子邮件发送到会议秘书处。

联系人：×××

联系地址：×××××××××××××××

邮　　编：××××××

电　　话：××××××××

传　　真：××××××××

电子邮箱：××××××

附件：1. 20××生物技术及医药国际研讨会学术委员会名单

2. 20××生物技术及医药国际研讨会日程安排

20××生物技术及医药国际研讨会秘书处

××年5月12日

20××生物技术及医药国际研讨会报名表

姓名		性别		年龄	
民族		职务		职称	
工作单位				联系电话	
通讯地址				邮政编码	
回程票预定	（请写明回程票的时间、班次、到站和具体要求）				
备注					

签名：

填表日期：　　年　　月　　日

【评析】

上述会议邀请函和报名表内容全面、清楚,格式完整、规范,语言准确、平实、简洁、明了,没有当下会议邀请函写作盛行的那种噱头和夸张。

第七节 会展合同

一、会展合同的含义和特点

(一) 会展合同的含义

会展合同是会展活动过程中当事人设立、变更、终止权利义务关系的协议,亦称会展协议书。

(二) 会展合同的特点

1. 订立和履行会展合同是一种民事法律行为。合同是一种以设立、变更、终止财产权利义务关系为目的的民事法律行为。这种民事法律行为表现在两个方面:一是指依法成立的会展合同受法律保护;二是指会展合同的不履行或者不适当履行会引起相应的法律后果。

2. 会展合同代表当事人之间平等的民事关系。所谓平等,首先是指合同双方当事人的法律地位是平等的。在会展合同关系中,当事人之间不论是法人还是自然人,也不论法人组织的所有制性质如何、级别高低、财产多寡,都享有平等的民事权利,都可以成为平等的合同权利人和义务人。其次是指合同双方的权利和义务具有对应性。除赞助合同等少量的单务合同外,会展合同当事人之间既有权利,又有义务,甲方的权利,往往就是乙方的义务,而乙方的权利往往就是甲方的义务,双方通过履行各自的义务而使相对方的权利得以实现。

3. 会展合同是当事人之间在平等的基础上自由协商达成的合意。会展合同不仅体现了当事人之间的平等的民事关系,而且还是一种平等基础上自由协商达成的合意,即双方意愿的一致性。在订立会展合同过程中,任何一方不得将自己的意志强加于另一方,其他任何组织或个人也不得横加干涉,以真正实现双方意愿的一致性。

二、会展合同的一般内容及表述

根据我国《合同法》的规定,任何合同都必须载明下列内容:

(一) 当事人的名称或者姓名和住所

当事人是法人或者其他组织的,写明登记注册的法定称谓。当事人是自然人的,写身份证或户籍登记中的现用名。法人和其他组织的住所以主要办事机构所在地为准。自然人的住所以户籍所在地的居住地为准,如经常居住地与户籍所在地不一致时,以经常居住地为准。

(二) 标的

标的是指合同当事人权利和义务共同指向的对象,包括物、货币、行为、智力成果等。会展合同中的标的包括承建的场馆工程、共同举办的会展活动、发布的广告、设计或搭建的展台、代理招商的项目等。合同的标的一定要写全称，需要缩写或简称时，必须先写明全称，再注明缩写或简称。标的名称写作不当，合同执行时容易发生误解或者纠纷。标的也可以在开头部分交代清楚。

(三) 数量

数量是以数字和质量单位衡量标的的尺度。数量的规定要具体，量词使用要准确。

(四) 质量

质量是标的内在素质和外观形态的综合体现，如展品的品种、型号、规格，会展服务项目的标准等。质量条款写作必须符合国家规定和标准化的要求，做到明确、详细，可作为检验的依据。此外，还必须注明质量的检验方法。

(五) 价款或报酬

价款或报酬是指当事人一方向交付标的的另一方支付的货币，表述时要写明币种和数量。用汉语表述金额(特别是总金额)时，数字应当大写。

(六) 履行期限、地点和方式

履行期限是指当事人依照合同规定全面完成合同义务的时间界限，也是确定合同是否按时履行的标准。合同的履行期限因合同的种类不同而不同。履行期限可以规定为即时履行、定时履行，也可以规定为一定期限内履行。期限必须具体规定，如按年、季、月、周、天履行或按具体日期履行。履行期限的表述必须明确无误，比如"全部筹备工作必须在 10 月份完成"一句，尽管有"10 月份"的具体月份，但 10 月份有 31 天，未说明确究竟要求在哪一天完成，留下了争议的隐患。又如，要求在 1 个月内履行完毕，要考虑每个月的天数不同这一因素；要求若干天内履行完毕，要说明是工作日还是自然天数。

履行地点是当事人按合同规定履行义务的地方，一般根据合同标的性质和各方当事人约定来确定。履行地点是确定验收、运输费用以及风险由哪方承担的依据，也是确定诉讼管辖的依据之一。

履行方式是指当事人完成合同义务的方法。如货物运输合同就必须确定是铁路运输、公路运输，还是水运、空运。又如价款或报酬是一次性支付还是分期支付，是以现金方式还是以银行方式结算等等。

(七) 违约责任

违约责任是指合同当事人拒绝履行或不适当履行或不完全履行合同规定的义务，依照法律规定或合同的约定应当承担的法律责任。制定违约责任条款的目的是促使当事人履行义务，使守约方免受或减少损失。违约责任本质上是法律责任，一般可依据法律、法规的规定确定，也可由当事人依法商定，在合同中写明。当事人承担违约责任的方式，主要有支付违约金、赔偿金以及继续履行三种。违约责任条款是全面履行合同义务的法律保障，也是处理合同纠纷的重要依据。

(八) 解决争议的方法

解决争议的方法是指合同当事人之间在合同的履行过程中发生了争议的情况下，如何解决争议的办法。我国目前解决合同争议有四种方法：一是当事人自行协商解决；

二是请出有关部门组织调解；三是请求仲裁机关仲裁；四是向人民法院提起诉讼。我国实行“或裁或审”的制度。合同的当事人如选择仲裁方式解决争议，必须在合同中明确写明仲裁的条款，或者事后达成仲裁协议。选择仲裁方式解决合同争议，不得再向人民法院起诉。

三、几种常用的会展合同

（一）合作举办合同

这是合作举办会展的单位共同签订的明确相互权利义务关系的合同。根据我国的规定，共同举办商业性会展，必须向审批部门提交各方共同签署的协议书。除合同的一般内容外，合作举办合同要写明会展活动的名称、主题、会期或展期、地点（场馆）、规模（与会人数或展览面积和展位数）、会议议题或展品范围、活动形式、收费标准、盈利分配、各方的分工和责任等内容。

（二）会展赞助合同

即会展的主办方和赞助方就提供赞助的事项所签订的合同。除合同的一般内容外，会展赞助合同要写明赞助标的（货币、物资等）的名称、规格、数量，以及赞助期限、交接方式、使用要求等内容。

（三）场馆租赁合同

这是会展的举办方与提供场馆的企业就场馆租用事宜共同签订的合同。除合同的一般内容外，场馆租赁合同还要写明租赁场馆的名称、面积、用途，展览布展进场、展期和撤展的时间，租用方使用的场地空间，租金，会展举办期间场馆设施的运作（空调、照明等），会展运作的程序步骤，工作人员规章，建筑物损坏赔偿等内容。

（四）参展合同

即参展单位与主办单位或招展代理方签订的合同。除合同的一般内容外，参展合同要写明展览的时间和地点，展位的编号、价格、数量和配套设施，布展和撤展的要求，日程安排、展位的使用要求，退展的办法，展品、证件和人员管理规定，其他要求参展方必须知悉和遵守的事项等内容。

（五）展品运输合同

这是会展公司为参展单位提供展品运输服务时与参展单位签订的合同。除合同的一般内容外，还要写明展品的名称、性质、重量、数量、包装尺寸，接货的时间和地点，收货的时间和地点，收货人的名称或者姓名，运输的方式，保险，运抵后的摆放要求等专项条款。

（六）展位搭建合同

这是参展单位为委托搭建和布置展台，与承揽搭建布展的一方签订的合同。除合同的一般内容外，展位搭建布展合同还要写明搭建布展的内容、数量、质量和效果，搭建布展效果图和施工图以及材料的提供，开工和完工的期限，搭建布展必须遵守的规定，验收标准和方法，是否要求负责撤展等专项条款。

（七）会展培训合同

这是会展公司为培训员工或者是参展单位为培训展台工作人员，与委托培训的机构之间签订的合同。除合同的一般内容外，还要写明培训的内容、对象、时间（包括培训课时）、地点、师资、教材、器材、收费标准、证书等内容。

（八）会展服务合同

会展服务合同是会展的主办或承办方与参展单位或与会者之间签订的提供有关会展服务的合同。除合同的一般内容外，会展服务合同应写明服务的项目名称、数量、时间、地点、价格，服务的内容和标准，对服务人员要求等内容。

（九）会展广告发布合同

会展广告发布合同有两种：一是主办方为在媒体上发布宣传会展的广告而与广告公司达成的协议；二是主办方与会展广告赞助商就在场馆内、会刊、网络等载体上发布广告事宜所共同达成的协议。会展广告发布合同除合同的一般内容外，还要写明广告发布的内容、时间、载体、价格，广告样稿、样带的提供，审查和修改权限等内容。

（十）会展买卖合同

会展买卖合同一是指主办或承办方为购买商品与供货方达成的协议，二是指在会展活动中参展商与客商通过洽谈签订的成交协议。会展买卖合同除合同的一般内容外，还应当写明买卖商品的名称、品质、数量、包装、交付时间和地点、运输方式、检验标准和方法等内容。

（十一）会展代理合同

会展代理合同是会展主办方委托代理商招展、招商、招客、招标，与代理商之间签订的协议。除合同的一般内容外，会展代理合同还要写明代理的形式、代理商的权利与责任、代理佣金等内容。

四、会展合同的写作格式

（一）会展合同的制定方式

会展合同按制定方式分为格式合同和非格式合同两种。

1. 格式合同。格式合同是指以格式条款为主的合同，又称标准合同。格式条款是一方当事人为了重复使用而预先拟定，并在订立合同时未与对方协商的条款。合同的另一方必须全部接受，否则就不能订立。如参展合同的条款就是由主办方预先拟定，订立时并未与参展方协商，因此参展合同属于格式合同。根据合同法规定，采用格式条款订立合同的，提供格式条款的一方应当遵循公平原则确定当事人之间的权利和义务，并采取合理的方式提请对方注意免除或者限制其责任的条款，按照对方的要求，对该条款予以说明。对格式条款的理解发生争议的，应当按照通常理解予以解释。对格式条款有两种以上解释的，应当作出不利于提供格式条款一方的解释。格式合同一般由会展合同的一方统一印制，或者由行政管理部门统一发布、监制，内容中也可包含部分非格式的条款。

2. 非格式合同。即以非格式条款为主的合同。非格式条款是指双方当事人经充分协商达成一致意见后形成的条款。非格式条款和格式条款不一致的，应当采用非格式的条款。

(二) 会展合同的结构体例

会展合同常用的结构体例有以下几种：

1. 章条式。即分章设条安排合同的结构层次和逻辑关系。由于章条式结构体例便于在产生法律纠纷后引用、查找、解释，因此，制作合同应当首选章条式结构体例，具体方法见第二章第七节《会展规章》。内容简单的合同或协议书，可不分章，直接设条，连续编码。条款较为复杂的，可以分章设条。在具体安排上，开头部分通常为第一章或第一条，名称一般为总则，也可以称为“目的和依据”。如果开头部分以前言的名称出现，则可独立于章条之外，从主体部分开始编排章条。结尾部分一般称为附则。

2. 序号式。即采用数字序号安排合同的结构层次和逻辑关系。这种结构体例虽然使用较广泛，但使用的序号不统一，对应的结构层次不明确，随意性太大，因此不利于引用、查找和解释。

(三) 会展合同的结构组成要素及其表述方法

1. 标题。

会展合同的标题有以下几种写法：

(1) 由合同性质(内容)＋“合同”(或协议书)构成，如《参展合同》、《员工培训协议书》。

(2) 由双方名称＋合同事项＋协议书组成如：

××大学与《第一会展》杂志社关于合作举办
“会展教育与会展人才战略”学术研讨会的协议书

以上标题也可省略双方名称。

2. 当事人的名称或者姓名和住所。

合同当事人的名称或者姓名应当列于标题下方。为便于下文表述，可以用括号说明当事人的简称。简称一般为“甲方”和“乙方”，也可以是“主办方”、“参展方”，“供方”、“需方”等。如：

立合同人：上海××会展中心有限公司(以下简称甲方)
《第一会展》杂志社(以下简称乙方)

简称也可以写在双方名称之前，如：

立合同人：
甲方：上海××会展中心有限公司
乙方：北京××会展中心有限公司

当事人的住所以及账号、通讯联系方式可写在各自的名称或姓名下方，也可以写在合同末尾签署的下方。

3. 正文。

(1) 开头。一般写明签订合同的目的、双方自愿订立等内容。有的合同还可以写明法律依据等。开头部分可以以一段独立的文字出现,也可标明"前言"或"总则",采用章条式结构体例的,可作为第一条。

(2) 主体。一般采用章条式(内容简单的不设章,以条为第一级层次,下设款、项、目)或序号式结构体例具体表述合同的各项内容。主体部分是会展合同的核心,写作时必须做到全面周到、条理清楚、语言严谨、标点规范。

(3) 结尾。写明会展合同的书写文字及其效力(用于涉外合同)、合同生效的条件、有效期限、正本与副本的数量及保存方式等。

4. 附件。会展合同如有附件,应在正文下方标注附件的名称和序号。

5. 签署、盖章。合同和协议书应当由法人代表或自然人亲自签字。法人代表或自然人因故不能亲自签字的,可以委托其他人签字,但必须向对方提交由法人代表或自然人亲自签字的委托书。签署的位置在附件的下方,双方可以横向并排签署,也可纵向上下签署。签署的内容包括双方名称(也可写简称"甲方"、"乙方")、签字人身份(一般写"代表人")和本人亲自签字三项,缺一不可。

签字各方都要盖章。盖章的位置一种是盖在各自名称上,另一种是指定盖章的区域。

6. 法定住所及通讯方式。如标题下方未写明当事人的法定住所,则签署之后必须写明。同时还要写明签字各方的通讯方式,如有必要还要写明银行账号。

7. 签署日期和地点。签署日期往往是合同生效的日期,因此必须各方认同。举行签字仪式的填写签字日期;双方在不同日期分别签字的,以最后一方签字日期为准。如果合同中各方都填写日期,并且日期不同的,以最后的日期为生效日期,合同中对生效日期有专门规定的除外。

签署地点一般写城市的名称,也可以写具体场馆的名称。

实例评析

【会展合同写作实例 1】

会议承办服务合同

立合同人:

上海宏丽达股份有限公司(以下简称甲方)

上海××会议中心有限公司(以下简称乙方)

第一条　甲方举办"20××年度全球销售工作会议"(以下简称会议),现委托乙方提供会议承办服务,依据中华人民共和国合同法有关规定,经双方协商一致,签订本合同。

第二条　会议时间定于20××年12月22日至25日,会期共4天。会期如有变动,甲方应当提前10天告知乙方。

第三条　会议地点为上海××会议中心。

第四条　会议人数50人左右。

第五条　乙方为会议提供的服务项目、内容和价目：(见附件1)

第六条　会议日程表：(见附件2)

第七条　甲方义务：

(一) 甲方自本合同签字之日起将第五条所载的会议服务项目交予乙方承办，不得再交予第三方。

(二) 甲方应于20××年12月18日下午5时之前将参会人员的数量、身份、订房标准、订餐要求、会议室要求及其他事宜以书面形式通知乙方。

(三) 甲方如有新的服务要求，至少提前5个工作日通知乙方，以便乙方安排工作。

(四) 甲方发给与会人员住宿申请的回执要注明乙方的公司全称、地址、联系电话及E-mail。

(五) 甲方负责将房间预订情况通知到每一位与会人员。

第八条　乙方义务：

(一) 乙方针对甲方的上述报价，双方签字后不得改动。

(二) 乙方在接到甲方具体要求后的5个工作日内，将会议服务的项目、安排、进度及落实情况向甲方通报并接受甲方监督。

(三) 乙方对甲方新提出服务项目的报价应低于市场价且保证其服务质量。

(四) 乙方必须在会议召开前2天，完成此次会议的所有准备工作，并通知甲方进行检查验收。

(五) 乙方严格遵守第六条所确认的会议日程，并按期完成提供相关服务的准备工作。

第九条　结算方式及期限：

(一) 甲方于合同签订之日起5个工作日内，将附件1中所列服务费预算的50%，即人民币×××××元付给乙方作为会议预付款，乙方为甲方开具相应的收据。会议结束后5个工作日内，甲方根据双方所确认的费用清单将余款结清，乙方为甲方开具相应的发票。

(二) 如甲方与会人员自行通过第三渠道向乙方订房(如旅行社、公司或其他预订网络等)，乙方没有向甲方返回订房差价的义务。

第十条　违约责任：

(一) 甲方若要变更、取消本合同确认的服务项目，或因其他紧急情况造成乙方服务项目的重大变更或终止，必须提前2周以书面形式通知乙方。

(二) 甲方如取消会议，按下列情况处理：

1. 在距会议30天(即20××年11月22日)以前，含22日，甲方取消会议，乙方归还预付款，不收任何费用。

2. 在会议举行前29—5天(即20××年11月21日至12月16日)之间，甲方取消会议，乙方将收取预付款的20%作为违约金。

3. 在会议前5天(即20××年12月17日至12月21日)，甲方取消会议，乙方将收取预付款的50%作为违约金。

(三) 乙方如未能按合同确定的要求及时落实服务内容，影响会议日程，应积极给予补救，并承担因此造成的额外支出。

(四) 若遇不可抗力因素终止会议，则双方另行商议。

第十一条　本合同所有附件是本合同的组成部分，与本合同具有同等法律效力。

第十二条　本合同未尽事宜，由双方协商解决。

第十三条　本合同一份两份，双方各执一份，自签字盖章之日起生效。

附件：1. 会议服务项目、内容和价目表
　　　2. 会议日程表

甲　方：上海宏丽达股份有限公司
代表人：×××
地　址：××××××××××
电　话：×××××××××

乙　方：上海××会议中心有限公司
代表人：×××
地　址：×××××××××××
电　话：×××××××××

签字日期：20××年10月20日

【会展合同写作实例2】

××××展览会参展合同

立合同双方：

名　称：________（以下简称参展商）
地　址：________
邮　编：________
联系人：________　职　务：________
Email：________
电　话：________　传　真：________

名　称：××××展览会组委会（以下简称组委会）
地　址：________
邮　编：________
联系人：________　职　务：________
Email：________
电　话：________　传　真：________

参展商申请参加××××展览会，组委会经审核，确认参展商的参展资格。双方自愿签订本合同并遵守本合同所有条款。

第一条　展品

参展商参展商品为：________

第二条　展位费及展位数量

光　地：________元人民币/平方米×________平方米＝________元人民币。

标准展位（3米×3米）：________元人民币/间×________间＝______元人民币。

网上展会：________元人民币/三个月，________元人民币/半年，________元人民币/一年。

广　告：共计________元人民币，包括________________________。

总计费用为____________________元人民币（大写）。

第三条　参展商免费获赠项目

展览会会刊免费登载参展商名录和相关信息，并免费赠送会刊一本。

参展商免费可在大会指定网站上发布自己的供求信息，浏览其他会员的详细信息和供求状况。

第四条　付款办法

参展商自签署本合同之日起10个工作日内支付全部展位费用，否则本合同即行失效。组委会将把本合同所指展位另行处理。

款项请汇至：

收款单位：__________________

开户银行：__________________

账　　号：__________________

联系电话：__________________

传　　真：__________________

第五条　展位的分配

组委会拥有结合参展商的要求统筹分配展位和根据展会的需要改变展位分配的决定权。

参展商在付清所有展位费用之前，不得参展；在合同规定期限内未付费用视为自动退出。

第六条　退展与中途撤展

本合同签订后，因特殊原因不能参展的单位，可提出退展申请，经组委会确认后在规定时间内办理退展手续。在×月×日之前退展，组委会收取展位费的××%作为补偿，余款退回。在×月×日之后退展的，不退展位费。

展览会期间，参展商不得以任何理由中途撤展，否则组委会有权向参展商收取罚金1000元人民币。

第七条　展品运输

参展商自行安排展览会之前、期间和之后的展品运输和仓储，所有费用由参展商负责。

参展商应该在组委会规定时间内从展览地点撤出其展品和装饰。否则，因此而引起的损失，由参展商向组委会作出赔偿。

第八条　展览会变更

组委会保留因外部因素改变展览会日期和地点的权力。日期和地点改变应在开展一个月前通知参展商，协议仍然有效。

第九条　展览会失败

如果因不可抗力使展览地点受到严重破坏,或者展览准备工作受到严重阻碍,组委会将取消或推迟展览,并向所有参展商做出解释,参展费用酌情偿还给参展商。

第十条　安全

组委会将在展览会举办期间采取必要的全面安全措施,但是组委会对于展览会之前、期间和之后展品或其他财产的丢失或损坏以及个人伤害不负任何责任。参展商如有贵重物品需要通宵存储应自行投保或聘请特别保安服务,一切费用由参展商负责。如需协助可与组委会联络。

在展会进行期间,如无特殊情况,展品一概不得带出会场。参展商正式离场时需向保安人员出示经组委会签发的出门条并经检查后方可携带展品离开。

为保证展品安全,展览会每日闭馆时,各展位人员需等保安人员清场到本展位时方可离开。

第十一条　防火和其他规则

所有展品、资料和附件都必须采取正常的防火措施并符合防火规则和建筑条例。

参展商的展示品不得阻碍其他参展商的视线或引起其他参展商不满,不得有损整个展览会的利益。组委会有权纠正甚至制止参展商不正当的展示行为。

第十二条　场馆规则和财产保护

参展商必须遵守展览场馆的一切规章制度,并采取措施使得展览地点和展馆财产不受损坏。如果展地或展馆财产受到损害,参展商必须向组委会及展馆做出赔偿。

第十三条　展位使用及宣传品

参展商不得将展位转租他人。

参展商只可在所租展位范围内派发产品目录等宣传品,不得在场馆内的公共区域派发宣传品或纪念品。未经组委会允许,不得随意悬挂或张贴广告。

第十四条　附加条款

组委会保留颁布附加条款的权力,以充实本协议,保证展览有序的管理。所有附加条款将均是本协议的一部分。

第十五条　解释权

组委会拥有本合同的解释权。

第十六条　文本

本合同正本一式两份,甲乙双方各执一份。

参展商代表签章:________　组委会代表签章:________

签字日期:____年____月____日　签字日期:____年____月____日

【评析】

以上两份会展合同,前一份会议服务合同的具体条款由双方当事人协商后达成,属于非格式合同;后一份参展合同的条款则由一方当事人(主办方)事先制定,属于格式合同。两份合同在写作上具有以下共同特点:

一、内容要素齐备

订立合同，是对双方权利和义务的约定，因此内容要素的齐备至关重要，任何缺失都会给合同的履行造成困难，甚至会产生法律纠纷。上述两份合同不仅包括了标的、数量、质量、价款和报酬、履行方式和期限、违约责任等一般合同基本内容，而且还对会议和展览这两种不同的服务产品的特殊条款作了详细的规定，明确了双方的权利和义务，从而能够确保合同得到全面有效地履行。

二、结构体例规范

合同是一种需要经常查阅、引用的文件，因此在格式上必须采用标志性结构体例。标志性结构体例有多种表述形式，但相比之下，章条式（或条款式）结构体例在便于查阅和引用方面优势突出。以上两份合同的格式全部采用条款式结构体例，以条作为基本的结构单位和编排结构层次的基本线索，条下面设款，款下面再分项，结构层次非常清楚，顺序编排十分合理，查阅引用尤为方便。

三、语言表述严谨

合同语言是合同具体条款的表达工具。语言严谨，才能准确表达合同双方的真实意思，才能避免因一词多义或者词义不清造成的矛盾和纠纷。上述两份合同的作者非常重视语言表述的严谨性，遣词造句避免歧义，如在履行的时间要求上，用了“工作日”的概念，以区别于“自然日”；又如“展览会期间，参展商不得以任何理由中途撤展，否则组委会有权向参展商收取罚金1000元人民币。”一句分别说明了的这一款适用的期限（展览会期间）、适用对象（参展商）、规定事项（不得以任何理由中途撤展）、惩罚措施（收取罚金1000元人民币），清楚明确，针对性强。

实例评改

合　　同

上海斯伯特生物技术有限公司（以下简称甲方）和上海中兴展览有限公司（以下简称乙方）经协商，订立以下合同。

一、甲方定于20××年6月20日参加20××上海国际科教仪器博览会的展台，由乙方全面负责。

二、全部费用9万元。订立合同后先交5万元，其余在闭展后抓紧归还。

三、工期必须在3天内（20××年6月17日—19日）完成，不得拖延。

四、由乙方全面负责提供搭建材料、设计施工图纸由甲方负责制定标准。

五、生物技术公司未能按时付款，按每天0.5%的比例支付违约金，展览公司也应当赔偿拖延搭建工程的经济损失。

六、未尽事项法律有规定的按法律办理，法律没有规定的，双方协商解决。

七、本合同一式二份，双方各执一份。

甲方：上海斯伯特生物技术有限公司（章）

代表:×××

地址:(略)

乙方:上海中兴展览有限公司(章)

代表:×××

地址:(略)

20××年4月1日

【评改】

该会展合同问题较多:

一、标题过于简单

合同的标题应当写明合同的性质或内容,以便于将来按性质分类管理和归档。从内容上来看,这是一份布展搭建合同,因此应在标题中写明“布展”或“展位搭建”的内容。

二、双方的法定名称应当列于标题之下

合同是一种法律文书,是当事人之间法律关系的书面表达。为有助于有关各方了解这种法律关系,当事人名称应当醒目地列于标题之下。这种格式也是许多法律文书(如起诉书、辩护书、判决书)写作的共同特点。因此该合同应当将立合同双方的名称从正文的开头部分中提取出来,写在标题之下显著的位置。

三、简称应当一以贯之

既然双方的简称在双方名称第一次出现时便已注明“甲方”、“乙方”,下文中凡需要写双方名称的地方,就应当一律用此简称。然该合同的第五条却出现了“生物技术公司”和“展览公司”的不规范简称,这是必须纠正的。

四、标的、数量和质量的表述不明确

乙方所“全面负责”的展台项目,具体任务是什么?是仅负责展台搭建,还是必须同时承担设计、搭建任务?如负责展台搭建,是仅出人工,还是既出人工、又出材料?语焉不详。至于需要搭建的展台属于什么规格,多少面积,质量和要求如何,都没有作明确交代。

五、“全部费用”的意思不清楚

“全部费用9万元”,仅仅是指展台搭建的人工费用,还是包括了人工费和材料费两项?由于未作说明,容易在履行合同时产生纠纷。

六、金额的表述不规范

任何合同在表示价款或报酬时都应当写明币种,同时使用大写的数字,这样才能有效避免使用阿拉伯数字时因字迹模糊而出现的辨认障碍。该合同两处涉及金额的表述均未写明币种,也未使用大写数字,显得很不规范。

七、付款期限含混不清

付款期限条款是合同的一方当事人履行合同义务的依据,表述要具体、明确,不应当使用“订立合同后先交5万元”和“在闭展后抓紧归还”一类的模糊词语。这两句可改为“甲方必须在订立合同后2个工作日内交付5万元人民币”和“闭展后5个工作日之内支付其余4万元人民币”。

八、缺少对支付方式的规定

支付方式是合同履行方式条款的重要内容,合同中应当明确规定。该合同仅规定分期付款，但未说明是现金支付还是银行支付。如果是银行支付，也应当说明采用哪种支付形式。

九、对违约责任的规定有漏洞

既然甲方是分两期向乙方支付费用，那么甲方如果拖延支付时间，违约金的计算基数就应该对应当期应付款。这点不写清楚，也会造成理解上的差异，容易导致纠纷。

十、语病较多

1. 第一条“甲方定于20××年6月20日参加20××上海国际科教仪器博览会的展台，由乙方全面负责。”一句，前半句属于结构杂糅，是由“甲方定于20××年6月20日参加20××上海国际科教仪器博览会”和“甲方在20××上海国际科教仪器博览会上的展台”两句话混杂而成。其次，“展台”和“负责”搭配不当。这句话可改成“甲方定于20××年6月20日参加20××上海国际科教仪器博览会，现委托乙方搭建展台。”

2. 第四条“由乙方全面负责提供搭建材料、设计施工图纸由甲方负责制定标准。”一句，由于中间用了顿号，使得提供设计图纸的责任出现歧义。如果规定设计图纸由乙方提供，应在第一条中就明确写明乙方的任务包括展台设计和提供设计施工图纸，第四条便不再重提设计施工图纸问题，仅需规定搭建所用材料由乙方提供和标准由甲方制定；如果规定设计施工图纸由甲方提供，则其中的顿号应改为逗号，后半句改为“甲方负责制定搭建标准并提供设计施工图纸”。

3. 第五条是一个复句，前后两个分句是并列关系，因此中间的逗号应当改用分号。

第八节　会展意向书

一、会展意向书的含义、特点和作用

(一) 会展意向书的含义

会展意向书是合作双方就会展合作项目的具体事宜所达成一致意见的意向性协议。会展意向书不具备法律效力，但却常常是签订重要会展合同的第一步。在涉外会展合作项目、会展场馆建设项目审批程序中，意向书是申报有关部门审批的必备文件。

(二) 会展意向书的特点

1. 预约性。会展意向书的签订，表明双方对某个会展项目的合作建立了一种预先约定的关系，在该项目的合作上，各方具有优先权，为下一步的合作奠定了基础。

2. 非约束性。会展意向书虽然具有预约性，但仅仅表达各方当事人的合作意向，不具有法定约束力，也不受法律保护，这一点与会展合同和协议书形成明显对照。

3. 内容的灵活性。会展合同和协议书必须按合同法的规定具备各项基本条款，语

言表述必须非常严谨；而会展意向书的内容表达则十分灵活，可多可少、可详可略，语言表述也有较大的弹性，对一些尚未确定的事项可使用一些比较模糊的语言，以便给双方留下进一步协商的余地。订立后的意向书可以随时修改。

4. 语气的协商性。会展意向书多用商量的语气，不带任何强制性，一般不使用“应当”、“必须”等刚性词语，有时还用假设、询问的语气。

二、会展意向书的结构和写法

(一) 标题

会展意向书的标题一般要写明双方合作意向的主题或项目名称，如“联合办展意向书”。文种必须写“意向书”，不能写成“协议书”。

(二) 双方当事人名称或姓名、法定住所

意向书双方当事人名称或姓名、法定住所的写法与合同一样。内容较多的意向书也可用“甲方”、“乙方”作双方的简称。有时还可写明营业批准机关名称、批准时间、营业执照编号等。

(三) 开头

一般要说明订立意向书的目的、依据，并用“达成如下合作意向”过渡到下文。标题下没写双方当事人名称或姓名的，必须在开头部分写明双方名称或姓名。

(四) 主体

一般应写明合作项目的性质、内容、规模、实施的时间和地点、双方的权利和义务、具体分工、财务安排、价格等。会展意向书的内容一般是粗线条的，主体部分的每一部分用序号列出合作内容即可。

(五) 结尾

意向书的结尾写作较为灵活，比如说明本意向书不属于正式合同、双方保留进一步磋商的权利、以正式合同或协议书为准等意思。有的意向书也可以不写结尾。

(六) 签署、盖章

意向书也要由双方签署，也可盖双方的公章。

(七) 签署日期

写明双方实际签字的日期。

实例评析

合作举办20××上海国际××技术展览会意向书

甲方：上海××会展中心有限公司

乙方：上海××展览有限公司

甲方和乙方经友好协商，就合作举办20××上海国际××技术展览会达成以下初步意向：

一、展览名称

20××上海国际××技术展览会

二、展览目的

当今世界××技术飞速发展，各种先进技术用于患者的产品层出不穷。本届展览会的目的就是将目前世界上最先进的××技术和器材介绍到国内来，以促进我国与国际上在××技术领域的交流与合作，进一步提高我国的××技术水平。

三、展览时间和地点

时间：20××年9月8日至10日。

地点：上海××会展中心。

四、主办单位和分工

上海××会展中心有限公司与上海××展览有限公司联合举办。双方分工如下：

上海××会展中心有限公司负责：提供展览场地，设计和搭建展台，安排开幕式和招待酒会，展场管理，印刷招展书、会刊、招展广告。

上海××展览有限公司负责：展览会报批，国内外招展，联系支持单位，联系国内外招展代理人，与海关、公安、消防方面协调，邀请有关领导出席。

五、盈利分成

展览会盈利初步商定按下列比例分配：上海××会展中心有限公司55%，上海××展览有限公司45%。

六、其他具体事宜双方本着友好协商、长期合作的精神，派员另行磋商

甲方董事长：××× 乙方董事长：×××

20××年2月10日

【评析】

这份合作办展意向书，虽不属于正式合同，但作者还是采用了合同写作的基本格式，标题、当事人名称、正文、签署、日期，结构要素完整。由于是双方董事长出面会谈，达成合作意向，该意向书在内容表述上做到了详略得当，该明确的十分明确，如展会名称、展览目的、双方分工、盈利分成比例等涉及重要问题和重大关系的条款，写得非常明确，毫不含糊；有的内容则以“另行磋商”一笔带过，留待日后派其他人员具体协商，不失为一份较有特色的会展意向书。

第五章

会展宣传公关礼仪文案写作

章前导语

本章围绕会展宣传、公关、礼仪工作,重点介绍了会展消息、会展新闻发布稿、会展简报、开幕词、闭幕词、欢迎词、欢送词、祝酒词、邀请函、请柬、聘书、感谢信和贺信等文案的含义、特点,重要内容以及结构与写法。

第一节 会 展 消 息

一、会展消息的含义和特点

(一) 会展消息的含义

会展消息又称会展新闻报道，是用简洁明快的文字迅速及时反映新近发生的会展事件的一种新闻文体。会展消息一般由媒体记者采写，但也常常由会展主办机构供稿。

会展消息包含 6 项基本要素：何时—When、何地—Where、何人—Who、何事—What、何故—Why、何果—How。有的新闻事件，暂时无法弄清发生的原因，要提一句“原因正在调查之中”。

(二) 会展消息写作的特点

1. 事实为本。消息的本质特点是报道事实，没有事实就没有新闻。会展消息必须用事实说话。这个事实就是会展活动中的人物、时间、地点、事件。会展消息中所展现的事实必须是真实的，经得起查验的，来不得半点虚假。同时作者在写作中，应当客观地展述事实，不能将作者的主观感受凌驾于客观事实之上，尽量少用甚至不用带有渲染性或夸张性的语句。

2. 报道及时。会展消息报道的对象都是刚刚发生或者正在发生的事实，也就是说，报道及时与否是决定会展消息新闻价值大小的重要因素之一。

二、会展消息的种类

会展消息按其写作特点可分成下面几种类型：

(一) 动态消息

动态消息是对正在发生或新近发生的会展事实的动态报道。动态报道又可分成两类，一类是对刚刚发生的单独的会展事件的报道，如对某个会展活动整个过程的概括报道。另一类是对处于变动中的具有一定连续性的会展事件的报道，是这类事件发展中的一个阶段的反映。动态消息篇幅短小，语言简洁，传递迅速，着眼于会展事件的动态和结果，以叙述事实为主，一般不发表或少发表议论。

(二) 综合消息

综合消息是综合反映带有全局性的情况、动向、经验、成就或者问题，在时间和空间范围以及内容跨度上都较大地报道。综合性消息写作要求作者全面掌握相关的材料，把发生在不同地区的具有类似性质的会展事实综合起来，从不同的侧面表达一个主题，做到点面结合、分析和综合结合、观点和材料结合。

(三) 经验消息

经验消息是以报道经验为主的新闻，又称典型消息。在会展领域中，经验消息的任务是通过对一系列会展活动的报道，找出规律性的东西，以指导会展管理和提高会展组织水平。这类消息的篇幅要比动态消息长，内容上要概括情况和成绩，叙述做法、总结经验、得出结论，同时还要恰当地说明这一经验的适用范围和局限性，以避免造成盲目搬用的倾向。

(四) 简明消息

简明消息又称简讯、短讯或快讯，是会展消息中最简练、最短小、反应最快的一种体裁。

三、会展消息的结构和写法

(一) 标题

会展消息的标题应当揭示会展事件的主要信息，做到既准确又生动。写法上有三种类型：

1. 多行标题。由引题、正题和副题组成。其特点是容量大，表现力强。一般用于重大会展活动的消息报道。如：

以人为本——携手共建绿色家园
首届中国绿化博览会在南京隆重开幕
国务委员兼国务院秘书长华建敏出席开幕式

上述标题中，中间一行是正题，又称主题、母题。正题是整个标题的中心和主要部分，视觉上最为醒目，起揭示消息的主要内容或宗旨的作用。最上面一行是引题，又称眉题、肩题，起交代背景、烘托气氛、揭示意义的作用。最下面一行是副题，又称辅题、子题，作用是进一步补充、说明和烘托正题。

2. 双行标题。由引题和正题或正题和副题组成。两个标题一实一虚，其中实标题概括消息的主题，虚标题阐发消息的意义或补充说明消息的结果。如：

汽车，让生活更精彩(主题)
第11届上海国际汽车工业展览会再创新高(副题)

3. 单行标题。以一行简洁明了的文字反映消息的主旨。

(二) 正文

1. 导语。导语是消息开头第一段文字或是开头第一句话，用以概括消息中主要的事实或揭示主题，具有吸引读者、引导阅读的作用。导语写作要求简短生动，内容新鲜、确实。

2. 主体。主体是消息的主干。主体应当承接导语，对导语所概括的内容展开具体阐述，从而进一步表现和深化消息的主题。消息主体的结构有以下几种类型：

(1) 倒金字塔结构。即把消息的高潮或结论放在最前面，然后按事实的重要程度递减的顺序来安排主体的结构，从大到小突出最重要最新鲜的事实。大部分消息写作采用倒金字塔结构。

(2) 金字塔结构。即完全按事实发生的时间顺序来写，便于对事件发展的各个阶段作概括的描述和明晰的介绍。如果导语已经概括了主要事实，主体部分再按时间顺序表述,称为倒金字塔和金字塔相结合结构。

(3) 并列式结构。也叫双塔式结构,如消息报道的内容是由并列的几个方面组成,便可采用这种结构方式。

(4) 逻辑顺序式结构。即将消息的内容按照事物的内在联系和逻辑层次安排主体部分的结构,或主次关系,或因果关系,或递进关系,或点面关系。

(5) 自由式结构。又称散文式结构,由作者根据内容表达的需要采用多种多样的方式组织材料,灵活安排结构,使之具有散文的特点。

3. 背景。即消息所报道事件的历史和环境条件。背景可以帮助读者了解事件发生的来龙去脉、前因后果,有助于烘托和深化主题。背景可以独立构成一个自然段落,也可以穿插在导语、主体或结尾中。

4. 结尾。即收束消息的结语。消息写作是否需要结尾,如何结尾,要依据内容而定,可有可无。

实例评析

近万名读者参与
首届上海书展人潮涌动

鲁迅、巴金、邹韬奋和张元济——四幅高2米、宽1.5米的巨幅“出版人”油画,悬挂在上海展览中心序馆中。步入首届上海书展场地,顿时感受到浓郁的文化气息。

35摄氏度的高温下,近万名读者参加了28日开幕的首届上海书展和上海读书节。书展人潮涌动。

上海书展的前身,是已经连续举办18届的上海图书交易会。交易会改成书展,首次面向市民,而为期一周的读书节又同时举行,两大“书事”并举为一直处于高温警报下的上海制造出另一种热度:读书热。书展主办方估计,书展期间人流量将突破20万人次。

据悉,由上海市新闻出版局主办的首届上海书展,吸引了来自全国24个省市区的130家图书出版单位报名参展,上海本地的40多家出版社和发行、印刷企业也悉数亮相。

首届上海书展理念新颖。展厅面积达2万平方米,分15个专馆。首次进入书展的民营书业也独居一馆。除了图书期刊展厅销售外,还增加了文化用品、文房四宝,以及音像制品、电子出版物、动漫、网络游戏等板块。

“悦读周”,是本届上海读书节提出的口号。书展处处留心,为读者制造阅读氛围,提升读书乐趣。新华发行馆在地上“印刷”了一条长54米,宽3米的“福州路”,再现这条曾闻名全国的老书街风貌。上海文艺出版总社专馆则尝试用色彩划分展区:火红的是“文学”,蔚蓝的是“期刊”,橙黄的是“生活”……此外,上海书展还将举办170余场活动,涉及教育、生活、健康、饮食等与市民生活息息相关的领域,包罗文学欣赏、美术指导,甚至“名医咨询”、“理财咨询”等内容。

【评析】

这是一篇报道首届上海书展的动态性消息。标题为双行标题，引题为实，用“近万名”指出书展开幕当天的参与人数；正题为虚，用“人潮涌动”4个字形容书展的人气，揭示消息的主题。导语写作，作者使用了描写的手法，将读者带入了具有文化气息的展览现场，然后用“步入首届上海书展场地，顿时感受到浓郁的文化气息”一句，承上启下，引出下文。主体部分，作者先用一段文字集中概括展会的主要信息，接着从参观人数、参展单位数、展览面积、展品种类、展览口号和活动形式几个方面，一一作了介绍，在内容上涵盖了展会的基本信息，给人以完整的展会印象。其中“上海书展的前身，是已经连续举办18届的上海图书交易会。交易会改成书展，首次面向市民”这一交代，既有注释性背景材料的作用，说明上海书展的由来，又起到对比性背景材料的功效，突出了首届书展与以往交易会的区别。消息还以高温热和读书热相互映衬，反映了市民的读书热情，同时也增强了消息的可读性。

第二节 会展新闻发布稿

一、会展新闻发布稿的含义、作用和种类

（一）会展新闻发布稿的含义和作用

会展新闻发布稿是指由会展主办者撰写、向媒体提供或在新闻发布会上宣读的有关会展信息的稿件。

会展新闻发布稿的主要作用是通过媒体和发布会渠道，向公众及时传递有关会展的筹备、实施情况和取得的成果等方面的信息，宣传会展的特色、品牌，以取得公众的认同和支持。

（二）会展新闻发布稿的种类及其内容

1. 按新闻发布的内容来分，主要有以下几种：

（1）会展综合信息发布稿。一般用于召开首次新闻发布会时向媒体全面介绍会展活动的信息，包括会展的名称、性质、背景、目的、宗旨、主题、特色、范围、规模、形式、时间、地点、组织机构以及为举办会展将要采取的政策、措施等。

（2）会展筹备信息发布稿。用于发布会展活动各项组织筹备工作的情况，内容包括场馆建设、招商招展、知识产权保护措施以及公众关心的问题，可以一次性发布，也可以连续多次发布。

（3）会展成果信息发布稿。用于在会展举办期间或举办之后发布会展活动所取得的各项成果。内容包括参会参展实际的人数、观众数量、成交项目、成交额、签署的共同文件以及会展活动所产生的社会影响等。

2. 按写作形式和使用情况来分，可以分为以下两种：

（1）书面类发布稿。主要用于主办单位向媒体提供有关的会展情况，又称新闻通稿。这类发布稿要经得起媒体记者的删删减减，因此内容上包罗万象，以提供足够多的

信息。

(2) 讲话类发布稿。主要用于主办单位在新闻发布会上宣读或答记者问。这类发布稿的写作要符合讲话稿的特点。

二、会展新闻发布稿的结构和写法

(一) 书面类发布稿的结构和写法

1. 标题。书面类发布稿的标题一般采用会展消息的标题写作形式,单行、双行标题居多。单行标题以实为主,双行标题要注意虚实结合。

2. 正文。书面类发布稿(新闻通稿)写作的主要目的是向媒体提供信息,便于媒体记者对会展活动有全面的了解,因此写法上一般采用总分式结构。开头部分介绍会展活动基本信息,如名称、主题、时间、地点、规模等;主体部分要分项标号,列明小标题,突出会展活动的特色与亮点;是否需要结尾应视情况而定。正文写作要求条理清楚,简洁明了。

3. 供稿单位。正文的右下方注明供稿单位和联系方式。

4. 供稿日期。

(二) 讲话类发布稿的结构与写法

1. 标题。讲话类发布稿的标题一般采用会展的名称加上"新闻发布稿"的写法,如《第 15 届中国华东进出口商品交易会新闻发布稿》。

2. 发布日期。即举行发布会的日期,写在标题之下,用圆括号括入。

3. 讲话人的身份和姓名。其位置在发布时间之下。

4. 称呼。讲话类新闻发布稿要写称呼,并涵盖在座的各位记者和有关方面的代表。如"各位记者朋友,女士们,先生们"。

5. 正文。讲话类新闻发布稿正文的结构安排与新闻通稿相同,一般也采取总分式结构。在语言表达上要符合讲话类文体的特点,做到生动、活泼、平易、亲切,有较强的说服力和感染力。

6. 谢辞。结束讲话发言之前,应当向听众表示感谢。

实例评析

第七届中国东西部洽谈会新闻发布稿

20××年×月×日

女士们、先生们:

为了深入贯彻党的十六大精神,以"三个代表"重要思想为指导,进一步加强东、中、西部经济交流与合作,提高对内对外开放水平,积极推进西部大开发,实现区域经济的优势互补和共同发展,经各主办单位、协办单位共同协商确定,于20××年4月6日至10日,在陕西省西安市举办第七届中国东西部合作与投资贸易洽谈会。

具有伟大历史意义的党的第十届次全国代表大会已胜利闭幕。根据党的十六大提出的西部地区要进一步解放思想，增强自我发展能力，在改革开放中走出一条加快发展的新路，中部地区要加大结构调整的力度，培育新的经济增长点，东部地区要加快产业结构升级，进一步发展外向型经济的要求，举办第七届中国东西部合作与投资贸易洽谈会，最根本的任务，就是要全面贯彻党的十六大精神，紧密围绕全面建设小康社会的目标，更新工作思路，加大工作力度，采取新的举措，开创合作新局面，努力促进东部地区的技术、人才、管理和资金的优势，同西部地区资源丰富、市场广阔优势的结合，进一步促进优势互补和共同发展。

本届洽谈会的支持单位为国家经济贸易委员会和信息产业部；主办单位有27家，分别是：国防科学技术工业委员会、国家工商行政管理总局、中国国际贸易促进委员会，江苏省人民政府、上海市人民政府（略）；协办单位有8家，分别是香港贸易发展局、香港中华总商会、香港中华厂商联合会、澳门中华总商会、澳门贸易投资促进局、中国信息协会、中国外商投资企业协会、中国个体劳动者协会；承办单位为陕西省人民政府。

本届洽谈会的主题是：扩大对外开放，推动科技创新，调整产业结构，促进西部开发。

本届洽谈会的会场设在陕西国际展览中心、西安国际展览中心和陕西工业展览馆。大会共设置室内展位2600个，室外展场面积6000平方米。

本届洽谈会的主要内容为投资洽谈、高新技术成果交易和商品贸易三大部分，重点是投资洽谈。在投资洽谈方面，相应设置了投资洽谈馆，大会期间，同时举办第二届中国西部吸收外商投资洽谈会；在高新技术成果交易方面，大会继续设置了高新技术成果交易馆；在商品贸易方面，设置了中国东西部洽谈会第二届IT产业博览会、新医药馆和综合贸易馆。

在投资洽谈馆，将由各省市区代表团组织的各类工商企业和中介组织，围绕基础设施建设、传统产业改造、企业资产重组、特色经济开发、城市建设、现代服务贸易业等领域，集中推出一批招商引资项目，与境内外投资者进行洽谈与合作。

在中国外商投资企业协会与陕西省人民政府共同主办的第二届中国西部吸收外商投资洽谈会上，将有来自世界各国和我国港澳台地区的200多家有意往西部投资的跨国公司、商协会、中介机构和在华外商投资企业等进馆设展，同时组织一批无展位的境外投资商参会，围绕各省市区代表团推出的招商引资项目，寻求合作伙伴，开展投资洽谈及有关考察交流活动。

根据党的十六大提出我国在今后几十年要走科技含量高、经济效益好、资源消耗低、环境污染少、人力资源优势得到充分发挥的新型工业化道路的发展方向，在高新技术成果交易馆内，共设置展位249个，将云集各省区市的高新技术产业开发区、科研单位、高等院校、民营科技企业、中介机构等单位，推出以电子信息、生物工程、光机电一体化、先进制造技术、精细化工、新能源、新材料、节能环保技术、航空航天及军转民技术为重点的高新技术成果和产业化项目。同时，设置海外归国留学生西部创业展区和专利技术成果展区，并组织有需求意向的各类企业单位参会，通过项目展示、交流、交易等活动，促进科技成果产业化，以科技创新推动资产重组、结构调整、产业升级和企业技术进步。

由信息产业部支持的中国东西部洽谈会第二届IT产业博览会，将进一步突出信息化带动工业化的主题，组织国内外IT生产商、经销商、服务商以及西部地区的用户客商参展参会，重点展销计算机与应用软件、网络通信两大类产品，宣传和推广最新IT应用技术，开展采购、交流与合作洽谈活动。设置展位256个。

作为大会重要专业展馆之一的新医药馆，设置展位212个，重点围绕西部市场需求和东部优势企业开拓新的发展空间的愿望，组织国内外知名医药生产企业、科研单位、医科院校以及医药和医疗设备经销商、医疗保健单位参展参会，集中展示当前国内外医药及医疗设备行业的最新成果和产品，进行商务洽谈和交易活动。

综合贸易馆是大会集中展销各省区市名优新特商品的综合性展馆，设置展位728个，其室内展区的展销商品主要有：新型家电、新型建材、文化办公用品、工艺礼品、家居饰品及轻纺食品等；室外展区主要展销大型工程建设机械、装载设备、客货汽车、专用汽车等产品，同时开展各种新型商贸合作洽谈。

本届洽谈会在展位规模上，投资洽谈馆设置了915个展位，第二届中国西部吸收外商投资洽谈会设置了240个全外商展位，使投资洽谈的展位规模占到大会将近一半，这在历届东西部洽谈会中是前所未有的；在展馆展会的安排组合上，大会把投资洽谈馆、第二届中国西部吸收外商投资洽谈会以及高新技术成果交易馆，集中安排在大会最佳位置的陕西国际展览中心，不仅形成了招商引资内外并举，投资与引资紧密结合的新格局，而且有利于加强3个展馆展会之间的洽谈对接和工作互动；在投资促进活动方面，将举办“新时期与西部发展”高层论坛，并紧密结合各参展省区市实际，组织举办形式多样的投资促进活动；在客商的邀请方面，本届洽谈会比往届更加注重邀请各类专业客商参会参展工作，将重点组织更多的国内外有投资意向和实力的企业和机构、东部沿海地区有意往西部投资与发展的多种经济成分的企业以及资金项目中介机构参会参展，为大会创造更多的商机；在投资洽谈的服务工作方面，本届洽谈会对“在线西洽会”网站的服务项目、功能、方式等做了进一步的扩充和完善，大会期间，还将采用先进的“专业观众登录系统”，设置投资洽谈信息现场查询中心和大会新闻中心，初步形成较为完整的投资洽谈信息服务系统，为国内外客商提供方便、快捷的信息服务。本届洽谈会还将面向所有参展参会的招商引资项目主体企业与有投资需求的企业，组织预约洽谈专项服务，为参加投资洽谈的各方客商创造更多的商机。

为了更好地服务于参会参展企业，大会还将在洽谈会的正式会期结束后，于4月12日至20日，在陕西国际展览中心机械馆举办第七届中国东西部合作与投资贸易洽谈会剩余产品展销会，作为本届洽谈会的一个配套展会，以此来回报广大参展单位多年来对东西部洽谈会的支持与厚爱。

女士们、先生们，第七届中国东西部合作与投资贸易洽谈会是在党的十六大提出全面建设小康社会奋斗目标之后的首次东西部洽谈会，大会将发扬与时俱进和创新发展的时代精神，把本届东西部洽谈会办成一次实践“三个代表”重要思想的盛会，办成一次进一步推动对外开放、结构调整、科技创新的盛会，办成一次进一步加强东、中、西部合作，促进区域经济协调发展的盛会。在此，我谨代表本届洽谈会各主办、支持、协办单位，热忱邀请各兄弟省区市、海内外广大客商参展参会,共襄盛举。同时,我也代表洽谈会组委会,向今天光临本次新闻发布会的各位新闻界朋友们表示衷心的感谢,希望大家一如既往,继续关注,并大力宣传此次洽谈会。

我相信,在大家的共同支持和帮助下,本届洽谈会一定能够取得圆满成功。

谢谢大家!

【评析】

这是一篇讲话类新闻发布稿,写得非常得体、精彩。说其得体,是因为作者恰当把握了讲话人与听众的关系。讲话人是政府高官,听众是媒体记者和各界代表。按常规的做法,作者完全可以把稿子处理成居高临下的"讲话稿",讲话人以领导的口气传达情况、布置工作。然作者并未如此,始终以平等的姿态、诚恳的语气向与会者介绍该洽谈会的信息,表现出强烈的政府公关和会展公关的意识。说其精彩,是因为这篇发布稿不仅清楚地介绍了洽谈会的基本情况,而且还突出了本次洽谈会的亮点,具有很强的吸引力。全篇按照讲话类文案的写作特点安排结构,结构要素完整、规范,语言平实、亲切,是一篇较好的范文。

第三节　会展简报

一、会展简报的含义和特点

(一) 会展简报的含义

会展简报是反映会展管理和会展活动的动态和主要成果的内部性简要报道,也常常称为"会展信息"、"会展快报"、"会展通讯"。会展简报由会展管理机构或会展主办单位编写,发送对象广泛,可以是上级部门、政府机构、兄弟单位,也可以是参展商或观众。

(二) 会展简报的特点

1. 简字当头。这是简报写作的最大的特点,即使是一些经验性简报,也要求控制篇幅,一般不超过千字,故有千字文的别称。

2. 材料真实。简报所反映的情况、工作、问题、经验都要有真实可靠的材料为支撑,不能有半点的掺假、虚夸或者掩盖。

3. 内容新鲜。会展简报必须反映新情况、新经验、新问题。

4. 编写及时。会展简报写作,既要有敏锐的眼光,注意发现和收集会展领域具有前瞻性、倾向性和苗头性的经验、问题和现象,又要在写、编、校、印、发等环节强调及时、迅速,确保会展简报在第一时间分发到有关机关和人员手中。

5. 形式规范。简报有约定的标印格式。一般不使用多行标题和带有描写性或修辞性的导语。这一点,与强调可读性的消息写作有一定的区别。

二、会展简报的作用和种类

(一) 会展简报的作用

1. 汇报作用。会展简报可以及时反映会展信息，是会展主管部门和主办单位领导人了解会展情况、掌握会展动态的重要渠道。

2. 交流作用。会展简报的交流作用体现在两个方面，一是通过报道各种会议分组活动的信息或转载与会者在分组会上发表的重要意见，促进大会议成员之间的交流和沟通。尤其是在大会交流的时间有限的情况下，会展简报可以作为书面交流的补充形式。二是会展简报的编发单位通过简报向合作单位传递信息，交流经验，协调工作。

3. 宣传作用。会展简报是一种重要的会展宣传工具，其对象包括上级机关、兄弟单位、参展商和观众。

4. 指导作用。会展简报也常常是会展管理机关或会展主办单位向下属机关推广会展工作经验，分析会展动向，指出在会展管理和在会展组织、举办中的问题的一种书面工具，并以此及时指导有关方面的工作，加强对会展工作的管理。

(二) 会展简报的种类

会展简报的种类较多，按内容性质来分，大致有以下几种：

1. 工作性简报。即以汇报工作为主的会展简报。

2. 情报性简报。即通报会展工作中发生或发现的新情况、新动向的会展简报，又称动态简报。在展览会中，这类简报常常刊登参展商提供的信息。

3. 经验性简报。即重点介绍、推广会展工作中新经验的简报。

4. 问题性简报。这类简报以揭露问题、批评错误为主要任务。

5. 转发性简报。主要用于转发领导讲话或者会议期间与会者的发言及书面建议。

三、会展简报的结构和写法

会展简报的结构同具体采用的写法密切相关，写法不同，结构也有所不同。会展简报的写法大致有两种：

(一) 报道式

报道式简报也就是采取消息写作的方法，介绍会展活动的情况。

1. 标题。报道式简报的标题要求概括、醒目、简短、富有吸引力。一般有单行式标题和双行式标题两种写法，而很少采用多行式标题。

2. 正文。

(1) 开头。报道式会展简报的开头一般采用以下两种写法：

一种是概述式。即采用叙述的方式概括介绍会展活动的概况或主要信息。以会议简报为例，开头应介绍会议的名称、时间、地点、主持人、与会单位和主要与会者、会议的气氛等。综合性会展简报常使用这种导语。

另一种是点题式。即简报一开头便直截了当切入主题，常用于专题性会展简报。如"第三届××贸易展示洽谈会成交额创历史新高"。

(2) 主体。报道式会展简报的主体部分写作介绍会展事件的过程、主要精神、主要成果。这部分是会展简报的主干，要围绕主题、突出重点。在结构形式上，可根据简报的性质和内容表达的要求，分别采用倒金字塔结构、金字塔结构、总分结构等。

(3) 背景。报道式会展简报有时也需要有一定的背景说明，以帮助领导或相关部门全面把握会展简报的事实。具体写法同会展消息。

(二) 转发式

转发式简报主要用于转发会展活动中领导讲话或者与会者的重要发言及书面建议。转发的方式有全文转发和摘要转发。

1. 标题。转发式会展简报的标题一般要反映发言者姓名、身份和发言的主题或原发言稿的标题。如：

专家×××呼吁尽快制定符合我国国情的展览评估体系

2. 按语。按语又称编者按，用以说明转发目的，提示内容，引起读者注意和重视。按内容划分，按语可分为说明性按语（说明转发原因和目的）、提示性按语（提示内容的重点和要点）、评述性按语（对转发的发言和建议发表意见、表明态度）。

按方式划分，按语可分为前言式按语（即放在标题之前或标题之后、正文之前的按语，又称题头按）、插入式按语（即在正文的重点、要点和精彩之处用括号插入按语，有画龙点睛之功效）、编后式按语（即在正文之后的按语，又称编后按）。

标印时，按语的字体字号要与正文有明显区别。

3. 正文。正文部分就是简报所要转发的发言或建议的内容。编辑时，要对原会议记录或发言稿进行文字梳理，对即兴发言中的口语或不规范的语言要作适当的修改，但应保持发言的风格。对篇幅较长的重要讲话、发言或书面建议，可以采取摘要转发的办法。摘要转发要抓住中心和要点，并尽可能保持发言的原来风格。

四、会展简报的外观形式

会展简报的外观形式丰富多样，尤其是展览会期间的简报（展览快报）图文并茂，往往请广告设计公司精心制作。下面介绍公务性会展简报的格式。

(一) 报头

报头部分包括编号、密级、简报名称、期数、编印机构名称、印发日期、反线，约占简报首页的三分之一。

1. 编号。即每份简报的印制顺序号，标注于左上角。也可省略。

2. 保密要求。简报如有密级，应在右上角注明密级。如属于会议内部文件，则注明“注意保密”或“会后清退”。

3. 简报名称。会展简报名称由发文机构名称或会展活动名称加文体名称组成“××××展览会简报”。简报名称要居中，发文机构名称或会展活动名称在上，“简报”二字在下，且字号要大，以示醒目。

4. 期号（字号）。按顺序编排，如：“第1期”。简报种类较多的，可加发文机关代字，如“办字第1号”。标注于简报名称下方居中。

5. 编印机构。即会议或展览活动秘书处。标注于期号的左下方。

6. 印发日期。即实际发出的日期。用阿拉伯数字标注于期号的右下方。

7. 反线。在编印机构和编印日期之下画一条与图文区等宽横线，将报头与报核分开。

(二) 报核

简报报核包括标题、按语、正文三部分。上面已有介绍。

(三) 报尾

报尾的位置在简报末页的底部。主要标注报、送、发的对象。报是上报的意思；送的对象是平级机关和不相隶属的机关；发指下发。报尾的上下各画一条与图文区等宽的反线。有时还可在第二条反线的右下方注明印刷份数。

实例评析

上海国际工业博览会
简报

（办字第1号）

工博会组委会办公室　　20××年7月7日

第×届"工博会"组委会秘书长会议在京召开

第×届"工博会"组委会秘书长会议于20××年7月4日上午在北京举行。国家发改委、商务部、科技部、信息产业部、教育部、中科院、贸促总会和上海市政府等8个主办单位担任"工博会"组委会副秘书长的负责人出席了会议。会议由"工博会"组委会副秘书长、大会办常务副主任、上海市外经贸委主任潘龙清主持。大会办副主任、市外经贸委副主任汤庆福汇报了第×届"工博会"总体方案和筹备工作情况。与会的各主办单位领导对"工博会"方案进行了审议，对进一步办好"工博会"提出了新的要求。"工博会"组委会常务副秘书长、上海市府副秘书长李良园作了总结讲话。会议审议通过了主办单位及组委会成员名单建议方案以及第×届"工博会"总体方案，并对以下问题达成一致意见。

一、上海"工博会"确定的"信息化和工业化"主题鲜明，体现了党的十六大精神。与此同时，第×届"工博会"突出展示现代装备，符合我国经济的实际。装备制造业是我国工业发展的重点，上海又是装备制造业的基地。在全国四大高新技术展会中，上海"工博会"以产业为基础，特色鲜明；上海"工博会"以汉诺威"工博会"为目标，起点较高；上海新一轮发展的目标是建成世界级大城市，有雄厚的物质基础，会议对上海"工博会"的发展有充分信心。

二、上海"工博会"在国际化、专业化、市场化方面做得较为出色。第×届"工博会"把上届9大展区整合为5大展区，突出装备制造业，突出专业化布局，这些构想很好。"工博会"有必要坚持专业化方向：一是展览内容专业化；二是办展队伍专业化；三是组织观众专业化。

三、办好"工博会"要举全国之力，创国际品牌。"工博会"主办地上海市政府新领导将对秘书长工作会议的建议逐件落实在具体工作中。"工博会"在京的主办单位，将一如既往地积极支持"工博会"的筹备工作。除了继续给予思路性指导之外，在具体工作上也给予上海大力支持，如在主办、主管的报纸、杂志、网站上免费或以优惠价刊登“工博会”信息或专栏文章，添加各主办单位网站与“工博会”网站链接等。

四、招展招商是当前的头等大事。会议要求“工博会”大会办、外经贸商展公司加大招展招商工作力度，要把全国装备制造业的重量级企业招到“工博会”上来，要重视专业客商的组织，要协调航空、宾馆等单位，为专业客商提供到“工博会”参观的一条龙服务，并给予一定的补贴或优惠。

五、抓紧做好各项筹备工作。会议要求进一步办好在线“工博会”，加大“工博会”的宣传力度。要改进“工博会”的统计工作，使统计项目进一步细化。

报：×××，×××××，×××××××××。
送：××××××，××××××，×××××××××。

（共印××份）

【评析】

这篇会议简报的标题写作采用了新闻式单行标题的写法，简洁明了。正文写作采用了总分结构。开头部分以写实的方法概括介绍会议的总体情况，然后以“并对以下问题达成一致意见”一句过渡到主体部分。主体部分采用了并列式结构，从五个方面对办好上海“工博会”提出了具体意见和建议。简报没有结尾，显得干净利落。

简报的格式非常规范，各项要素齐全，排布合理，庄重大方，符合公务简报的要求。

第四节　会展致辞

一、开幕词和闭幕词

（一）开幕词和闭幕词的含义

开幕词是主办方领导人在开幕式上宣布会展活动开幕，对来宾表示欢迎和感谢，阐述本次会展活动的目的、任务、意义，向与会者、参展商和观众提出希望和要求的致辞。

闭幕词是主办方领导人在闭幕式上宣布会展活动闭幕，总结会展活动取得的成果，对来宾表示欢送和祝愿，对有关方面的支持表示感谢的致辞。

（二）开幕词和闭幕词的结构和写法

1. 标题。开幕词和闭幕词的标题常见的有如下几种：

（1）单行式标题。即在会展名称后面加“开幕词”或“闭幕词”。如：“第三届上海商业房产展示交易会开幕词”。

（2）复合式标题。即在单行式标题的上面增加一行标题为正标题，揭示开幕词的主题思想；第二行为副标题，说明致辞的场合。

2. 日期。即举行开幕式或闭幕式的日期，标注于标题的正下方，外加圆括号。

3. 致辞人身份和姓名。标注于日期的正下方。

4. 称呼。称呼要根据参加对象的情况而定，一般是身份从高到低，性别先女后男，并尽可能覆盖全体参加对象。称呼应顶格书写，后面加冒号。称呼对象较多时，可分类别称呼并分行书写。

5. 正文。

(1) 开幕词正文。开头部分宣布会展活动开幕，对与会者表示欢迎，对会展活动的成功举行表示祝贺。主体部分回顾历届会展活动取得的成绩、经验或教训，提出本次会展活动的主要任务，阐明主题和意义，对与会各方提出希望和要求。结束部分预祝会展活动圆满成功。

开幕式如安排剪彩等方式象征会展活动开幕，则开幕词中一般不写“宣布开幕”的字样。有时，开幕词和欢迎词可分开致辞，先安排一位主办方领导人致欢迎词，在仪式的最后再由在场身份最高的人士宣布开幕：“我宣布：××(活动名称的全称)开幕！”这种开幕词简短有力，使开幕式的气氛达到高潮。

(2) 闭幕词正文。会展活动闭幕词的开头一般用简明的语言说明本次会展活动是在什么情况下圆满结束。主体部分用叙述的方法回顾总结本次会展取得的成就，有哪些经验和意义，并在此基础上提出贯彻会议精神的或对办好下一届会展活动的要求和希望。结尾部分向支持会展活动的单位和个人表示感谢，向与会者表示良好的祝愿，也可郑重宣布会议闭幕。

如果闭幕式上另安排人致欢送词，可在仪式的最后由身份最高的人士用一句话宣布闭幕：“我宣布：××(活动名称的全称)闭幕！”。

6. 致谢。即在结束致辞之前，向各位听众表示谢意。致谢词也可省略。

实例评析

【开幕词写作实例】

第××届北京国际图书博览会开幕词

(20××年9月2日)

中华人民共和国新闻出版总署副署长 ×××

各位来宾，女士们、先生们、朋友们：

晚上好！

很高兴在这里与大家相聚，共同庆贺第十二届北京国际图书博览会开幕！在此，我谨代表北京国际图书博览会组委会，对海内外各界朋友的到来表示热烈的欢迎！

北京国际图书博览会自1986年经中国政府批准创办以来，在海内外各界朋友的大力支持和参与下，主、承办单位本着不断创新、不断发展，秉承“把世界图书引进中国，让中国图书走向世界”的办展宗旨，经过二十多年的发展和完善，已经成为中国出版界与国际出版界进行版权贸易、文化交流和展示出版成果的盛大节日，是中国对外科技、文化交流的重要舞台。随着博览会的规模不断扩大，影响日益深远，北京国际图书博览会已经成为国际上最为重要的图书博览会之一，为海内外科技、文化、教育的交流与发展作出了积极的贡献。本届博览会的展览面积为26000平方米，设展台1099个，展出海内外图书10万余种。本届博览会还首次设立了"主宾国"活动，法国作为"主宾国"参展规模为800平方米，安排了内容丰富的专业论坛和文化交流活动。我们有理由相信，第××届北京国际图书博览会一定会为书业界、文化界、科技教育界真诚的交流构建最有效的平台，一定会成为受到社会各界热烈欢迎的友谊盛会！

朋友们，文化是我们共同的财富，出版为文化的传播架起了友谊的桥梁。让我们携起手来，以书为媒，为世界文化的繁荣与发展，为人类的共同进步与发展，贡献出自己的智慧和力量！

【闭幕词写作实例】

第×届全国生物多样性保护与持续利用研讨会闭幕词

（20××年12月13日）

中国科学院生物多样性委员会副主任　××

尊敬的主席先生，各位专家，女士们，先生们：

经过3天的报告和广泛深入的交流，第×届全国生物多样性保护与持续利用研讨会即将闭幕，会议获得了圆满的成功。在此，我代表此次会议的组织者，中国科学院生物多样性委员会，国家环保总局自然保护司，国家林业局野生动物和森林植物保护司向大家表示衷心的感谢。

回顾总结此次会议，我认为它具有以下几个特点：

1. 代表性

参加此次会议的代表共133人，来自全国20个省，市自治区的45个单位。并且高兴地邀请到来自台湾的××教授和香港的××博士等港台生物多样性方面的专家，使我们的会议体现了完整的全国性。来自美国密苏里植物园的××博士的应邀与会，又给我们的会议增添了国际特色。

2. 本领域国内最高水平的学术会议(权威性)

各位代表与会期间，对他们高水平的最新研究结果进行了报告和交流。特别是很多国内的知名专家光临此次会议，与我们共享他们最新的研究成果和学术创见。不仅使我们更加全面地了解了国际生物多样性科学研究的前沿和趋势，更给我们增强了在国际生物多样性研究领域占有重要的一席之地的信心。因此我坚信，通过此次高水平的学术研讨，一定会对我国生物多样性保护和持续利用事业的发展产生更大的推动作用。

3. 交流形式的多样性

会上报告丰富多彩，会下交流积极踊跃。特别是多媒体技术的应用，使我们的报告上升到一个新水平。我相信通过这次会议建立的联系，将为以后的交流与合作打下了良好的基础。

会议即将结束，我国的生物多样性保护与持续利用事业还任重道远，希望各位专家继续艰苦努力，通力合作，争取多方面的支持与协作，希望在下一届研讨会上，有更多、更先进的成果展示出来。

同时，我代表大会主办单位和各位代表向本次会议的承办者——中国科学院昆明动物研究所、西双版纳热带植物园和中国生物多样性委员会办公室，特别是××处长和××主任表示衷心的感谢和敬意。

最后预祝大家旅途愉快，身体健康！

谢谢大家！

【评析】

以上两篇致辞写得都不错。

开幕词的开头先对给位来宾表示欢迎，然后概括阐述北京国际图书博览会的宗旨、意义和规模，同时简要介绍本届展会的主要特点，最后向与会参展各方提出希望、发出号召。

闭幕词的开头先肯定研讨会获得了成功，对各位代表的支持和参与表示感谢，然后从三个方面概括了本次会议的特点和成果，最后向代表们提出希望，向承办单位表示感谢。

两篇致辞的格式都很规范，语言也很得体。

闭幕词有两处需要改进：

一、三个小标题不对称。小标题对称(包括句子结构对称、字数对称等)，能大大提高致辞的听觉效果。即使是写书面类文案，对称的小标题，也能体现文章的语言美，增强阅读的效果。上述闭幕词的三个小题的字数、词组结构都不对称，而且第2个小标题“本领域国内最高水平的学术会议(权威性)”，用括号来注释小标题的含义，不符合讲话类文案的写作要求，在宣读时会造成听觉上的别扭。改进的方法是将这三个小标题的共同点提炼出来，都用“××性”的形式加以表述，可分别改为：

1. 与会代表的广泛性；
2. 学术成果的权威性；
3. 交流形式的多样性。

二、“各位代表与会期间，对他们高水平的最新研究结果进行了报告和交流。”一句有两个问题：一是状语“与会期间”不宜插在主语和谓语之间，二是“进行”和“报告”搭配不当。该句可改为“与会期间，各位代表报告并交流了高水平的最新研究成果。”

二、主持词

(一) 主持词的含义

主持词是供会议或各种仪式的主持人宣读，据以组织各项活动环节、介绍发言人身份、控制活动进程、营造现场气氛、确保完成会议程序的文件。

(二) 主持词的主要内容

主持词的内容因会议或仪式的性质、内容和程序而异。一般包括：宣布会议开始，介绍会议主席和主要领导、主要来宾，报告会议的出席人数，说明会议的目的、任务和宗旨，宣布会议议程或程序，强调会议的纪律和注意事项，介绍发言者的姓名和职务，宣布会议的结果，宣布会议结束等等。

(三) 主持词的结构与写法

1. 标题。会议或仪式名称＋主持词，如《××博览会开幕式主持词》。

2. 日期。标题之下居中标明举行会议或仪式的具体日期，可用括号括入。

3. 主持人的身份和姓名。日期之下居中标明主持人的身份和姓名。

4. 称呼。称呼的写法和要求参见开幕词。

5. 正文。主持词正文部分要依据事先确定的会议或仪式的程序来写，确保主持词与各项活动程序有机地融合起来。在具体写作时要把握好几个环节：

(1) 开场白。主持人的开场白主要是起宣布会议或仪式开始的作用。在不专门安排致开幕词的会议或仪式中，主持人的开场白相当于开幕词。大型会展活动开幕式由于另有专人致开幕词，因此主持词的开场白可对参加开幕式的来宾表示欢迎和感谢，或以简要的话揭示会展活动的背景和意义，作为开幕式的引子。要注意语言简明，不可长篇大论，避免与后面的开幕词或欢迎词意思重复。

(2) 介绍。会议或仪式开始前或开始后，主持人要介绍出席的领导和嘉宾，会议或仪式中间，要介绍每一位致辞人或发言人的身份和姓名。介绍出席的领导和嘉宾，顺序要得体，一般按身份从高到低；身份相同时，可按资历高低，双边活动先宾后主，多边国际活动可按国家或组织英文(或商定的文字)名称的字母顺序。无论是介绍领导和嘉宾，还是介绍致辞、发言、颁奖、领奖者，身份、职务、姓名要清楚、准确，并使用“请”、“有请”、“恭请”等礼貌用语。

(3) 小结和致谢。每项程序结束后，主持人可作一个简短的小结，阐明致辞、发言或具体活动的意义，对发言者表示感谢。会议或仪式结束之前，可总体概括会议的成果，对与会者提出希望和祝愿，也可根据程序安排，导入下一节的活动。

在结构安排上，主持词中表达的每一项程序要以自然段落分开，或标上序号，以便辨识和查找。语言要根据会议的性质和内容确定表达风格，法定性代表大会的主持词要求准确、严密、规范，符合会议的议事规则，节事活动的主持词的风格则可以幽默、风趣、生动、活泼，充满激情。

实例评析

20××中国顺德国际家用电器博览会开幕式主持词

时间：20××年10月18日上午9:00时

地点：顺德市展览中心正门广场

主持人：×××

各位领导、各位嘉宾，女士们、先生们：

早上好！

“顺德制造”誉满神州，中国家电走向全球。欢迎大家在金秋十月光临广东顺德，参加“20××中国顺德国际家用电器博览会”的开幕仪式。我们希望通过这次博览会，为家电制造商、经销商、配件供应商构建一个全球交易平台，为中国家电业沟通国际开拓空间。相信在各方的努力下，这场盛会一定能成为全球家电业界年年聚会的大舞台。

现在，我向大家介绍应邀出席这次盛会的领导和嘉宾：

中国家电协会理事长：××女士

佛山市委副书记、佛山市纪委书记：××先生

（编者略）

另外，出席开幕式的还有中央和省各有关部门的领导、外国驻华商务机构代表，国内包括港澳台地区商务机构代表，外国著名跨国公司、著名企业驻华代表，国内参展企业代表，顺德市市、镇各级领导，共500多人。我们对各位嘉宾的光临，表示热烈的欢迎！

现在，有请家电博览会组委会主任、顺德市市长××先生致开幕词，请大家欢迎！

（××市长致辞）

恭请中国国际贸易促进委员会广东省分会党组书记、会长××先生讲话，请大家欢迎。

（××先生讲话）

恭请中国家电协会理事长××女士讲话，请大家欢迎。

（××女士讲话致辞）

现在进行20××中国顺德国际家用电器博览会开幕剪彩仪式。

有请剪彩仪式的主礼嘉宾：

佛山市委常委、顺德市市委书记：××先生

中国家电协会理事长：××女士

（共9位，编者略）

请礼仪小姐为各位主礼嘉宾送上金剪。

请各位主礼嘉宾为首届中国顺德国际家用电器博览会的开幕剪彩。

礼成。（鸣放礼花、礼炮）。

开幕式结束，请各位嘉宾移步到顺德展览中心场馆内参观。

谢谢！

【评析】

从这篇主持词虽然篇幅短小，却写得较有激情。开头用一个对偶句"'顺德制造'誉满神州，中国家电走向全球"拉开开幕式的序幕，气势不凡。在简要说明博览会的目的和意义后，转入介绍领导和嘉宾的环节。介绍领导、嘉宾和致辞人、剪彩人时，身份和姓名清楚、准确，用语礼貌、得体。剪彩仪式的主持程序合理、有序。宣布开幕式结束后，还加上一句"请各位嘉宾移步到顺德展览中心场馆内参观"，使开幕式与整个博览会连成一体。整篇主持词结构完整，要素齐全，每项活动环节和每位介绍对象都用自然段表述，层次较为清晰。

三、欢迎词、欢送词和祝酒词

（一）欢迎词、欢送词和祝酒词的含义

欢迎词是一种在迎接宾客的仪式上，主人对宾客表示热烈欢迎的致辞。

欢送词是一种在告别仪式上，主人向宾客表示欢送的致辞。

祝酒词是在欢迎、欢送以及庆祝、招待宴会上，宾主相互祝酒时发表的祝词。在欢迎或欢送宴会、酒会上所致的欢迎词和欢送词加上祝酒的内容，也可称为祝酒词。

致欢迎词、欢送词和祝酒词，是会展活动中的一种重要礼仪。主人在向客人表达欢迎、欢送、感谢、祝贺、祝愿的真挚情意同时，还可以阐明会展活动的理念，对会展成果提出预期或评价，对未来的合作提出希望。

在会展开幕仪式中，如果由主办方身份最高的人士致欢迎词，那么这种欢迎词还具有开幕词的作用。

（二）欢迎词、欢送词和祝酒词的结构和写法

1. 标题。一般由仪式名称和“欢迎词”或“欢送词”组成，如《第五届中国专利高新技术产品博览会开幕式欢迎词》。如果仪式名称中已经有“欢迎”或“欢送”的字样，可将“欢迎词”和“欢送词”改为“致辞”。以避免文字重复，如《在××论坛欢送宴会上的致辞》。

2. 日期。标题之下居中标明致辞的具体日期，可用括号括入。

3. 致辞人身份和姓名。日期之下居中标明致辞人的身份和姓名。

4. 称呼。欢迎词和欢送词的对象性很强，因此，称呼也要有明确的对象性。具体写法有两种：一种是先称呼欢迎或欢送的对象，然后称呼在座的其他对象。如果使用这种称呼，下面正文中提到欢迎或欢送对象时，要用特称。

另一种写法是仅称呼欢迎或欢送对象。如果使用这种称呼，下面正文中的称呼就一定要用“您”，请看下例：

尊敬的杰克逊先生：

再过半个小时，您就要登程回国了。我代表××会展中心全体员工，向您及您率领的代表团全体成员表示最热烈的欢送。……

5. 正文。

（1）欢迎词的正文。开头先用简洁的语言对来宾的光临表示热烈欢迎和感谢之意，给客人一种“宾至如归”、“温暖如春”的亲切感。主体部分可因人因事，灵活多样，或交代举办活动的背景、目的、意义以及本次活动的特点，或回顾历史上双方友好交往、愉快合作所取得的成果，赞美友情，阐明共同面临的挑战和任务，期待进一步发展友谊、加强互信与合作，等等。结尾部分用简短的语言向来宾表示良好的祝愿，并预祝活动取得圆满成功。

（2）欢送词的正文。开头表达热情欢送和惜别之情。主体部分要高度评价会展活动的成果和来宾对会展活动所作的贡献，并表示由衷的祝贺和感谢；也可回顾客人来访期间的双方开展的友好交往、结下的深厚友谊，以表达依依不舍的情意。结尾部分表示祝福和希望再次相会的期望。

（3）祝酒词的正文。祝酒词既可以表示是欢迎或欢送，也可以是相互祝贺谈判成功、项目投产、工程竣工等。表示欢迎会欢送的祝酒词，开头和主体部分的写法与欢迎词和欢送词一致。其他祝酒词的开头一般要先说明祝酒的目的和对象，然后阐明活动举办或项目实施的意义，向对方表示真诚的感谢，并期待进一步的合作。祝酒词结尾应当另起一行，写上“最后我提议”、“现在我提议”、“请允许我举杯”等，再另起一行写明祝酒的对象和内容，最后再另起一行写“干杯”二字作为结尾。如果祝愿的对象和内容较多，要分别另起行书写。

实例评析

【欢迎词写作实例】

20××年东北亚高新技术博览会开幕式欢迎词

(20××年9月21日)

沈阳市人民政府市长　×××

尊敬的陈至立女士，尊敬的各位来宾，女士们，先生们：

今天，20××年东北亚高新技术博览会在这里隆重开幕了，在此我代表中共沈阳市委和沈阳市人民政府，对各位领导和嘉宾的光临表示热烈的欢迎和衷心的感谢！

本次博览会是一次国际性的科技盛会，展示了东北亚地区的科技成果和高新技术产品，汇聚了韩国、朝鲜、日本、俄罗斯等21个国家和地区，以及国内科技界、企业界的朋友们。这次博览会的召开必将有力地推动东北亚地区的科技创新和国际交流，搭建东北亚科技、经济合作的平台。我相信通过这次博览会，一定会使各位更加了解沈阳这座古老而现代化的城市，见证老工业基地正在发生的变化，找到我们合作的机会。

最后祝本届博览会圆满成功！

【欢送词写作例文】

在德国凯瑞会展公司代表团欢送仪式上的致辞

(20××年10月18日)

上海中兴会展公司董事长　王耀辉

尊敬的德国凯瑞会展公司董事长玛丽女士，
尊敬的德国凯瑞会展公司各位同仁：

今天下午，你们将结束对我公司的访问，启程回国，借此机会，请允许我代表上海中兴会展公司全体同事向你们表示最热烈的欢送！

近一个星期来，我们双方本着互惠互利的原则，经过多轮会谈，签订了三项实质性的协议，取得了令人满意的双赢成果。贵公司在会谈中表现出的诚意和积极的合作态度，给我和我的同事留下了极其深刻的印象，对此，我们深表敬佩。我们衷心希望贵我双方继续保持这种良好的合作势头，切实落实各项协议，为促进两国会展业的发展作出贡献。

我们期待着玛丽女士和贵公司同仁明年再度访问我公司。

最后祝各位一路顺风。

【祝酒词写作例文】

第×届上海国际××展览会欢迎酒会祝酒词

20××年5月8日

曹××

各位领导、各位来宾：

晚上好！

第×届上海国际××展览会今天上午开幕了。今晚，我们有机会同来自世界各地各界的朋友欢聚，感到很高兴。我谨代表组委会，对各位朋友光临本届展会和今晚的欢迎酒会，表示热烈的欢迎和衷心的感谢！

上海国际××展览会自1998年举办以来，已连续举办17届，在国内外引起了广泛的注意，展会规模越来越大，参展层次也越来越高，已经成为我国知名的会展品牌，在国际上也取得了良好的声誉。我相信，在各位朋友的大力支持下，上海国际××展览会一定会越办越好，在推动××领域的技术进步以及经济贸易的发展方面将发挥更大的作用。

今晚，各国朋友欢聚一堂，我希望中外同行以酒会友，寻求友谊与合作，共同度过一个愉快的夜晚。

现在，请大家共同举杯，

为第七届上海国际××展览会的圆满成功，

为朋友们的健康，

干杯！

【评析】

以上三篇致辞主题鲜明、前后照应、格式规范、感情真挚、语言得体，值得效仿。

第五节 邀请函、请柬和聘书

一、邀请函

(一) 邀请函的含义

在会展活动中，邀请函按其性质可分成两种：一种是商务性的，具有商业宣传和发出要约邀请或要约的性质，如招商邀请函、参展邀请函，本书第六章第三节已作详细介绍；另一种是用于邀请有关单位或人士来访、讲学、兼职等，起请求和告知的作用，是一种常用的公关礼仪文书。本节介绍的是后一种邀请函。

(二) 邀请函的结构与写法

1. 信头。用醒目字体标识发函单位的全称。

2. 标题。具有公关礼仪性质的邀请函，标题一般就写“邀请函”三字。“邀请函”与公文的“函”性质不同，因此标题不宜使用“关于邀请××的函”这一类格式。

3. 称呼。邀请函的发送对象有两种：

(1) 发送到单位的邀请函，应当写单位名称。由于邀请函是一种礼仪性文书，称呼中要用单称的写法，不宜用泛称(统称)，以示礼貌和尊重。

(2) 邀请函直接发给个人的，应当写个人姓名，前冠“尊敬的”敬语词，后缀“先生”、“女士”、“同志”等。

4. 开头应酬语。写给个人的邀请函，在称呼下面、正文之前，应当写“您好”。写给单位的，则可省略应酬语。

5. 正文。正文应写明邀请的具体事项。如邀请讲学或作报告，应说明活动的名称、主办单位、目的、出席对象和人数、讲学或报告的内容和次数、时间、地点、报酬及支付方式、联系方式等事项；如邀请访问，应当写明邀请的缘由、邀请的范围、访问的主要内容、大致的日程安排、经费等事项。结尾处应当对应上文再写几句应酬语，如“临书翘企，敬候佳音”等，不宜说完正事就结束，收得太急，显得不太礼貌。

正文的语气要委婉、恳切、得体。

6. 祝颂语。正文下方空 2 字写“此致”或“顺颂”等词语，再另起一行顶格写“敬礼”或“时祺”等词语。写给单位的邀请函，祝颂语也可省去不写。

7. 署名。邀请函的标题一般不标注发文单位名称，因此应在祝颂语的右下方署发文单位名称并盖章。写给个人的邀请函，还可以由发文单位的领导亲自签署姓名。姓名前应写明职务。

8. 日期。署名之下写明具体的年、月、日。

实例评析

邀 请 函

尊敬的戴维斯先生：

您好。

我中心是中国十大会展场馆企业之一，展览面积××万平米，建馆 5 年来共举办各种展览×××个，观众总人数逾×××万人次。为实现我公司五年内跻身世界知名展馆企业行列的目标，我们正在邀请一批知名专家组成我中心的策划顾问团。您是一位在国际会展业研究和策划方面的专家，长期来，我们一直非常仰慕您的成就以及您在业内的影响力。因此，我们诚邀您为我中心首席策划顾问，并欢迎您在今年方便的时候访问我公司，共商合作事宜，一切费用由我公司安排，具体时间由您提出。如蒙惠允，不胜荣幸。我们殷切期待您的回音。

顺颂

春祺

××会展中心有限公司总经理　钱××

20××年 2 月 8 日

【评析】

这篇邀请函主题是邀请对方担任首席策划顾问，字数虽然不多，但主旨鲜明、脉络顺畅、处处照应，结构十分精致。首先是称呼与签署照应。对方是一位颇有研究成就的会展策划师，请这样一位人士担任首席策划顾问，当然应当由身份较高的管理人员亲自出面并签署，因此由该中心总经理出面是十分恰当和得体的。其次是行文首尾照应。开头提到该中心是本地最大的一家展馆企业，为了跻身世界一流行列，诚邀知名专家担任智库，这实际上是在为下文提出正式邀请作铺垫。接着通过得体地赞扬对方的知名度和影响力，暗示双方“门当户对”，同时也照应了前文。然后用“因此”作过渡词，承上启下，向对方提出正式邀请。由于这是一份商请函，还只是一厢情愿，于是末尾一句“我们殷切期待您的回音”表明了希望对方给予回复的意图，在内容上照应了全文。

此外，语言得体也是这篇邀请函的一大特色。由于对方是一位会展策划领域的国际权威，用“仰慕”一词来表达虔诚、称赞对方，较为得体。“如蒙惠允，不胜荣幸。”一句虽为书面礼仪的套语，但在此却用得十分自然、恳切。

二、请柬

(一) 请柬的含义

请柬，也叫请帖，是一种专门邀请客人参加活动的礼仪性文书。

同一般会议通知不同的是，请柬主要用于举行仪式性、招待性会展活动，如大型会议和展览活动的开幕式和闭幕式、大型工程的开工和竣工仪式、重要项目的签字仪式、招待会、晚会等等，而且发送对象一般都是上级领导、知名人士、兄弟单位代表等，与主人是宾主关系，而非上下级关系或管理与被管理关系。

邀请函与请柬都属于邀请客人参会的礼仪性文书，其区别有两点：一是适用场合不同，邀请函多用于以口头交流为主要方式的会议活动，如邀请有关专家出席咨询会、论证会、研讨会，邀请记者参加发布会、记者招待会等；而举行各类较为隆重的仪式和交际活动，如开幕式、闭幕式、签字仪式、开工典礼、宴会等，则应当用请柬。二是规格不同，有的会议活动可能同时使用邀请函和请柬，这时，对作为一般成员的专家和客人用邀请函，对作为特邀嘉宾的上级领导、兄弟单位代表、社会名流等，则应当用请柬。

(二) 请柬的结构和写法

1. 固定格式。既可以按统一格式批量印制，也可以用市售的具有统一格式的请柬填发。这类请柬应当有信封，以示郑重。请柬的正文一般不用标点，也不提邀请对象姓名，而是将其姓名写在信封上，切不可将邀请对象的姓名写在“恭请”的后面。最后填写主办单位名称，也可由主人签名。

2. 拟稿打印格式。即根据活动的具体要求和对象的实际情况，专门拟稿后打印的请柬。打印后要装入信封发送。具体格式如下：

(1) 标题。仅写“请柬”二字，居中。不能写成“关于××××的请柬”。

(2) 称呼。写明对象的姓名。如发给单位的，则写单位名称。

(3) 正文。写明活动目的、主办单位、内容、形式、时间、地点等。由于请柬发送的对象都是上级领导、兄弟单位、知名人士等，因此，语气用词一定要恭敬、委婉、恳切。请柬中的所提到的人名、国名、单位名称、节日名称都应用全称。如果要确切掌握出席情况，可在请柬下方注上“请答复”字样，涉外请柬用法文缩写“R. S. V. P.”。如只要求在不出席的情况下答复，则注上“Regrets only”(因故不能出席请答复)，并注明回电号码。附注中也可说明桌次、从几号门进入等事项。

(4) 具名。以单位名义邀请的具单位名称并盖单位公章，以示郑重。以领导人名义发出的请柬，由领导人签署，以表诚意。

(5) 日期。写明邀请日期。

实例评析

请　柬

尊敬的________：

兹定于20××年4月22日(星期日)下午一时十五分，在上海苏州河江宁路桥至昌化路桥段水域，隆重举行“亚龙工业杯”20××年上海苏州河城市龙舟邀请赛暨同济大学百年校庆海峡两岸及港澳地区大学生龙舟赛。

本次活动由上海市体育局、同济大学和上海市普陀区人民政府主办。届时，敬请光临，并请在蓝束区就座。

“亚龙工业杯”20××年上海苏州河城市龙舟邀请赛
暨同济大学百年校庆海峡两岸及港澳地区大学生龙舟赛
组织委员会
二〇××年四月十二日

注：1. 请从宜昌路66号梦清园大门进入
2. 请在指定地点停车
3. 附总示意图、停车证

【评析】

上面这份请柬的邀请对象、主办单位、活动名称、时间、地点、注意事项等信息齐全、明确，标题、称呼、正文、署名、日期等格式完整、规范，语言儒雅、得体，是一篇范文。

三、会展聘书

(一) 会展聘书的含义

会展聘书是会展管理机构、会展主办单位聘请某人担任与会展有关的职务的专用文书，如聘请担任组委会名誉主任、评选活动的评委等。聘书既是一种礼仪文书，又具有法定性，受聘者据此在聘任期间享有与之相应的权利，同时也必须履行相应的义务。聘书不用于任命领导干部。

(二) 会展聘书的格式和写法

1. 标题。居中写“聘书”或“聘请书”，也可写明聘请单位的名称。

2. 称谓。即受聘对象。聘书的称谓前一般不缀敬语词，姓名后写“同志”、“先生”、

“女士”、“老师”等。如采用第三人称的写法，可不写称谓。

3. 正文。聘书的正文一般要写明聘任的具体职务和期限，必要时还可写明聘请的目的和聘任期间的主要职责。写法上要注意人称的协调，如前面写有称谓，正文中一定要写“你”或“您”；如前面省略了称谓，则正文中一定要写明受聘者的姓名。最后另起一行前空2字用“此聘”或“此致”作结语，不加句号。

4. 聘请机构。正文右下方写聘请机构的全称并加盖公章，或由聘请机构的领导人亲自署名或盖手书体签名章。

5. 颁发日期。聘请机构名称之下写上确定聘请的日期。

【会展聘书例文】

聘　书

×××先生：

兹聘请您为“第七届×××博览会金奖”评委会主任。

此聘

第七届×××博览会组委会主任×××

二〇一四年三月十五日

第六节　感谢信和贺信

一、感谢信

(一) 感谢信的含义

感谢信是发信的组织或个人向收信的组织或个人表达诚挚谢意的常用社交礼节性文书。在会展活动结束后，主办者常常要向承办单位、协办单位、支持单位、参展商、观众、媒体以及社会各界表示感谢，因此拟写和发送感谢信是会展善后阶段的重要工作。

(二) 感谢信的结构与写法

1. 标题。感谢信的标题一般有三种写法：第一种写明发信单位、致信对象和文种，如《中国宠物及水族用品展览会致组团单位及宣传媒体的感谢信》；第二种写明致信对象和文种，如《致××场馆全体建设者的感谢信》；第三种仅写《感谢信》。标题应当居中。

2. 称谓。标题之下顶格书写受谢单位的名称或个人姓名，后加冒号。受谢对象较多时，可用统称，如“尊敬的客户”。如标题中已经指明致信对象，或以公开的方式向社会各界致谢，也可不写称谓。

3. 正文。正文一般可分为三部分来写：首先，交代感谢的原因，写明所要感谢的人和事以及得到了对方哪些帮助和支持，这些帮助和支持对于己方有哪些意义和作用。这一部分叙述要清楚，时间、地点、人物、原因、经过、结果六要素要尽可能齐全。其次，赞扬对方的高尚品德、优良作风、可贵精神并表达合作诚意。这一部分语言要充满感情，评价要恰当、得体。最后，再次表达敬意和感谢，或提出进一步加强合作的愿望。致参展商的感谢信，还可指出刚刚闭幕的会展所取得的成效，并表示欢迎参加下一届会展的诚意。

4. 祝颂语。根据双方的关系选择相关的祝颂语。如正文的结尾已经再次表达了敬意和祝愿，也可省去祝颂语。

5. 署名。单位发出的感谢信署单位的名称并加盖公章；以领导人名义发出的感谢信由领导人亲署姓名，并写明身份或职务。

6. 日期。写明发出的具体日期。

实例评改

给参展企业的一封感谢信

各参展会员单位：

由我会主办的20××首届中国国际××博览会，在大家的积极参与和共同努力下，取得了圆满成功。此次展览会是一次规模大、水平高、专业性强的××博览会，已经成为××行业公认的行业盛会。

此次展览会，得到了广大会员企业的积极参与和大力支持，多数骨干企业非常重视，不但以大特装形式展示企业的风采，而且还组织几十人甚至一百多人参观展会和参加国际××论坛，为此，××秘书处表示诚挚的感谢。相信此次展览会将会极大地促进行业的发展。尽管本届展会取得了成功，但本次展览会仍存在一些不足和需要改进的地方，我们真诚地希望得到您的批评和建议，以使我们能够更好地办好下一届展会，为您提供更加满意的服务。

我们正努力扩大展会的影响，争取下一届展会规模更大、水平更高、商业效果更佳。同时，我们也在加强与国际著名××制造企业和贸易公司的联系，努力使下一届××博览会的国际性更强，打造世界一流国际××博览会品牌，促进国际交流，使我国××行业整体水平得到较大提升，为振兴我们××制造业作出努力。

20××第二届中国国际××博览会的具体时间和地点。还未正式确定，一旦确定，我们会及时通知大家。再次感谢大家的大力支持。

××秘书处

二〇××年十二月

【评改】

上述感谢信态度诚恳、格式完整，但有多处需要改进：

一、标题中的“给”如换成“致”，可增强书面语效果。“一封”二字属多余，可删去。

二、称呼“参展会员”同标题中的“参展企业”不一致。参展企业不一定都是会员，因此这两处的提法要统一。

三、第一段“此次展览会是一次规模大、水平高、专业性强的××博览会，已经成为××行业公认的行业盛会。”一句，有三个问题：

1. “展览会”和“博览会”两个概念混用。“博览会”一般是指规模较大、展品种类较多、较全的展览会。尽管目前“博览会”有滥用的趋势，但从概念上说，“展览会”是母概念，“博览会”是子概念。因此“展览会是××博览会的”判断不能成立。

2.“此次展览会是一次规模大、水平高、专业性强的××博览会”，语言啰嗦，不如改为“此次展览会规模大、水平高、专业性强”，语言简练、意思明确，同时也避免了概念混淆。

3.“××行业公认的行业盛会”的前面应当加上“我国”一词，这样更为贴切。因为这次展览会冠以“国际”二字，按照原句，很可能被理解为“国际××行业公认的行业盛会”。一般说来，第一次举办国际展览会，不大可能一下子被公认为国际性的行业盛会。

四、第二段存在下列问题：

1.“此次展览会，得到了广大会员企业的积极参与和大力支持”一句，与第一段“在大家的积极参与和共同努力下”一句意思重复。

2.“为此，××秘书处表示诚挚的感谢”一句是紧接着“多数骨干企业非常重视，不但以大特装形式展示企业的风采，而且还组织几十人甚至一百多人参观展会和参加国际××论坛”一句而写的，容易造成这份感谢信是冲着骨干企业写的错觉。

3.“相信此次博览会必将极大地促进行业的发展”一句在意思上与前面表示感谢、后面表示谦虚的后两句话没有必然联系，反而与强调该博览会的意义和特色的第一段联系紧密，因此可转移到第一段的最后。

4.“尽管本届展会取得了成功，但本次展览会仍存在一些不足和需要改进的地方”一句出现了两个意思相同、但表述不一致的主语，前一个是“本届展会”，后一个是“本次展览会”，不仅啰嗦，而且显得过于随意。

5.“尽管……”一句表示希望得到批评和建议的意思，这与感谢的主题无关，一般不必写。如一定要写，应当另起一行，独立成段。

6.“您”是“你”的尊称，用于指称个人，不用于指称集体或单位。由于前面的称呼是泛称，因此这里的两处“您”应当改为“各参展会员单位”或“大家”。

7.“不足”和“需要改进的地方”的并列表述属于同义反复。可以将并列关系改为递进关系，如“也存在一些不足，需要加以改进”。

五、第四段“为振兴我们××制造业做出努力”中的“我们”一词应改为“我国”。

六、最后一段有关下届展会时间地点问题的文字，没有任何意义，冲淡了感谢的主题，实属多余，可删去相关内容。

七、署名要写全称，日期也要写具体。

【修改后的参考例文】

致参展会员单位的感谢信

各参展会员单位：

由我会主办的20××首届中国国际××博览会，在会员单位的积极参与和共同努力下，取得了圆满成功。本届博览会规模大、水平高、专业性强，已经成为我国××行业公认的行业盛会，必将极大地促进我国××行业的发展。

本届博览会受到了广大会员单位的高度重视。许多骨干企业不但以大特装形式展示企业的风采，而且还积极组织人员参观展会和参加国际××论坛。对各参展会员单位的支持与合作，我们表示诚挚的感谢。

本届博览会虽然取得了成功，但也存在一些不足，需要加以改进。我们真诚地希望得到大家的批评和建议，以使我们把下届博览会办得更好，为大家提供更加满意的服务。

目前，我们正在加强与国际著名××制造企业和贸易公司的联系，努力扩大博览会的影响，争取下届博览会规模更大、水平更高、国际性更强、商业效果更佳。我们的目标是：打造世界一流的国际××博览会品牌，促进国际××业的交流和发展，提升我国××业整体水平，为振兴我国××制造业作出贡献。

让我们在20××第二届中国国际××博览会上再次相会！

中国××行业协会秘书处

二〇××年十二月十日

二、贺信

（一）贺信的含义

贺信是向受贺方表达庆贺、赞扬、表彰和勉励的社交礼仪性文书。在会展行业中，贺信常用于祝贺会展公司的成立或司庆、场馆建设工程的竣工、会展活动的开幕和闭幕等。贺信如以电报的方式发出，则称为贺电。

（二）贺信的格式和写法

1. 标题。贺信的标题也有三种写法：第一种写明祝贺单位、祝贺对象和文种；第二种写明祝贺对象和文种，如《致20××山东（国际）文化产业博览会的贺信》；第三种仅写《祝贺信》。标题应当居中。

2. 称谓。一般写祝贺对象的名称。如果是以祝贺单位领导人的名义祝贺对方，其称谓应写对方单位领导人的姓名。

3. 正文。开头一般应直接点明主题，即祝贺的具体事项并表示祝贺之意。主体部分应当热情赞扬对方所获得的成功、取得的成就和进步，深刻揭示其原因，充分肯定其意义。结尾部分应根据祝贺的对象和相互关系，或提要求，或表希望，或发号召，或祝成功。贺信正文的写作要情真意切、表达自然。

4. 祝颂语。一般可写“顺致崇高的敬礼”或“预祝××博览会圆满成功”，或根据祝贺和受贺双方的关系选择其他合适的祝颂语。如正文的结尾已经再次表达了敬意和祝愿，也可省去祝颂语。

5. 署名。单位发出的贺信署单位的名称并加盖公章；以领导人名义发出的贺信由领导人亲署姓名，并写明身份或职务。

6. 日期。写明发出贺信的日期。

实例评析

致20××山东(国际)文化产业博览会的贺信

山东省委、省政府:

欣闻20××山东(国际)文化产业博览会即将开幕,谨向你们表示热烈的祝贺!

近年来,山东省委、省政府坚持以邓小平理论和“三个代表”重要思想为指导,认真贯彻落实科学发展观,构建社会主义和谐社会,经济社会发展迈上新的台阶,正朝着全面建设小康社会的目标稳步迈进。同时,省委、省政府高度重视文化建设,提出建设文化强省的目标,全省文化事业和文化产业有了很大发展,取得了可喜成绩,积累了宝贵经验。

山东是孔孟之乡,历史文化资源丰富,发展文化事业和文化产业具有得天独厚的优势和条件。希望省委、省政府进一步解放思想,坚持先进文化的前进方向,深化文化体制改革,积极探索,大胆创新,发挥优势,打造精品,以山东文博会的举办作为新的起点和新的契机,在推动全省在社会主义文化建设道路上上迈出更大步伐,取得更大成绩!

预祝20××山东(国际)文化产业博览会圆满成功!

刘云山

20××年6月12日

【评析】

这是一封以领导人的名义代表上级机关写给下级单位的贺信。贺信主题鲜明,高瞻远瞩,有祝贺、有褒奖、有鼓励,也有希望,最后以预祝展会圆满成功结尾。篇幅简短,文字有力,是一篇成功的范文。

第六章

会展现场服务文案写作

章前导语

本章围绕会展现场服务工作，重点介绍了议程、日程、程序、报到注册表、签到表、会展证件、会展证书、参展商服务手册、参观指导、展览会会刊、布展和撤展通知案文案的含义、特点，主要内容以及结构与写法。

第一节 议程、日程和程序

一、议程

(一) 议程的含义

会议期间的活动基本上可以分为两类：一类是议题性活动，即围绕会议事先设定的各项议题所展开的报告、讲演、辩论、商讨、审议、选举和表决等活动；另一类是仪式性活动，即为举行颁奖、授勋、签字、揭幕、剪裁、奠基、升旗等仪式而举行的活动，属于非议题性活动。会议议程是特定的会议按照主次、轻重的原则确定全部议题性活动先后顺序的文书。

使用“议程”这一文种，要注意下列几点：一是“议程”仅用于事先设定议题，并以讨论、表决议题或者磋商、谈判为目的的会议，仪式类活动的顺序安排不使用“议程”，而使用“程序”；二是“议程”必须涵盖会议的全部议题；三是“议程”安排常常较粗，需要“会议日程”加以细化；四是法定性会议(代表大会、理事会等)的“议程”具有法定性，必须提交全体代表(预备会议)事先通过，然后再执行。

(二) 议程的结构和写法

1. 标题。由会议全称和“议程”二字组成。

2. 稿本。须提交预备会议通过的议程，应在标题后面或者下方居中用圆括号注明“草案”二字。

3. 题注。预备会议通过的议程，要在标题下方注明通过的日期、会议名称，并用圆括号括入。无需大会通过的议程可注明会议的起讫日期，如：(2007 年 3 月 5 日—3 月 8 日)，也可注明会议的主办单位等信息。

4. 正文。正文简要概括地说明会议每项议题性活动的顺序，用序号标注，一般采用主谓结构或动宾结构的短语，句末不用标点。

5. 署名和制定日期。由会议组织机构确定、无需大会通过的议程应当标明制定机构的名称和制定日期。已写明题注的议程则无需署名，也不写制定日期。

下表是会议议程的各项结构要素在不同适用条件下的组合模式。

	会议表决前	会议通过后	主办方制定
标题	√	√	√
稿本	√		
题注		√	注明会议的起讫日期、主办单位等
正文	√	√	√
署名	√		√
日期	√		√

实例评析

第十届全国人民代表大会第五次会议议程

(2007 年 3 月 4 日第十届全国人民代表大会第五次会议预备会议通过)

一、听取和审议国务院总理温家宝关于政府工作的报告

二、审查和批准 2006 年国民经济和社会发展计划执行情况的报告与 2007 年国民经济和社会发展计划

三、审查 2006 年中央和地方预算执行情况的报告与 2007 年中央和地方预算草案

批准 2006 年中央预算执行情况的报告与 2007 年中央预算

四、审议全国人民代表大会常务委员会关于提请审议《中华人民共和国物权法(草案)》的议案

五、审议国务院关于提请审议《中华人民共和国企业所得税法(草案)》的议案

六、审议全国人民代表大会常务委员会关于提请审议《第十届全国人民代表大会第五次会议关于第十一届全国人民代表大会代表名额和选举问题的决定(草案)》的议案

七、审议全国人民代表大会常务委员会关于提请审议《中华人民共和国香港特别行政区选举第十一届全国人民代表大会代表的办法(草案)》的议案

八、审议全国人民代表大会常务委员会关于提请审议《中华人民共和国澳门特别行政区选举第十一届全国人民代表大会代表的办法(草案)》的议案

九、听取和审议全国人民代表大会常务委员会委员长吴邦国关于全国人民代表大会常务委员会工作的报告

十、听取和审议最高人民法院院长肖扬关于最高人民法院工作的报告

十一、听取和审议最高人民检察院检察长贾春旺关于最高人民检察院工作的报告

【评析】

这篇议程的结构由标题、题注、正文三部分组成。标题写明会议的全称,显得十分庄重,也便于检索查找。题注写明通过的日期和通过该议程的会议名称,并用括号括入,以示与标题的区别。正文采用序号式结构体例,层次分明。每项议程均用动宾结构的短语表述,句末不用句号,简洁明快。议程中提到的、需要代表们审议的法律性文件,都在文件的标题后面注明"(草案)",以区别于正式法律。在用词上特别严谨,针对不同的文件分别使用了"听取"、"审议"、"审查"、"批准"等动词,十分准确地体现了全国人大代表的权利和职责。是一篇很值得效仿的范文。

二、日程

(一) 日程的含义

日程是指把一次会展的全部活动项目和内容按天或上、下午的单位时间作出的具体安排,包括会议日程、展览日程和节事日程。

会议日程不仅要细化会议议程框架内的全部议题性活动，还要具体安排会议中的各项仪式性活动，如开幕式、闭幕式等，有时还可以包括报到、招待会、参观、考察、娱乐、离会等等辅助活动和工作环节。

展览日程一般包括报到、开幕式、布展、开馆、闭馆、撤展等时间安排。

（二）日程的结构和写法

1. 标题。由会展活动的名称加上"日程"或"日程安排"、"日程表"组成。

2. 稿本。会议日程如果需要在大会上或主席团会议上通过，在提交时应写明"草案"，并用圆括号括入，放在标题之后或者下方居中。

3. 题注。在大会上或主席团会议上通过的会议日程，应当写明题注，具体写法同会议议程。其他会议和展览日程应在标题下方注明举办的年份。标题中已经显示年份信息或者署名处已写明制定年、月、日的，则可省去不写。

4. 正文。正文部分有两种格式：

（1）表格式。表格式的优点在于会展活动的各项安排能够一目了然，适用于需要交代各项具体信息的会议或配套活动较多的展览会和节事活动。表格式日程安排一般以上午、下午、晚上为单元，如有必要，也可利用中午和傍晚的时间。每个单位时间可再分成几段，以适应不同活动的需要。内容上一般要设活动的时间、名称、内容、主持人（召集人）、参加对象、活动地点、活动要求（备注）等项目。

（2）日期式。即按日期先后排列会议的各项活动，每项议程和活动名称前标明序号或起止时间。展览日程安排较多采用日期式，一般按报到、布展、开幕式、开闭馆、撤展的环节写明具体日期和时间。

5. 署名。一般由会展组织机构的秘书处或展务组署名。在大会上或主席团会议上通过的会议日程由于已有题注，无需再署名。

6. 制定日期。不经大会或主席团会议通过的会议日程要写明制定的具体日期。

实例评改

【会议日程合作实例评改】

20××中国国际教育信息化应用论坛议程

日期	时间	报告主题	报告人
7月21日	7:00—22:00	会议报到； 已报到代表参观"全国教育科技发明创新产品展评暨 IT 产业与教育互动成果展览"	
	19:00—21:00	"2007中国中小学信息技术创新应用示范学校和创新管理校长"获奖代表持票参加第五届"全国中小学信息技术创新与实践活动"颁奖闭幕式	

续 表

日期	时间	报告主题	报告人
7月22日上午	8:30—9:00	致开幕词/致欢迎词/致贺词	全国组委会领导/重庆市领导/教育部领导
	9:00—9:30	全体合影	
	9:30—10:30	主题报告:提高自主创新能力,建设创新型国家从青少年教育抓起	邢×× 国家知识产权局副局长
	10:30—11:00	技术报告/区域报告	
	11:00—12:00	主题报告:"十一五"教育部关于基础教育信息化发展的指导意见	李×× 教育部基础教育司副司长
7月22日下午	13:30—18:00	专题对话会:创新管理校长圆桌会议 议题1:信息技术环境下学校的创新管理与教学应用 议题2:学校信息化建设优化解决方案 议题3:架设通往世界的桥——全球范围的分享、合作与交流	
7月23日上午	8:30—9:10	主题报告:国际视野下的信息化应用	蔡×× 新加坡华文学习研究院
	9:10—9:25	技术报告/区域报告	
	9:25—10:05	主题报告:信息化教学创新	史×× 东北师范大学
	10:05—10:20	技术报告/区域报告	
	10:20—10:35	会间休息	
	10:35—12:00	专题会议 议题1:Moodle教学应用(上海师范大学黎××教授主持) 议题2:教育Blog的深入发展(苏州市电教馆金×馆长主持) 议题3:教育游戏	

续 表

日期	时间	报告主题	报告人
7月23日 下午	13:30—14:55	专题会议 议题1:基于网络的教科研/校本教研(湖北教科院叶×研究员主持) 议题2:小语阅读和写作能力的培养(深圳南山实验学校张×校长主持) 议题3:基础教育信息化的区域推进/农远工程	
	14:55—15:10	会间休息	
	15:10—15:50	主题报告:国际视野下的信息化应用	待定
	15:50—16:05	技术报告/区域报告	
	16:05—16:45	主题报告:集体智慧教育时代的到来	黎×× 上海师范大学教育技术系
	16:50—	大会闭幕	

【评改】

这份“议程”的写作采用了表格形式,以日期、时间、报告主题和报告人四个栏目为列,以每项活动的时间顺序为线索,表述清楚,一目了然,便于查阅。以下几方面需要修改:

一、文种应当改为“日程”。这份会议“议程”实际上是把这次会议活动的全部内容分解落实到上、下午和晚上单位时间,不仅涵盖了所有主题报告、专题对话、圆桌讨论等议题性活动,而且包括了报到、开幕式、颁奖仪式、代表合影、会间休息、大会闭幕等仪式性和辅助性活动,因此,文种应当使用“日程”,而不是“议程”。

二、“报告主题”这一栏目应改为“会议内容与形式”。“报告主题”与下面的内容不完全相符。“报告主题”是指报告中的主要观点或主要内容,非报告的活动不能归入“报告主题”栏目。“会议报到”、“致开幕词”、“全体合影”等活动环节可以列入会议日程,但并不是报告形式的活动,故“会议主题”不能作为这一栏目的标题。

三、活动环节的名称应统一。如大会最后写“大会闭幕”,但开始时却没有写“开幕式”,而是写“致开幕词/致欢迎词/致贺词”,前后不统一。

实例评改

【展览会日程写作实例评论】

20××年中国国际通信设备技术展览会日程

展览会布展时间:10月13日至17日

1A、1B、2、3、4、5、6、7、8A、8B馆租用光地展位的参展单位的布展时间:

10月21日至24日8:30至17:30

10月17日8:30至21:00

9号馆租用光地展位的参展单位的布展时间:10月14日至16日8:30至17:30

10月17日8:30至21:00

9号馆租用标准展位的参展单位的布展时间:10月16日8:30至17:30

10月17日8:30至21:00

展览会展出时间:2005年10月18日至22日,共5天

开幕典礼:10月18日10:00开始

展出时间:10月18日12:00至16:00

10月19日至21日9:30至16:30

10月22日9:30至15:30

上述时间为针对观众的开放时间,展商在展览期间的时间安排为每天9:00至17:00(22日至16:30)

展览会撤展时间:10月22日16:00至21:00

10月23日8:30至17:30

【评改】

这份展览日程主要有以下问题:

一是层次较乱。"展览会布展时间"与"租用光地展位的参展单位的布展时间"、"9号馆租用光地展位的参展单位的布展时间"是包含关系,但在表述形式上却看不出这种包含关系。

二是前后矛盾。该展览会布展时间为10月13日至17日,但"租用光地展位的参展单位的布展时间却为"10月21日至24日",前后矛盾。该展览会展出时间为20××年10月18日至22日,光地展位的布展时间不可能在10月21日至24日期间,显然是笔误。撤展时间也应当从10月22日16:30开始,否则与前面规定"展商在展览期间的时间安排为每天9:00至17:00(22日到16点30)"相矛盾。

三是不够简练。"租用光地展位的参展单位的布展时间"有点啰嗦,不如改为"光地展位布展时间",言简意赅。"开幕典礼:10月18日10:00开始"中的"开始"一词也可省略。"展览会展出时间"与"展出时间"有重复之嫌。

此外,还应当写明发布这一展览日程的机构名称和发布日期。

【修改后参考例文】

20××年中国国际通信设备技术展览会日程

一、布展时间(10月13日至17日)

(一) 1A、1B、2、3、4、5、6、7、8A、8B馆光地展位布展时间:

10月13日至16日8:30至17:30

10月17日8:30至21:00

(二) 9号馆光地展位布展时间:

10月14日至16日8:30至17:30

10月17日8:30至21:00

(三) 9号馆标准展位布展时间:

10月16日8:30至17:30

10月17日8:30至21:00

二、展出日期与时间安排(2005年10月18日至22日,共5天)

(一) 开幕典礼时间:

10月18日10:00

(二) 观众开放时间:

10月18日12:00至16:00

10月19日至21日9:30至16:30

10月22日9:30至15:30

(三) 展商作息时间:

每天9:00至17:00(22日到16:30)

三、撤展时间:

10月22日16:30至21:00

10月23日8:30至17:30

20××年中国国际通信设备技术展览会组委会

20××年×月×日

三、程序

(一) 程序的含义

1. 程序的含义。在会展活动中,程序是指事先确定的一次单独举行的会议(或会议中的单元活动)以及仪式中的工作环节和活动细节的先后顺序。开幕式、闭幕式、选举、表决、签字仪式、颁奖仪式、启动仪式等仪式类活动,应当制定程序。

程序写作的内容要比议程更为详尽,从会议或仪式开始到结束的每个活动细节的名称,如宣布会议或仪式开始、奏国歌或唱国歌、升旗、致辞、颁奖、献花、宣布会议或仪式结束等等,要非常清楚;致辞人、发言人、颁奖人、剪彩人的身份、姓名、发言题目、颁奖性质和等级等要十分具体、准确。程序是主持人掌握会议进程的依据,也可以分发给与会者和记者,便于他们详细了解会议或仪式的具体内容进程。

(二) 会议程序的结构和写法

1. 标题。由活动名称加上“程序”或“顺序表”组成。

2. 题注。标明活动的具体日期、地点、主题、主办单位等信息,以便于散发或刊登宣传。(标题中已显示的信息可省去)。

3. 正文。会议程序的正文有两种格式:

(1) 序号式。即用汉字或阿拉伯数字标引各项具体活动的名称、内容,列出相应的活动步骤和细节,要求详细、明确。

(2) 时间序列式。即把各项会议活动以较为精确的时间排列先后,其优点是容易控制各项活动的时间,保证整个活动按预定时间结束。

4. 署名。署名一般为组委会或会议秘书处,也可省去。

实例评析

第七届中国国际××博览会开幕式程序

时间:20××年5月18日上午9:00

地点:××××

一、主持人宣布:第七届中国国际××博览会开幕式开始。

二、主持人介绍应邀出席的领导和嘉宾。

三、第七届中国国际××博览会组委会主任、上海市副市长×××先生致欢迎词。

四、商务部副部长×××先生讲话。

五、全国家电协会理事长××女士讲话。

六、进行第七届中国国际××博览会开幕剪彩仪式

1. 介绍剪彩仪式的主礼嘉宾(宣读名单,每介绍一位,礼仪小姐引导该嘉宾走上剪彩礼台,全场鼓掌)。

2. 礼仪小姐为各位主礼嘉宾送上金剪。

3. 剪彩。

七、礼成,鸣放礼花、礼炮。

八、主持人宣布“第七届中国国际××博览会开幕式”结束,请各位领导和嘉宾参观。

【评析】

这是一份展览会开幕式的程序,其写作特色有以下几方面:

一、内容全面清楚。介绍、致辞、剪彩等各项活动环节安排有序,无一遗漏。

二、层次完整规范。标题、题注、正文等结构要素齐全,正文采用序号法表述每项活动的环节,脉络畅达。

三、语言简明扼要。正文采用短句的形式表述,不加任何修饰,简洁明了。

第二节 报到注册表与签到表

一、报到注册表

(一) 报到注册表的含义

参加会展活动的对象(与会者、参展者、观众)抵达会展现场时,向组织机构出示有效证件、办理登记手续、确认已经到会到展的手续称为报到注册。在报到时要求报到者填写有关报到者个人及单位情况的表格称为报到注册表,或称注册登记表。

报到注册表与注册申请表是两种不同的会展文案,前者是报到时使用的,后者是报名申请参展、参会时用的。

注册表应该精心设计,要充分考虑实用性和全面性,以便掌握实际参会、参展、观展的情况,为总结评估提供数据,同时也可以为建立客户数据库作准备。

(二) 报到注册表的结构与写法

1. 标题。写明会展活动的名称和"报到注册表"或"注册登记表"。配套活动较多,代表们分别参加其中某项活动的,或者参加者数量较大,需要分类别报到注册的,可在标题中写明类别。

2. 会展时间和地点。时间写会展的起始和结束日期,地点写会展的具体场馆名称。

3. 正文。正文一般采用表格的形式。一般可设姓名、性别、年龄、学历、专业、职务、职称、国别(地区)、工作单位名称、单位性质、通信地址、邮编、电话、传真、电子邮箱、房间号码、报到时间、报到编号、随行人员等信息栏。以上项目可根据实际需要选择设计制作。会议名称、时间、地点等,应该安排在显眼的位置。

实例评析

××国际学术研讨会报到注册表

会员编号: 非会员□ 注册日期 年 月 日

姓名		性别		年龄	
单位名称					
职务		职称		所在部门	
地址		邮编		传真	
电话		手机		电子邮箱	
付费方式					

请回答下列问题:

1. 您此前是否参加过我们的会议?
   是□ 否□
2. 您是如何知道本次会议的?
   通过邮件□ 通过同事□

通过广告(说明广告登在哪个刊物上)______________________

通过其他方式(说明具体方式)______________________

3. 您是以个人身份参加会议,还是代表组织参加会议?

个人身份□ 代表组织□

4. 您计划参加哪些会议活动?

招待酒会□ 科技圆桌会议□ 主题报告会□

观光游览□ 展品评优□

【评析】

这份报到注册表由两部分组成:第一部分主要收集报到者的基本信息,其目的是做好接待工作和建立客户信息资料库,采用表格形式,项目设计全面、合理,一目了然;第二部分是进行问卷调查,其目的是掌握新老客户的比例,分析营销宣传手段的效果,了解客户对会议期间各项活动的感兴趣程度,采用了选择性问卷方式,问题少而精,简便易行。整个注册表的填写只需几分钟,体现了尊重客户的精神,也较容易得到客户的支持与配合。

二、签到表(簿)

(一) 签到表(簿)的含义

签到是指与会者或参展工作人员每次出席会议或进入展馆时在专门的表单上亲自签字,以证实其已经到会或到展、确认领到有关文件资料和证件的手续。签到时所使用的表单称为签到表(簿)。

签到表(簿)是统计参加会议的人数、检查缺会情况、掌握日客流量、加强展位管理的工具。有的签到簿还具有珍藏、纪念和作为历史凭据的作用。

(二) 签到表(簿)的格式

1. 封面。如签到的代表较多,或举行喜庆类的仪式,签到簿可设置封面,写明标题、主办单位、时间、地点。

2. 标题。一般由会展活动名称和"签到表(簿)"组成,如"××论坛开幕式签到簿"。

3. 正文。正文一般制成表格,内容项目包括:

(1) 主办单位名称。标题中未显示会展名称的,必须在正文中标注。

(2) 举办时间。写明具体的年、月、日、时、分。

(3) 举办地点。写明具体场馆名称。会议签到表要写明场馆名称、楼号、房间号码。

(4) 应到单位名称或应到人姓名。应到单位名称或应到人姓名可事先打印,右侧留出签字的空格。这样做可对缺席情况一目了然,同时也便于统计参加人数。会议如有正式代表与列席代表之分的,应当分栏签到。

(5) 签名。由与会者在相应的空格内对号签名。

(6) 签到时间。有的会展组织者还要求签到时同时注明签到时间,以便掌握签到者实际到会、到展的确切时间。

【仪式签到簿参考格式】

封面

第×届××国际汽车工业博览会

开 幕 式

签

到

簿

二〇××年四月十日

上海新国际博览中心

内页

姓名	单位	职务	手机

第三节 会展证件和证书

一、会展证件

（一）会展证件的含义和作用

会展证件是指会展活动举办期间，为便于管理和服务，要求参加人员、工作人员以及其他进入场馆的人员佩戴的证明身份的书面凭证。会展证件具有便于加强安全管理、便于搞好接待服务、便于与会者之间交流和联系、便于对会务和展务工作人员进行有效的监督、便于统计参加会展活动的人数等作用。

（二）会展证件的种类

1. 出席证。出席证只能发给正式的会议成员。

2. 列席证。列席成员的证件称为列席证，与出席证相区别。

3. 旁听证。旁听成员的证件只能称为旁听证，同列席证应有区别。

4. 来宾证。用于特邀代表。有的展览活动还分为贵宾证和嘉宾证。

5. 参观证。即观众进入会展现场时必须出示的证件，有的分为专业观众证和普通观众证。

6. 记者证。用于经批准或应邀前来执行会展活动采访任务的记者。

7. 工作证。用于会务和展务工作人员。

8. 布、撤展证。即参展商进场布展、撤展的有效证明。

（三）会展证件的主要内容

1. 会展活动名称。证件上的会展活动名称必须写全称。

2. 会徽。会展活动如有会徽，可将其印在证件上。

3. 姓名。写证件持有人的姓名。外国人写外文姓名。

4. 照片。持证人必须将自己的照片贴到证件上。

5. 证件名称。根据持证人的身份、资格标明“出席证”、“列席证”、“工作证”、“布展证”等等。要用较大的字号醒目标识。

6. 代表团或工作单位名称。以国家或地区名义派出的代表团，写国家或地区的名称；单位代表写单位名称；以个人身份参加的，写明其国籍。

7. 证件编号。为便于登记、查找和管理，证件应统一编号。参展证要标明展位号。

8. 日期。会议证件标明会议活动实际举行的日期。参展证、布展证和施工证标明有效期。

9. 持证须知。为了加强证件管理，可以对持证人提出一些要求，如“不得转借”以及安全注意事项等，印在证件的背面。

（四）会展证件的式样

会议证件的式样通常设计成长方形的胸卡或襟牌，横式、竖式均可，大小要适中，质地要牢固，能反复多次使用。设计格调要与会议的性质和气氛相适应。涉外会展活动的证件每个项目可用中文和外文两种文字标注，中文在上，外文在下。不同种类的证件一定要采用不同的底色、字体、图案等作明显的区别，以便于识别和管理。

【会展证件参考样式】

二、会展证书

(一) 会展证书的含义和作用

会展证书是指由会展主办单位制发的，证明参展者或与会者在会展活动中获得某项荣誉或奖项、发表报告或演讲的文书。会展证书具有证明的作用，同时也常常是获得者收藏的珍品，制作应当精美，便于永久保存。

(二) 会展证书的结构与写法

1. 标题。用醒目、漂亮的字体居中标注于证书上方，一般写“奖状”、“证书”、“荣誉证书”等，也可写明会展活动的名称或奖项名称。

2. 称谓。获奖证书有两种写作人称：如采用第二人称的写法，必须写称谓，如“××公司”或“×××同志”，后加冒号；如采用第三人称的写法，则不必写称谓。

3. 正文。获奖证书的正文一般要写明获奖的作品或产品的名称、奖项或荣誉称号的全称和等级，有时也可先写明评选的程序，如：“经××论坛学术委员会认真评选”，再写获奖的事项。结尾可另起一行写“特授此证”。采用第二人称写作的，正文中要出现“你”或“您”，以示与称谓相照应；采用第三人称写作的，由于不写称谓，正文中要写明获奖者的姓名。获奖作品有共同作者的，应当逐一写明姓名。

4. 颁证机构。正文右下方写明颁证机构的全称并加盖公章。

5. 颁证日期。写评定的日期或正式颁证的日期。

【会展证书例文】

奖　状

×××公司：

你公司在第七届××博览会上展出的×××产品荣获"××博览会××奖"。特授此证

第七届××博览组委会(章)
二〇一五年五月十日

第四节　参展商服务手册

一、参展商服务手册的含义和主要内容

(一) 参展商服务手册的含义

参展商服务手册(又称参展说明书、展览手册)是汇集展览会的基本信息、服务项目以及参展规则的文案。参展商服务手册内容详尽,既是帮助参展商做好参展准备工作的指导性文件,又是办展机构实施现场管理和服务的纲领性文件。其中对参展商的各项规定和服务承诺,在参展合同订立后,对双方都具有约束力。

(二) 参展商服务手册的主要内容

参展商服务手册的内容范围与招展公告或参展邀请书(详细版)基本上一致,但内容表述上更加详细和具体。

1. 展会的名称、主题、宗旨、历史。如已在招展公告或参展邀请函中作了详细介绍,这部分内容也可简化。

2. 展览会的时间。包括布展日程和具体时间、开幕式举行时间、对专业观众和普通大众开放的日程和具体时间、撤展时间、布展撤展的加班规定、参展工作人员作息时间等。以上时间的表述要尽量精确。

3. 展览会的地点。要求写明具体的城市、地址和展馆名称。

4. 组织阵容。具体写明主办(联合主办)、协办、支持、赞助、承办单位的名称,组委会的组成人员名单(包括名誉主任、主任、顾问、副主任、委员的姓名和现任职务),执行委员会组成人员名单,秘书长和副秘书长名单,组委会、秘书处的下设机构及其分工、联系方式。

5. 展览场地基本情况。包括展馆及展区平面图、至展馆的交通图、展览场地的基本技术数据等。绘制展馆及展区平面图时,要注意标明展馆各种服务设施所在的位置、展区和展位划分的详细情况、展馆内部通道和出入口等;在绘制至展馆的交通图时,要注意标明展馆在该城市的具体位置、到展馆可以利用的各种主要交通工具和交通路线、各指定接待酒店在该城市的具体位置等;对于该展览场地的基本技术数据,要清楚准确地列出地面承重、馆内通风条件、货运电梯容积容量、展馆室内空间高度、展馆入口高度

和宽度、展馆的水电供应状况等。

6. 参展规则。具体包括报到登记注册的注意事项，有关证件办理、使用和管理的规定，展馆现场交通和保安的规定，展位清洁的规定，展品储藏和保险的规定，安全使用水、电、气的规定，现场展品销售的规定，知识产权保护规定，现场展品演示的规定以及参展工作人员就餐规定等。

7. 展位搭建指南。包括标准展位配置说明、特装展位和光地展位搭建要求等。由于标准展位的面积、基本结构和配置都是一样的，所以对标准展位来说，主要是对展位的标准配置作出说明，列明参展商使用标准展位的注意事项。此外还要说明如果参展商需要增加其他非标准配置时，应当如何处理的办法。

特装展位和光地展位都是非标准展位，面积、结构和配置与标准展位不同。参展商服务手册要对参展商搭建特装和光地展位作出一些专门的规定，如使用材料、动火作业、消防安全和铺设电线的规定等。

8. 展品运输指南。即对参展商将展品等物品运到展览现场所作的一些指引和说明，主要包括海外运输指南和国内运输指南等。不管是海外还是国内运输指南，都要对展品等的运输方式和运输线路、各种货品的交运和文件提交的期限、货运文件的准备和交付、收费标准、包装、海关报关、回程运输、可供选择的自选服务等作出具体说明。展品运输指南对帮助参展商及时安排展品等物品的运输有较大的作用。

9. 其他服务指南。如旅游服务指南，要详细地列出各指定接待酒店的档次、协议优惠价格、地址、联系电话和传真以及联系人、与展馆的距离等，要列出海外观众和参展商入境的签证办法、会展期间及前后可供选择的商务考察和观光休闲旅游的线路和安排等。又如广告服务指南，要写明会展期间可提供的各种形式和载体的广告服务项目的名称、收费标准等。

二、参展商服务手册的结构和制作要求

(一) 参展商服务手册的结构与写法

1. 标题。写明展览会名称和“参展商服务手册”或“展览手册”、“参展说明书”。

2. 前言。说明编制说明书的目的，对参展商参加本次展览表示欢迎，提醒参展商在申请参展、筹展、布展、展览和撤展等环节要自觉遵守说明书的相关规定等。前言部分写作一般都很简短、言简意赅。

3. 正文。由于参展商服务手册常常印制成精美的小册子，版式设计应当新颖活泼，因此正文的写作格式也较为灵活，既可采取章条法或序号法的结构形式，也可不标注任何序号，而通过大小标题、字体字号的变化表示层次。

4. 相关表格和图片。参展商服务手册的制作应当图文并茂。表格和图片有两类，一类是辅助说明性的表格，插在正文的相关内容中；另一类是实用性表格，如展览服务申请表、聘请临时服务人员申请表、额外工作证和邀请卡申请表、研讨会和技术交流会申请表、刊登会刊广告申请表等。

(二) 参展商服务手册制作的要求

1. 实用。参展商服务手册的制作目的是为了指导参展商进行筹展、布展、展览、撤

展，以及更好地利用展览会提供的各项服务，同时也便于办展机构搞好展会的管理和服务，因此，参展商服务手册的内容必须具有鲜明的针对性和实用性。

2. 明白。参展商服务手册的内容必须详尽细致，但对各方面内容的说明和叙述应该简洁、明白、准确，尽量使用行业熟悉的语言，所涉及的术语要规范，让人一看就懂，不会产生歧义，否则就会引起争议，产生纠纷，既不利于参展商展出，也不利于主办单位进行现场管理。在内容编排上也要符合参展商筹展的程序，不能让他们翻来覆去地寻找自己需要了解的内容。

3. 美观。参展商服务手册的排版、印刷、用纸都要非常讲究。排版印刷要避免出现错别字和其他印刷错误。用纸要考究，与展会的品牌相匹配。

实例评析

××××展览会
参展商服务手册

第一章 展览概况

一、展览名称：××××产品展

二、展览地点：××××展览中心。地址：×××××××××

三、展览时间：20××年10月19日—21日

	17日	18日	19日	20日	21日
布展	8:30—17:30	8:30—19:30			
展览			9:00—17:00	9:00—17:00	9:00—15:00
撤展					15:00—撤展结束

四、主办单位：××××××，××××××，××××××

五、合办单位：××××××××

六、支持单位：××××××××××

七、承办单位：×××××××××，×××××××××

八、主搭建单位：××××××××××

九、主运输单位：××××××××××××

第二章 参展单位须知

一、登记与报到

（一）登记和胸卡

本届展会将给每位参展人员制作、寄发印有单位名称、姓名和职务的胸卡。胸卡可在布展、展览、撤展期间通用。无胸卡者不得进入展馆。为了及时获得胸卡，各参展单位须提前登记，填写本说明书《附表1. 参展人员登记表》，并于9月1日前传真至展览办公室（传真：×××××××）。

展览办公室将为登记的参展人员寄发胸卡。胸卡数量限定如下：3 m×

3 m标准展位每个展位3个,光地特装展位每9平米2个。请各参展单位按限定数量申请登记。超过规定数量的,每个需交纳工本费10元。

参展单位邀请海外买家参观的,如需展览办公室出具《海外买家签证邀请函》,请填写本手册:《附表2. 海外买家签证邀请函申请表》,展览办公室将为其出具邀请函。

(二) 报到及会刊领取

1. 报到时间

光地特装参展单位:10月17日—18日

标准展位参展单位:10月18日

2. 报到地点:××××展览中心

3. 报到办法

参展单位持展览办公室寄发的《报到通知书》和参展人员胸卡报到。报到时请领取并核对以下资料:布展通知、撤展通知、会刊、参展人员胸卡卡套等。

4. 会刊领取

每个标准展位可领取会刊1本;光地按面积折算,每9平米可领取会刊1本。

二、搭建与布、撤展

(一) 标准展位的布展

1. 国际标准展位配置(略)

2. 3 m×4 m展位配置(略)

3. 标准展位布展规定

(1) 参展单位需要其他配置,请向主搭建单位租赁(项目和价格请参看附表3、附表4)。

(2) 禁止对标准展位进行任何改建,参展单位可利用的空间只是3 m长×3 m宽×2.48 m高的展位内侧,任何展具和结构(包括公司标志)不准超过2.48 m。围板及楣板上方、外侧禁止张贴、悬挂任何物品,禁止在通道上摆摊,如有违反,将没收展品并不予退还展位费。

(3) 未经展馆或主搭建单位同意,不得在建筑物或展架的任何部分使用钉子、胶、图钉或类似材料。否则一切损失由参展单位承担。

(4) 标准展位配置中未使用物品将不予退款。

(二) 光地特装展位的搭建与布展(略)

(三) 现场管理有关规定

1. 基本管理规定

(1) 参展单位须遵守中华人民共和国法律及公安、海关、商检等有关部门的政策法规。遵守展览办公室和展馆的有关规定(包括本说明书的所有内容)。

(2) 本展会属国际性专业展览,只准展示和交流洽谈,不允许零售;不许展示与参展范围无关的产品。有上述情况之一者,主办单位有权没收展品并不予退回展位费。

(3) 参展单位须携带营业执照副本备查(无企业法人执照或营业执照的单位不具备参展资格)。

(4) 展览期间不得转让、拼接展位,一经发现,展览办公室有权收回展位,并对展位申请单位予以处罚。转让或拼接展位出现的全部责任由该展位原申请单位承担。

(5) 除展览办公室认可的采访人员外,对展位、展品进行摄影、录像均应事先征得该参展单位的同意。展览办公室认可的采访人员将佩戴由展览办公室发放的采访证。

(6) 需24小时供电的电器须事先向主搭建单位申请,需要延时断电、断水、断压缩气、断电话者须事先向主搭建单位提出申请。

2. 空箱管理(略)

3. 音量与演出管理(略)

4. 用餐及花草管理(略)

(四) 主搭建单位及电源、水源、气源、家具、电器租赁服务(略)

(五) 撤展(略)

(六) 展品、宣传品管理规定

1. 展品管理规定

(1) 所有参展展品(包括展位内摆放的产品及张贴的宣传图片、发放的资料,下同)须拥有合法知识产权,因侵犯他人的知识产权而引发的一切后果,由参展单位自行负责。

(2) 没有申请展位而在展馆内摆摊,或展出与本届展览会无关的展品,将一律由展览办公室没收。

(3) 参展展品不得在展览现场进行销售。一经发现,展览办公室有权收回展位,并不予退还参展费、报名费。

(4) 展览期间不得运出展品,展品出馆应到展览办公室现场服务处办理出门条。

(5) 展品和展出内容出现质量或法律责任,全部由申请该展位的参展单位承担。

2. 宣传品管理规定

(1) 由于本展会是国际大展,为了方便海外观众,参展单位的宣传品均须提供中英文对照。

(2) 参展单位的宣传品不准出现"中华民国"字样。

(七) 清洁卫生管理(略)

(八) 消防安全管理(略)

(九) 其他(略)

第三章　运输管理办法

一、车辆管理

(一)《运输车辆出入证》:(略)

(二) 装卸货时间限制:(略)

(三) 装卸货管理:(略)

(四) 入馆申请:(略)

(五) 展期运输车量管理:(略)

(六) 办理入沪手续:(略)

二、主运输单位及服务

(一) 主运输单位基本信息(略)

（二）服务内容及收费标准（略）

第四章　宾馆接待与展馆交通指南

一、宾馆接待方案（略）

二、展馆交通指南（略）

第五章　展览宣传及广告服务

一、会刊

（一）会刊介绍（略）

（二）会刊名录

展览办公室为参展单位提供免费的会刊名录服务。各参展单位有义务用正楷填写《报名协议书》，并提供详细信息，包括企业和展品的英文名称。若没有条件提供英文材料，展览办公室将提供翻译服务，翻译费需由参展单位支付。翻译费标准：30元/条。

（三）会刊广告（略）

二、新品申报与评审

为了促进行业新产品的开发与宣传，本届展览将举办“五金新品”和“厨卫创新设计大奖”的申报与评审，凡是符合“新思路、新设计、新款式、新材料”之任一条件的，可填写《附表11.新品申报表》，于9月15日前传真至展览办公室。

三、手提袋广告（略）

四、现场广告（略）

五、现场触摸屏广告（略）

六、网站信息服务（略）

七、技术讲座、研讨会、发布会（略）

八、媒体宣传（略）

第六章　服务人员通讯录（略）

【评析】

上述参展商服务手册原文共18000字，内容涉及展会基本情况、参展规则、布展撤展、展品运输、现场管理、接待服务、广告宣传等各个方面，全面详尽，对参展商来说，真是“一册在手，参展不愁”，具有较强的指导和管理作用。在结构安排上，宏观层次设章，微观层次采用大小序号法，层次分明、清楚，十分便于阅读和查找。语言简明扼要。能做什么、不该如何，讲得非常清楚，无含混、模糊之处。总之，是一篇出色的范文。

第五节　参观指南与展览会会刊

一、参观指南

（一）参观指南的含义和作用

参观指南是在展会举办期间向观众告知会展的有关信息，引导观众参观，提高参观有效性的指导性文书，也是展会现场的一种宣传和服务方式。参观指南能给进入现场的观众一目了然的感觉，既可以了解展会的整个框架，又可以合理安排参观的路线，不至于把想看的、想了解的遗漏掉。

（二）参观指南应包含的主要内容

1. 展馆分布图。通过展馆分布图，可以综观整个展览会的租馆规模和各种不同服务功能的所在地，了解每一个展区的分类和各展馆内的服务设施。

2. 展览会的综合信息。包括展览日程、班车时间、接送地点、酒店服务等。

3. 活动及会议安排。一般展览会都有配套活动和会议（论坛）的安排，要写明活动（会议）的名称、时间、地点、主讲人姓名和身份等。

4. 展区安排。包括国际、国内展区的摊位图以及相应的参展企业名单。

5. 下届展览会的信息。下一届展览会的时间和地点已经确定的，可以在本指南中宣传，便于观众了解和掌握动态，安排出时间来参观下一届展览会。

实例评析

20××年第××届××消费品交易会
观展指南

上海展览中心（延安中路1000号）

展出时间：10月20日—22日

进场时间：10月20日—21日　上午9:00—下午4:00

10月22日　上午9:00—下午2:00

▲ 中央大厅 CCFA 20××国际特许加盟（上海）展览会（上交会特许加盟馆）

▲ 序馆、东西平台 20××上海国际授权商品博览会（上交会授权商品馆）

▲ 东一馆 上海国际家居精品展览会（上交会家居用品馆）

▲ 西一馆 CIAA 第××届中国国际抗菌产业博览会（上交会抗菌产品馆）

上海光大会展中心（漕宝路88号、78号）

展出时间：10月20日—23日

进场时间：10月20日—22日　上午9:00—下午4:00

10月23日　上午9:00—下午2:00

▲ 西馆一楼 FHEA 上海国际生活电器博览会（上交会生活电器馆）

▲ 东馆 FOOD 第××届中国酒类、饮料暨超市食品展览会（上交会食品馆）

进场办法:
➢ 凭商务请柬和名片登记入场
➢ 谢绝儿童及非专业观众进场
➢ 两馆证件通用
交通班车(上海展览中心←——→上海光大会展中心)
上车地点:上海展览中心(喷水池广场)
上海光大会展中心(习勤路口)
发车时刻:10月20日—21日 10:00—15:30 每半小时发车一班
10月22日 10:00—13:00 每半小时发车一班

【评析】

上述参观指南的写作值得肯定的是:

一是内容清晰。由于展会分别在上海展览中心和上海光大会展中心两个展馆同时展出,该指南分别对两个展馆的名称、地点、展出日期、观众进场的具体时间以及两地之间的交通安排都作了具体说明。

二是格式醒目。尽管没采用序号式结构体例,但全篇通过段落错位、字体变化、特殊符号和上下对齐等手段,达到了层次分明、格式醒目的效果。

需要改进的有两处:

一是"展出时间"中除了日期外,还应当写明每天具体的展出时间,这样可使最后进场的观众了解自己还有多少时间可以参观。

二是"进场办法"概括不当。"进场办法"的意思是"如何才能进场",而"谢绝儿童及非专业观众进场"强调的是"哪些人不能进场",二者不构成包含关系,因此"进场办法"不能作为小标题来概括"谢绝儿童及非专业观众进场"的意思,可改为"进场须知"。

二、展览会会刊

(一) 展览会会刊的含义和作用

展览会会刊是指由主办单位统一编制、集中刊登所有参展商名称、LOGO、主导产品和业务、联系方式、展位编号以及位置的宣传性、服务性手册。

展览会会刊具有以下作用:

1. 便于专业观众查找对口的参展商。

2. 便于参展商之间相互拜访、洽谈。

3. 刊登参展商的广告。

4. 通过多种渠道将会刊分发到所有参展商、专业观众、行业协会或商会、外国驻华机构手中,借此帮助参展商扩大宣传,同时也宣传了展会本身。

5. 归档保存,为日后留下参考资料。

(二) 展览会会刊的主要内容:

1. 前言。前言部分简要介绍展会的意义、宗旨、已经取得的成果以及本届展会的特色,也可刊登对参展商和观众的参展、观展表示欢迎和感谢的献辞以及有关方面的贺词。

2. 办展机构及联系方式。介绍主办单位、承办单位、协办单位、批准单位、支持单位、合作媒体和网站、搭建单位、承运单位等，同时要列出这些单位的联系方式。

3. 展会的时间。包括展会的布展搭建、展出、撤展的具体时间。

4. 展会的地点。说明举办展会的具体场馆名称、地址、地理方位、交通线路、场馆以及各展位的平面分布图。

5. 相关活动。包括开幕式、新闻发布会、欢迎宴会、论坛、闭幕式等。

6. 广告插页。主要刊登参展商的广告。

7. 参展商名录。一般要收录参展商的单位名称、地址、联系方法、展位号，也可以刊登参展商及产品简介。参展商名称一般按照展位号码的顺序或名称的笔画(字母)排列。为方便检索，也可以另外编制参展商名称索引。

8. 其他服务信息。主办方认为需要在会刊中刊登的信息，如调查表、备忘录、入场须知等，只要能为参展商和观众提供方便的信息，都可以收录。

(三) 展览会会刊的结构和写法

1. 外观与封面设计。展览会会刊的外观设计既要强调大气，又要便于携带，一般在 32—16 开本之间。封面要突出显示展会的名称、LOGO、举办时间和地点，涉外展会要用中英文对照。封面的主色调要与展会的形象识别系统设计(EIS)风格相一致。

【展览会会刊参考样式】

2. 目录。会刊的页数较多,设置目录可以方便查找。

3. 正文。除前言外,各项内容板块可以分若干章,也可不分章,直接列出各内容板块的小标题。参展商名录的表述格式要一致,并按规定的顺序编排。涉外展会的会刊要用中英文书写正文。

4. 插页。插页主要用于刊登广告。

第六节 布展和撤展通知

一、布展和撤展通知的含义和作用

(一) 布展和撤展通知的含义

布展和撤展通知是展会主办或承办单位就布展和撤展的相关事宜向参展单位或个人发布信息、提出要求的文案。布展通知一般与参展确认书一起发出,撤展通知在临近闭展前发出。展期较短、规模较小的展会,也可以将布展通知和撤展通知合并制作,在参展前发出。

(二) 布展和撤展通知的作用

布展和撤展是展会举办期间两件非常重要的工作。做好这两项工作,事关展会的安全、顺利和圆满。布展和撤展通知是展会主办或承办单位就布展和撤展的事宜专门发出的通知,要求参展单位或个人遵照执行,在展会管理上具有指导性和约束性。也就是说,凡是参展的单位和个人,在接到通知后,都必须按照通知的要求严格执行,否则就属于违约行为,主办单位有权在合同的框架中予以惩罚。

二、布展和撤展通知的内容和结构

(一) 布展和撤展通知的主要内容

1. 展会的名称。可在标题中写明。

2. 布展和撤展的具体日期和时间节点。

3. 布展和撤展的具体要求。

4. 布展前和撤展后必办的手续。

5. 其他相关事宜。

(二) 布展和撤展通知的结构与写法

1. 标题。由展会名称和布展通知或撤展通知组成。

2. 致送对象。一般写统称,如“各参展单位”。如正文中已写明了对象,也可省去致送对象这一要素。针对特定对象的通知,则不能省略致送对象。

3. 正文。逐条逐项写明通知的具体要求,小标题和结构层次序数一定要清楚明确。

4. 署名和日期。署主办单位或承办单位的名称。如成立组委会或秘书处的,也可署组委会或秘书处的名称。日期写发出日期。

实例评改

2015 中国国际××博览会布展通知

布展时间:2015 年 5 月 26 日—27 日　地点:××国际会展中心

"2015 中国国际××博览会"将于 2015 年 5 月 28 日—30 日在××国际会展中心如期举行。

在此,首先感谢各位参展商朋友对本届展会的大力支持和帮助,并请您准时前来布展。

一、日程安排

布展时间:2015 年 5 月 26 日(星期二)—5 月 27 日(星期三)(早 8 点—下午 5 点)

展览时间:2015 年 5 月 28 日—30 日(星期四至星期六)(早上 8 点—下午 5 点)

撤展时间:2015 年 5 月 30 日(星期六)(下午 2 点开始)

二、报到程序

报到时间:2015 年 5 月 26 日

报到地点:××国际会展中心×号门

三、布展须知

1. 布展期间,不得私自拆装展具和随便增加展位配套设施,如另需其他展具,请到服务处办理展具租赁手续,不得私自引接电源,如有需要请找组委会协调,安排专人负责解决;布展时不准在展具上钉钉子、钻孔、涂乳胶、双面胶等;如在布展期间对展馆和展具造成破坏的,将按××国际会展中心的规定赔偿;

2. 参展企业不得在展位外的其他地方随便张贴广告或展示产品;

3. 所有参展企业尽量在规定时间内完成布展,如需加班请提前 2 小时联系组委会办理相关手续,以免给您的参展带来不必要的麻烦。

四、展览须知

1. 参展商必须准时入馆展示;

2. 布展、展览及撤展期间,每家企业至少有一人留守展位,看管好自己的参展物品及个人物品,如有丢失,企业自行负责;

3. 为保持展馆秩序,所有参展人员进出展馆时请正确佩戴参展证;

4. 展览期间每天 17:00 闭馆,请提前做好闭馆的准备,至时自动离馆。

五、撤展须知:

1. 所有企业必须在 5 月 30 日 14:00 开始撤展,当日撤完,特殊情况请与组委会协商安排;

2. 所有企业撤展时必须到组委会开具撤展证明后方可出馆;

3. 展馆内的配套物品,不准带出馆外,并注意保管好自己的物品,如有丢失,企业自行负责。

如有任何疑问,可以致电××展览有限公司,电话:××××××

××展览有限公司

2015 年 5 月 21 日

【评改】

上述布展通知存在以下问题：

1. 标题与正文不符。标题的主题是“布展”，而正文的内容却包含布展、展出和撤展三方面的内容。从开头三段话来看，该通知的主要事项是布展，因此应当删去正文中有关展览和撤展的内容。如果正文中必须说明布展、展览和撤展三方面的事项，则标题可以改为“2015 中国国际××博览会布展、展览和撤展通知”。

2. 开头第一段“布展时间：2015 年 5 月 26 日—27 日　地点：××国际会展中心”与下文重复，应当删去。

3. 第二自然段和第三自然段的意思联系紧密，应当合并为一个自然段。

4. 时间表述不一致，有的用上午、下午 12 小时制，有的用 24 小时制。

5. “报到程序”是指报到时必须履行的流程，如果仅仅是写报到时间和地点，则不应当使用“报到程序”的提法。

【修改后参考例文】

2015 中国国际××博览会布展通知

各参展企业：

“2015 中国国际××博览会”将于 2015 年 5 月 28 日—30 日在××国际会展中心如期举行，请各参展企业准时前来布展。

一、布展时间

2015 年 5 月 26 日（星期二）、5 月 27 日（星期三），每天 8 点—17 点。

二、布展地点

××国际会展中心

三、报到时间和地点

布展前必须先行报到。报到时间：2015 年 5 月 26 日；报到地点：××国际会展中心 3 号门。

四、布展须知

1. 不得私自拆装展具和随便增加展位配套设施，如另需其他展具，请到服务处办理展具租赁手续；不得私自引接电源，如有需要请找组委会协调，组委会将安排专人负责解决；不准在展具上钉钉子、钻孔、涂乳胶、双面胶等；如在布展期间对展馆和展具造成破坏，将按××国际会展中心的规定赔偿。

2. 不得在展位外的其他地方随便张贴广告或展示产品。

3. 应在规定时间内完成布展，如需加班请提前 2 小时联系组委会办理相关手续。

4. 布展期间，每家企业至少有一人留守展位，看管好自己的参展物品及个人物品，如有丢失，自行负责。

5. 所有布展人员进出展馆时请佩戴布展证。

如有任何疑问，请致电××展览有限公司，电话：××××××

××展览有限公司

2015 年 5 月 21 日

第七章

会展调研、评估、总结文案写作

章前导语

本章围绕会展调研、评估、总结工作，重点介绍了会展调查表、会展调研报告、会展评估报告、会展工作总结案文案的含义、特点、主要内容以及结构与写法。

第一节 会展调查表

一、会展调查表的含义、作用和特点

(一) 会展调查表的含义和作用

会展调查表是运用问卷的方式收集与会者、参展商和观众的基本信息以及参加会展活动的意向、意见、要求的文书，是进行会展调查的重要工具。通过会展调查表，主办方可以掌握与会者、参展商和观众的基本信息，及时了解他们对会展活动组织、管理和服务工作的意见和建议，为开展会展调研、进行会展评估和总结会展经验教训提供第一手材料。

(二) 会展调查表的制作原则

1. 目的性原则。调查表所设计的问题必须紧紧围绕会展调查的目的来进行，不能偏离主题。

2. 客观性原则。调查表的设计，必须从实证性、客观性的要求出发，尽可能地减少人为主观成分的影响，真实地反映会展活动在组织落实、宣传营销以及现场服务等方面的情况，为开展会展评估、总结提供可靠的信息。

3. 简便性原则。调查表中的项目和问题要简洁、直观，只需花很短的时间就能完成填写，这样就能获得被调查者的积极支持。

二、会展调查表的种类

(一) 按调查的时间分

1. 会展前调查表。主要目的是收集与会者、参展者和观众参会、参展、观展的意向和要求，以及单位和个人的基本信息，为进行会展前市场分析、做好会展接待工作提供信息支持。这类调查表可以和报名表、注册申请表同时印发。

2. 会展现场调查表。主要目的是收集与会者、参展者和观众的基本信息，参会、参展、观展的现实感受和对会展管理和服务工作的意见、建议，为进行会展后评估和总结提供信息支持。这类调查表可以和现场报到注册表一起印制，或作为现场报到注册表的一部分，也可以分别制作与会代表意见反馈表、参展商调查问卷、观众调查问卷等，有针对性地进行调查。

3. 会展后调查表。由于会展的成果更多体现在会展之后，因此针对会展后续效果的调查就显得十分必要。

(二) 按调查的对象分

1. 与会者调查表。主要收集会议代表对会议组织工作的意见和建议，可在报到注册时发放，也可在会议结束前发给每位代表，但代表离会前一定要回收。

2. 参展商调查表。这类调查表的发放对象应当包含全体参展商，调查结果对开展会展评估有很大价值，特别是参展商对举办方的工作评价和对贸易收获的统计是进行展览评估的重要依据。

3. 观众调查表。根据参观者的身份和角度来设计调查科目，从中可以了解到观众

对本会展经营活动的直观的认识、看法和意见。由于观众较多，不可能实施普遍调查，因此这类调查表主要针对专业观众。在无法区分专业观众和普通观众时，可采取非概率抽样调查的方法向观众发放调查表，但必须保证较高的发放比例，以提高调查的准确度。

三、会展调查表的格式和问句写作技巧

（一）会展调查表的格式

1. 标题。一般要写明会展名称、调查主题或对象和文种（调查表或调查问卷）。

2. 调查说明。又称前言，主要说明调查的目的、意义、用途、范围、指标解释、填写须知，并感谢调查对象的合作。如涉及需为被调查者保密的内容，必须指明予以保密，不对外提供，以消除被调查者的顾虑。

调查说明也可以信函的形式出现，格式上需有称呼，也有署名。署名写明调查的组织机构名称并附上日期。内容简单的调查表也可省去这部分。

3. 正文

（1）正文部分的内容。包括被调查者的基本情况和调查表的主体两部分。

基本情况部分主要了解被调查者的一些主要特征。如参展企业的名称、地址、规模、所在国民经济行业、职工人数等；个人的姓名（有时不要求写姓名，以打消被调查者的顾虑）、性别、年龄、职位等。

主体部分是调查表的核心部分，直接影响会展调查的质量。调查项目的多少，应根据调查目的、对象和调查要求而定，并非多多益善。

（2）正文部分的形式。调查表正文部分有登记表和问卷两种形式。登记表用于发给调查对象照实填写，如“举办单位”、“展出面积”、“观众人数”等项目，就可以用登记表的形式进行调查。另一种是采用问卷的形式，把需要调查的项目用问题的方式请求调查对象回答，具体可分为开放式、封闭式、半开放式三种问题类型。

开放式问题不提供任何具体的答案选项，由被调查人自由回答问题。其优点在于可以使调查得到比较符合被调查者实际的答案，缺点是有时意见比较分散，处理数据的难度较大。

封闭式问题的答案选项由调查者事先确定，供调查者从中选择。其优点是便于数据处理，缺点是答案的选项可能包括不全。因此，设计封闭式调查问题时，必须把可自于的答案情况下给全。

半开放式是指给出部分答案（通常是主要的），而将未给出的答案或用其他一栏表示，或留以空格，由被调查者自行填写。

在一份调查表中，登记表和问卷两种形式可以同时使用。

（二）问句写作技巧

问卷调查表的写作，关键是掌握好构造问句的技巧，使问句标准化、科学化，提高调查表的水平。

1. 自由式问句。其形式是提出一个问题，在答案处留下空白，由被调查者自由回答。如：“您认为本届展会在哪些方面需要加以改进？__________________。”这种问句

的优点是被调查者可以自由表达意见，不受限制，缺点是答案漫无边际，不容易统计分析。

2. 对选式问句。这种问句只让被调查者在两个可能的答案中选择一个。常见的形式是“是”或“否”，只限于收集简单的事实或态度，而且常常发生偏差，因为许多事物在“是”与“否”中间，还有中立性的答案。

3. 选择式问句。即预先列举几个可能的答案，让调查对象选出最能反映自己情况和意见的一个答案，作为他的答案，也可选择其中若干答案。其优点是答案有一定范围，被调查者易于取舍。缺点是答案较多而且固定，影响调查对象表达意志，容易使调查对象随便选择一个答案了事。

4. 顺位式问句。这类问句排出对某一事物不同层次的答案，请调查对象根据自己的意见排出次序，以衡量和表达人们的趋向。

5. 标度式问句。这种类型的问句是用一串词语或数字表示答案的级差，用来直接测量被调查者的感觉和意见的强弱程度。如“您对本届展会的餐饮服务（　　）。A. 很满意　B. 满意　C. 较满意　D. 不满意　E. 很不满意”。或者用1—5的数字表示从“很满意”到“很不满意”之间的等级。

（三）调查表制作的注意事项

1. 问题的排列要由一般到特殊，并具有逻辑性。

2. 填写指导语或填写说明要清楚，指示符号要明确，没有歧义。

3. 问卷的编排格式要合理，翻页要顺手。

实例评改

××展览会观众调查表

尊敬的受访者：

欢迎您参观本届展览会。本项调查旨在了解参观者对展览会各项组织和服务工作的意见和建议，调查数据仅供主办单位内部使用。谢谢您的大力支持。

××展览会组委会
20××年9月28日

1. 公司名称：____________

2. 参观者姓名：____________

3. 公司与展出者以前有无接触

□有　　□无

4. 参观目的（可多项选择）

□贸易　　□投资　　□合作

□收集信息　　□自荐代理　　□其他

5. 参观兴趣（可多项选择）

□全部产品　　□零配件　　□工业产品

□新产品　　□家用产品　　□特定产品

6. 参观感想

价　　格：□高　　　□适合

质　　量：□高　　　□一般

设　　计：□好　　　□一般

市场需求：□有　　　□无

建　　议：________________

7. 从何处了解到展览信息(可多项选择)

广　　告：□媒体 A　□媒体 B

新　　闻：□媒体 A　□媒体 B

内部刊物：□媒体 A　□媒体 B

直接发函：□

其　　他：□

8. 对展览感受

时　　间：□合适　　□不合适　　□建议：________

地　　点：□合适　　□不合适　　□建议：________

宣　　传：□适当　　□不适当　　□建议：________

设　　计：□适当　　□不适当　　□建议：________

展台人员：□表现好　□表现不好　□建议：________

其他意见、建议：________________

【评改】

上述调查表具有以下特点：

一、格式完整。调查表总体上由标题、前言和正文三部分组成。标题突出了展会的名称和调查对象，便于与其他展会和其他对象的调查表相区分。前言采用了书信体写作格式，包括了称呼、说明语、署名和调查日期四部分，调查目的陈述清晰，用语文明礼貌，态度热情恳切，很容易获得被调查者的支持与合作。

二、形式多样。正文部分写作采用登记式和问题式相结合的形式，其中"公司名称"和"参展者姓名"为登记式，其他项目均为问题式。问题式中，又分为开放式和封闭式两种问题。在封闭式问题中，既有对选式问句(如答案选项为"有"、"无")，又有选择式问句，还有标度式问句(如答案选项为"高"、"一般")。不同的问句形式可以满足不同的调查需要。

三、简洁、明了。问句设计简洁，语言表述明确，问题数量适当，调查对象只需几分钟便可填完。

不足之处有两个方面：一是"参观感想"和"对展览的感受"这两个一级指标意思相近，差别不大，可以合并为一个一级指标。二是"参观感想"和"对展览的感受"下面问题的答案标度等级太少，都只列出 2 个等级，会影响统计的精确度。

实例评改

参展商意见征询表

序号	科目＼分数		100	95	90	85	80	75	70	65	60	55
1	展览秩序											
2	布展质量											
3	配套服务	展品运输										
		展商接待										
		交通安排										
		餐饮服务										
		现场咨询										
4	客户组织情况	专业观众组织										
		境外观众组织										
5	宣传	宣传报道										
		展会网站										
6	展会论坛											
7	本届展会专业化程度											
8	本届展会国际化程度											
9	参展效果											
10	总体评价											
11	参加过哪几届展会		第①②③④⑤届									
12	是否参加下届展会		是		否							
13	对下届展会的建议和意见											

参展单位		展台号	
联系电话		传真	
电子邮件		地址(邮编)	
填表人签字：			
填表日期：			

【评改】

这是一份为进行展览评估而设计的参展商调查表。考虑到各种展览会之间的差异较大，从展览评估可操作性角度考虑，该表的调查项目较为合理，答案选项也采用百分数等级制，以便于统计汇总。在形式上既有登记式，又有问题式。在问题式中，既有开放式问题，也有封闭式问题，以满足不同的调查需要。

需要改进的地方有三处：

一是标题中应当写明展会的名称，以便于同其他展会的调查表相区别。

二是部分科目的名称要更明确。如“布展质量”这一科目，是要求参展商对自己展台布展质量进行评价，还是对整个展会的布展质量作出评价，意思并不明确，调查对象可能会产生两种不同的理解，因此不如写成：“展会整体布展质量”。又如“客户组织情况”这一科目中的“客户”一词所表述的概念具有相对性。对于主办方来说，客户包括参展商和客商（即观众），对于参展商来说，客户就是指观众。从下设的两个指标来看，“客户”一词是指“观众”，因此不如改为“专业观众”更为清楚。

三是“客户组织情况”这一科目下设的两个调查指标“专业观众组织”和“境外观众组织”相互重叠、交叉，因此前一个指标应改为“境内观众组织”。

第二节　会展调研报告

一、会展调研报告的含义和特点

（一）会展调查报告的含义

会展调研报告是针对在会展实施经营过程中的任何一个环节中的事件、情况、经验和问题，进行深入细致的调查研究，以科学的态度、翔实的数据、系统的分析，得出正确的结论，并用文字描述而形成的书面报告。

会展调研报告运用广泛，会展行政管理机关、会展行业协会、会展企业、会展组织者、参展单位以及新闻媒体都可以使用这一文体。在名称上，调查报告又可以根据具体情况称为“调查”、“情况调查”、“考察报告”、“调查分析”、“调查与建议”、“思考与建议”等。

（二）会展调研报告的特点

1. 以事实为依据。调研报告的最基本合作原则就是以事实为依据，调研报告必须用事实来说话，所用的材料都必须反映客观存在，真实可靠，不得弄虚作假，使用的文字也是以“实”为主，切记不要用花哨的语言文字来写。

2. 为现实服务。忠于现实是调研报告的精髓；源于现实，立足现实，为现实服务，是调研报告的根本使命。

3. 数据可靠。数据可靠是调研报告写作的重要原则。数据的出处要有依据，要经得起推敲，要有说服力，这样的调查报告才有生命力。

二、会展调查报告的种类

(一) 按调查报告的性质来分

1. 总结性(也称“经验性”)会展调研报告,以总结在会展项目实施过程中的经验为主要目的。

2. 问题性会展调查报告,以反映问题为主,提醒主办单位、合作伙伴以及有关部门的重视,防微杜渐。

3. 情况性会展调查报告,主要针对会展经营过程中出现的各种新情况展开分析,找出规律,预测发展趋势。

4. 建议性会展调查报告。这类调查报告的目的在于通过调查,掌握情况,找出问题,分析原因,向有关部门提出解决问题的意见和建议。

(二) 按调查的范围分

1. 综合性会展调查报告。可以是对一个企业、一个地区、一个省(市)乃至于一个国家的会展业的发展状况进行全面考察而形成的书面报告。如《上海市××区会展业发展情况的调查报告》。

2. 专题性会展调查报告。可以是对一个企业、一个地区、一个省(市)乃至于一个国家的会展业的发展状况的某个方面和环节进行专门的调查而形成的书面报告。如《国际金融危机对上海市会展业发展影响的调查报告》

三、会展调查报告的结构和写法

(一) 标题

会展调查报告的标题应当直接明了,直奔主题为好,通常有以下几种表达方法:

1. 公文式标题。由“范围+主题+文种”构成。如《上海会展人才状况调查报告》。

2. 新闻式标题。一般由“正标题+副标题”组成,具有形式活泼,吸引力强的特点。如:

世界一流会展品牌是如何打造的?
——德国汉诺威会展业考察报告

3. 论文式标题。以探索、研究和思考为主的调查报告,可以用论文式的标题,如《关于上海会展业发展机遇对人才培养的调查与思考》。

(二) 署名

调查报告的署名有两种形式:

1. 署单位或课题组的名称;

2. 署作者个人名字。署个人名字的,还可以在结尾处注明作者所在的单位和职务。

(三) 目录

篇幅较长的调研报告应编制目录,以便于查找、阅读。

(四) 正文

1. 开头。又称序言,前言或总述等。一般有以下几种形式:

(1) 综述型。以综述的形式出现,总体交代本文所要描述的内容,以便读者从综述中可以了解到整个调查的概况。

(2) 提示型。以提示形式出现,让读者直接明了本文反映的主题,以便读者可以沿着问题的主线深入地读下去。

(3) 议论型。报告一开头先对调研的必要性和重要性作一番简短的议论,然后交代调研的具体对象、时间和地点等。

(4) 提问型。开篇提问,引起注意。这类开头的关键是提的问题要能抓住人、吸引人,是大家所关心的问题。

2. 主体。主体是调研报告的核心部分,从开头部分转述到正文,详细介绍调研的情况和事实,以及所作的分析,并以此得出的结论。主体部分可以通过这样几种写作方式来表现:

(1) 串联式。按事件或问题的发生、发展和结局的时间顺序串联材料,把事件和问题的来龙去脉一一交代清楚。这样的结构一般多用于专题性的调研报告。

(2) 并列式。其特点是按事件或问题的性质,将主体部分分成并列的几个部分,每一部分说明事件或问题的一个方面。这样的结构一般多用于综合性的调研报告。

(3) 递进式。按时间和问题发生和发展的逻辑顺序来安排的,一层一层地揭示事务的内在规律,以递进的方式逐一分析,并提出解决问题的意见和建议。这样的结构逻辑严密、层层递进、主题突出,具有较强的感染力。

3. 结尾。会展调研报告的结尾有多种写法。

(1) 结论式。用一段文字总括前文,得出结论。

(2) 点题式。即在结尾时,强调意义,深化主题。

(3) 建议式。以调研的结果为主线,指出不足之处,进而提出改进的意见和建议。

正文部分的结构层次一般采用序号加小标题的形式。每个小标题要能够概括表达这一层次的中心内容,并与总标题相呼应。

(五) 日期

公开发表或用简报转载的调查报告一般不用写日期,但如果单独提交,则应当写明定稿或提交的日期。日期可写在正文右下方,也可置于署名之下。设有封面的,应写在封面上。

实例评析

关于上海市会展业发展对场馆需求的调研报告

目录(略)

第一章　总论

1.1　会展行业在中国的现状

我国经过改革开放20余年的发展,会展经济的发展取得了巨大的成就。近10年来我国通过会展实现外贸出口成交额达340多亿美元,内贸交易120

多亿元人民币。2001年中国会展业的直接收入接近40亿元人民币，拉动其他相关产业如住宿、餐饮、通信、旅游、购物等经济收入高达360亿元人民币，占GDP的0.044%。这几年中国的会展业更是飞速发展，其带动相关产业的作用也大大提高，据中国贸促会2005年发布数据估算，目前，中国会展产业直接和间接带动经济收入占GDP的比例接近0.8%。

……

目前全国正式注册并具有举办经济技术展览会条件的展览馆有118个，其中2004年正式办展的展览馆总量为90个。从展览馆的地域分布看，华东地区现有的展览馆数量最大，占全国总量的36%，中南地区和华北地区分别占23%和18%，东北、西南、西北地区的展览馆数量相对少一些。

……

中国会展业在区域分布上，基本形成了分别以北京、上海、广州、大连、成都、西安、昆明为会展中心城市组成的环渤海会展经济带、长三角会展经济带、珠三角会展经济带、东北会展经济带及中西部会展城市经济带等五大会展经济产业带框架。(图略)

1.2 本报告的必要性及说明

尽管会展经济能创造巨大的经济效益，具有强大的产业带动效应，然而我国的会展经济在产业规模与结构、会展场馆规模、专业化、市场化、国际化程度、会展的组织管理、会展专业人才、展会品牌以及会展相关法规的完善程度等方面暂时还不能与欧美发达国家相提并论，……

目前中国有几十个城市提出要建立国际会展中心的口号，并为此不惜成本，大肆建造场馆。国内几乎每个省会城市和部分大中城市都在新建、扩建、改建展馆。据中国展馆协会最新统计数字表明，目前中国展览场馆数量已达158个，室内展览总面积达322万平方米，室外展览总面积近222万平方米。

……上海市原有的场馆资源已经渐显捉襟见肘。为此必须要在场馆建设和规划上作出进一步的安排，以适应上海会展行业未来的发展，顺利迎接上海2010年世博会的到来，并积极帮助上海市变成名副其实的国际会展中心。因此新场馆建设一定要有科学的规划，长远的发展目光，本报告从各个角度来论证在上海建造一定规模和水平的展览馆是必要的、可行的。

第二章 上海会展行业的发展现状及趋势

2.1 上海市会展行业总体发展水平

2.1.1 展会数量及质量

近年来，上海市会展行业整体发展迅速，平均年增长率超过20%。2005年1—11月份上海市国际展览会总数292个，总租馆面积3992338平方米，其中租馆面积在1万平方米以上的国际展会102个，4万平方米以上的22个，8万平方米以上的超大展会10个。根据抽样调查，1—11月份上海市国际展览会总参展商数164964，其中境外参展商39422；总参观人次7112950，其中境外参观人次426343；相关会议总数3063场。

……

2.1.1.1 展会数量(略)

2.1.1.2 展会面积(略)

2.1.1.3 参展商情况(略)

2.1.1.4 参观观众情况(略)

2.1.2 上海展览行业构成及分类

2.1.2.1 经营主体结构(略)

2.1.2.2 展览企业分类及分布

上海展览企业情况表

企业类型＼企业性质	数量	国营	民营	中外合资(独资)
企业总数	480	76	380	24
主承办单位	84	55	15	14
场馆单位	13	9	—	4
配套服务单位	383	12	365	6

2.1.3 展览场馆基本情况及区域分布

2.1.3.1 场馆数量及基本发展状况

在硬件设施上,上海展览馆数量、面积都在不断扩张。20 世纪 80 年代,上海仅有一个展馆——上海展览中心,其面积不过 2.2 万平方米。90 年代开始,上海的展览场地设施建设进入了一个快速发展的过程。上海国际展览中心、上海世贸商城、上海光大会展中心、上海国际会议中心、上海国际农展中心等大型综合展馆一一诞生。中德合资的预计总面积超过 20 万平方米的上海新国际博览中心也于 2001 年破土动工,现建成面积已达到 8.05 万平方米。至此,总体展览面积已接近 20 万平方米,比 20 年前近乎翻了 10 番。

2.1.3.2 上海展览场馆区位分布(略)

2.2 上海市会展行业总体发展趋势

2.2.1 行业市场将逐步开放,市场空间将进一步增大(略)

2.2.2 上海立足国内会展中心地位,逐步向国际会展中心发展(略)

2.2.3 外资已逐步参与行业竞争,且竞争强度逐渐升级,优胜劣汰是行业发展必然趋势(略)

2.2.4 国际展览会将成为上海会展行业的主体,国际化、品牌化、市场化、规模化将是展会项目发展的方向(略)

2.2.5 会展企业将通过兼并、重组等实现产业集中发展,达到规模化优势(略)

第三章 上海市各大展览场馆基本状况分析

3.1 会展场馆对城市会展业发展的作用

会展业的发展,能够改善城市的产业结构,提升城市的形象,是构成城市竞争力的重要组成部分。会展场馆在会展业的发展中担任着举足轻重的角色。会展场馆可以决定举办哪些展览以及什么时间办展,其运营模式甚至可以决定城市会展行业的整体发展。归纳起来,会展场馆对城市会展业发展所起的作用主要体现在以下几个方面:

3.1.1 能够大力推进会展产业的发展(略)

3.1.2 能够积极培育城市的展览品牌(略)

3.1.3 能够提高会展业的市场化程度(略)

3.1.4 能够适度调控会展业的市场运作(略)

3.1.5 能够大力培养会展业人才(略)

3.1.6 能够强化城市的服务职能(略)

3.2 上海市各大场馆主要技术指标

3.2.1 场馆可出租面积

目前上海市展览场馆共计十余座,其中能够承办大型国际展会项目的场馆单位有8座。总室内面积182081平方米。各展馆年平均出租率36%左右,其中上海新国际博览中心2005年场馆出租率达到54%。

上海市八大展馆可展出面积汇总表

上海新国际博览中心	103500平方米
上海光大会展中心	35000平方米
上海展览中心	20000平方米
上海世贸商城	21600平方米
上海国际展览中心	12000平方米
上海农业展览馆	7600平方米
东亚展览馆	4500平方米
上海国际会议中心	2738平方米
合计	206938平方米

3.2.2 场馆出租率

场馆出租率是反映一个展览场馆经营效率的重要指标,上海市各大主要场馆平均出租率水平高于全国平均水平,其中好的展馆出租率可达50%以上,差一点的也超过30%……

上海市主要展览场馆年租用率统计表

年份 展馆	2001	2002	2003	2004	2005
新国际博览中心		35%	43%	47%	58.2%
上海展览中心		28.6%	33.6%	34.5%	35%
上海国际展览中心			47%	48%	
上海国际会议中心					
上海光大会展中心	40.63%	46.44%	26.67%	38.91%	33.48%
上海世贸商城				29%	29%

3.2.3 全年实际用于国际展览会的面积(略)

3.3 上海的展览场馆存在的问题

3.3.1 面积偏小(略)

3.3.2 布局分散(略)

3.3.3 硬件良莠不齐

上海主要展馆的经营特点和需改进之处:

展览场馆	经营特点	不足之处
上海展览中心	市政府管理局下属企业,展览与会议并重,国家级会议及重要会议均在此举办。	展馆小、分散,承重有限,多承接轻纺、消费展。
农业展览馆	以展览为主,相应配套会议,商务设施服务,规模一般。	交通不便,布局不合理。
上海世贸商城	展览、展示、贸易、商务、办公一体化的现代服务综合性企业,另辟有一定规模的展览场地,会议和展览设施比较齐全。	单体面积容量不够大,多层不宜现代展。
上海国际展览中心	比较专一的展览场馆。管理通过 ISO9000 认证,现进行小规模改造,增加会议服务功能。	容量有限,场外无周转空间。
上海光大会展中心	集展览、会议、酒店、公寓、商务、餐饮、娱乐为一体的大型综合性企业。	单体空间不大,多层不宜现代展。
上海国际会议中心	以大型国际会议为主,兼办展览,设备齐全,较为现代化。	交通不便,容量不大。
新国际博览中心	目前国内最为国际化的现代化的展览馆,设施与建筑最具专业化,由德国管理人员管理,完全建成后,面积在东亚最大,并配五星级酒店和现代会议中心。	周边商务、餐饮配套不到位,交通也有一定问题。

第四章 上海市新展览场馆建设的必要性与可行性分析

4.1 新展览场馆建设的必要性

4.1.1 满足展览会对场地的需求(略)

4.1.2 极大地带动周边经济的整体发展(略)

4.1.3 有利于深化上海国际会展中心的定位(略)

4.2 新展览场馆建设的可行性分析

4.2.1 上海市会展行业规模的扩大与新场馆建设的需求(略)

4.2.1.1 现有展览项目规模有进一步扩大的趋势(略)

4.2.1.2 随着展览专业化水平的提高,一些行业分支将派生出许多新主题的展览会(略)

4.2.1.3 随着上海市对外来办展限制的放开，来沪办展的中外展览项目必然大大增加(略)

4.2.2 以定量分析方法预测未来行业发展与目前场馆供应之间的缺口(略)

4.2.3 新展览场馆建设及未来运营的相关财务分析(略)

第五章 对新展览场馆建设的要求

5.1 对新展馆建设的技术要求(略)

5.2 展览馆的运作流程及管理要求(略)

5.3 资本经营及管理模式(略)

【评析】

这份会展调研报告全文2万多字，限于篇幅，只摘登了部分内容。总体上看，作者的宏观意识强，思路开阔，把"上海会展业的发展对场馆的需求"这一课题放到全国会展业发展的历史和现状、全国主要城市会展场馆建设的大背景下进行研究，通过纵向和横向的比较分析和层层递进的逻辑推演，运用大量的事实、数据、表格和图像，论证上海建设新会展场馆的必要性和迫切性，有材料、有观点、有分析、有综合，具有很强的说服力。结构形式上，采用阿拉伯数字分级标注层次，清晰、合理。语言上，主要采用消极修辞手法，平实、稳重，无冗字冗句，简洁、明快。

第三节 会展评估报告

一、会展评估报告的含义、特点和作用

(一) 会展评估报告的含义

会展评估是指根据一定的目的和标准，遵循一定的原则，运用科学的方法，对会展的各项要素及其社会经济效益进行质和量的综合评价的活动。将会展评估的过程和结果以书面的形式加以完整的表述，便形成了会展评估报告。

(二) 会展评估报告的特点

1. 目的性。会展评估是会展管理的一个重要环节，是一项有目的、有计划的自觉活动。这里所说的"目的"对于不同的评估主体和不同的评估对象而言，可能不尽相同，但就总体而言，无论哪一类主体进行会展评估，都是为了实现既定的会展管理目标。

2. 专业性。会展评估是围绕会展主题、与会者、参展商、观众、时间、地点、展品、展位、服务、成本、成交情况等会展基本要素展开的，涉及会展管理的各项业务，因此评估内容具有很强的专业性。

3. 系统性。会展评估指标是反映会展活动的基本要素和本质特征的数量体系。任何一种评估主体在进行某项会展评估前，都要根据评估的目标制定切实可行的评估指标体系，包括完整的指标系统、权重系统和评估标准系统，以使评估的结果能够全面真实地反映会展活动的实际，体现会展评估的目的。

4. 科学性。会展评估不同于一般的回顾总结，它必须运用一系列科学的方法对各项指标进行分析和评价，比如运用历史的方法、统计分析的方法、定量分析和定性分析相结合的方法等等。实践证明，只有采用科学的方法，才能保证会展评估结果的科学性。

（三）会展评估报告的作用

1. 加强宏观管理，促进会展业的良性发展。会展行业主管机构通过制定科学的评估标准体系，对各种会展活动进行科学评估，能够及时发现业绩良好的会展企业和具有品牌效应的会展项目，从政策上实施鼓励和扶持，有效地引导参展商和客商正确选择会展项目，同时通过制定政策，避免无序竞争、重复办展现象的出现，达到扶优汰劣、规范会展市场秩序的目的。

2. 提高会展项目管理水平，创建会展品牌。会展评估报告可以帮助主办者全面评价会展计划的执行情况，发现问题，改进会展项目的管理，同时也为办好下届会展提供基础数据的支撑。

3. 改进参会参展工作。对于参会参展单位来说，通过对参会参展的实际效果进行全面的分析、评价，可以及时发现问题，采取措施，在参加下一届会展时予以改进。同时参展商和客商也可以从自身的角度对会展的整体质量进行评估，为决定是否参加下一届会展以及如何参会参展提供决策依据。

二、会展评估报告的基本内容

（一）会议评估报告的基本内容

1. 对会议主题和议题的评估。具体内容包括会议主题的现实意义、会议主题和议题的关系、与会者对议题的关心程度、议题的适量性等。

2. 对会议的议程和程序的评估。具体内容包括评价每项议程（如报告、演讲、讨论）和每项程序（如致辞、颁奖、剪彩、签字）的顺序是否恰当，是否符合礼仪，所用的时间是否合理等。

3. 对与会者要素的评估。具体内容包括评价会议邀请范围是否与会议的规格相适应，会议的规模是否合理等。

4. 会议发言评估。具体内容包括评价发言人的身份是否适当，发言的内容是否切合主题，与会者对发言的内容是否感兴趣等。

5. 会议时间评估。具体内容包括评价举行会议的时机是否同会议主题的背景相适宜，会期安排是否符合完成会议各项议程的需要，会议的周期是否合适，与会者对会议的日程和作息时间安排是否满意等。

6. 会议地点评估。具体内容包括评价会议举办城市的选择是否有利于推动当地的政治、经济和社会发展；会议举办城市的选择是否有利于扩大会议的品牌效应，是否有助于突出会议的主题，是否有助于吸引与会者；会议举办城市的接待能力（场馆、餐饮条件、机场、道路、交通设施等）是否满足了会议的需要等。

7. 对会议接待服务的评估。具体内容包括接站服务、报到注册、餐饮服务、游览观光服务、会场引导和咨询服务、同声翻译服务、饮水和茶歇服务等。

8. 配套活动评估。具体内容包括评价各项配套活动是否与大会的主题相适应，是否达到预定的目标和效果等。

9. 会议营销和宣传评估。具体内容包括评价会议营销和宣传的方式是否有效，广告选择的媒体和投放的时机是否最佳，媒体对会议的报道情况如何等。

10. 会议总体评估。具体内容包括评价与会者对会议的总体满意度，是否愿意参加下一届会议等。

以上所列的各项会议评估内容是就一般性会议评估而言的，不同的评估主体可以根据实际需要选择其中的相关项目进行评估。

(二) 办展评估报告的基本内容

1. 办展目的和效果评估。评估内容包括参展商对参展效果的满意程度、主办方的办展收入等方面。

2. 参展商数量和质量评估。内容包括行业龙头企业或骨干企业以及境外知名企业的参展比例，有多少参展商表示参加或推荐他人参加下一届展会。

3. 观众的数量和质量评估。内容包括观众总数增加还是减少，境外观众的比例较过去是增加还是减少，观众的规格(具体职位和职权)有无提高，专业观众的比例有无变化，有多少专业观众表示参加下一届展会等。

4. 展览时间评估。内容包括展览会举办的时机是否合适，展期是否适当，办展频率是否合适等。

5. 展览地点评估。内容包括举办地的市场开放程度、产业结构、硬件条件、接待能力是否与展览会相适应，当地的政府、相关的行业组织、市民以及相关媒体是否支持展览会等。

6. 展览现场管理评估。评估的内容包括登记注册、安全保卫、交通疏导、展品运输、布展撤展等方面。

7. 展览接待服务评估。具体内容包括迎送注册工作、餐饮、考察、游览、娱乐、交通、引导、咨询指示系统、翻译等方面的服务。

8. 展览宣传评估。评估内容包括媒体的新闻报道、举行新闻发布会、开设网站、广告投放等。

9. 展览配套活动评估。评估内容包括开幕式、欢迎宴会、欢送宴会、午餐会、研讨会(论坛)等。

10. 会展活动中成交情况评估。评估内容包括消费性展览会直接销售情况和贸易性展览会的成交情况。

11. 展览会经济效益评估。评估内容包括展览会的成本、利润、成本效益等。

12. 展览会综合印象评估。评估内容包括参展商和观众对展览的专业化和国际化程度、展馆的总体布置质量、展览服务的总体评价等方面。

三、会展评估的流程

(一) 制定评估计划

会展评估计划是评估主体为有效开展评估活动而制定的行动方案，是进行会展评估的必要准备。不论何种类型的会展评估计划，一般都要包括以下内容：

1. 评估的具体目的和任务。包括明确评估对象的类型、数量、时间、地域范围以及评估结果的等级。

2. 评估的原则。包括导向性、客观性、动态性、同一性、公平性、定性和定量相结合等原则。

3. 评估的内容和指标体系。包括完整的指标系统、权重系统和评估标准系统三个方面。

4. 评估的方法、程序。

5. 评估的机构、人员组成及分工。

6. 其他要求。包括经费的预算和使用、完成计划的时限和进度要求等等。

(二) 收集分析数据

收集和分析材料和数据实施是会展评估的两个关键环节。评估材料和数据收集的方法大致有现场观察、注册登记、会展记录、召开会议、个别访问、问卷调查等。

各项材料和数据汇总后，要组织专家和有关人员对这些材料和数据进行审核、归类、比较、分析和整合，初步确定评估对象的得分或等级。

(三) 确定评估结果

一般情况下，经过专家评估确定的评估对象的得分或等级，可以看作是评估结果，但在一些选拔性或评比性会展评估中，会展评估的结果还需要经过一定的程序来加以确定，如由领导小组或专家委员会投票决定。

(四) 编制评估报告

会展评估结束后，评估结果都应当形成会展评估报告。

四、会展评估报告的结构与写法

会展评估报告的写法有两种：一种是文章式评估报告，即按文章的一般结构来写，有一定的文字描述和分析，而且提出结论和建议；另一种是表格式评估报告，即通篇以表格的形式呈现，各项评估结果均以数据表或曲线图来表达。

文章式评估报告的结构安排与具体写法如下：

(一) 标题

一般由会展名称和“评估报告”组成，如：《20××中国国际医疗技术与设备展览会评估报告》。

(二) 署名

会展评估报告可以由主办单位名义撰写，也可委托专业评估机构编制。署名一般置于标题之下。

(三) 正文

1. 开头。开头有两种方法：一种是介绍评估的目的、背景、过程与方法。如果委托专业评估机构撰写，撰写人要对评估的由来或受委托评估的具体原因加以说明。另一种是简要介绍会展项目的基本情况。

2. 主体。主体部分具体表述会展评估报告的各项指标和结果。表述方法既可对应各项评估标准列出评估结果的各项数据，也可以采用各种形式的图表，辅以文字说明，将预期数、实际数和以往的数据加以对比。要求做到数据准确、材料与观点统一、语言简练。

3. 结尾。要用简洁明晰的语言作出结论，提出建议。比如，要阐明评估结果说明了什么问题，有何实际意义。建议必须针对评估结论，提出可以采取哪些措施以获得更好的效果。

(四) 附件

有的会展评估报告将说明性图表或资料作为附件，这样的话，必须在正文下方依次标注附件的名称。

(五) 日期

在正文右下方写明提交的具体日期。

实例评析

20××中国××国际小商品博览会评估报告

(署名略)

总报告:20××年×博会综合评估

一、20××年×博会简介

二、20×××博会主要特点与正面效应

(一) 展出的商品以小商品为主,特色鲜明,深受采购商欢迎

(二) 参展企业以制造企业(厂家)为主,对买家具有吸引力

(三) 参展单位直接向组委会报名参展比重大,组展市场化程度高

(四) 参展企业标准和质量明显提升,专业化程度进一步提高

(五) 布展水平提升,采购商满意度高

(六) 专业观众(采购商)持续增长,参会目的呈现多元化趋势

(七) 专业观众(采购商)"回头率"高,客商稳定

(八) 专业观众和展商互动良好,结识新客户成为主流

(九) 展会推介渠道多元化,有效信息渠道初步成形

(十) 展会整体组织服务水平提高,深获好评

(十一) 买卖双方获得大量商机,成交效果明显

(十二) 既带动××小商品市场的发展又促进浙江落后地区经济发展

三、×博会存在的问题

(一) 专业化水平有待提高

(二) 交通不便

(三) 对××本地消费的带动还有提升空间

(四) 客商对展场安全还不满意

四、提升×博会水平的若干建议

(一) 大力提升专业化办展水平

(二) 加强××城市功能的配套

(三) 营造××"购物天堂"的商业环境

（四）打造×博会品牌，寻求与国外展览公司合作，“走出去”办展
（五）几个具体建议
分报告一：20××年×博会国外采购商调查分析报告
1. 国外采购商对×博会促进商品交易的评价
2. 国外采购商对本届×博会提供的贸易与合作机会多少的评价
3. 国外采购商在×博会期间在××小商品市场的达成的采购量
4. 国外采购商非×博会期间（一年内）在××小商品市场的采购量
5. 国外采购商获知×博会的有效信息渠道
6. 国外采购商参加×博会的目的
7. 国外采购商感兴趣的小商品类别
8. 国外采购商的参展方式
9. 国外采购商在展后是否计划在××小商品市场购物调查
10. ×博会期间国外采购商接触的主要客户
11. 本届×博会参展商的数量是否达到国外采购商预期
12. 本届×博会参展商的质量是否达到国外采购商预期
13. 国外采购商在×博会期间拜访的潜在合作者比例调查
14. 国外采购商参加×博会的预期目标实现程度
15. 国外采购商参加×博会的次数调查
16. 国外采购商对本届×博会与上届相比的评价
17. 国外采购商申请参加本届×博会的时间
18. 国外采购商对本届×博会专业化程度的评价
19. 国外采购商参展花费最多的三个项目
20. 国外采购商认为×博会商品类别设置是否合理的调查
21. 国外采购商对接待服务的满意度
22. 国外采购商对运输服务的满意度
23. 国外采购商对证件和安检满意度
24. 国外采购商对展场引导服务满意度
25. 国外采购商对旅馆、票务预订服务的满意度
26. 国外采购商对×博会的整体组织管理及服务水平的评价
27. 国外采购商认为×博会需要重点改进的方面
分报告二：20××年×博会国内采购商调查分析报告
1. 国内采购商参加×博会次数调查
2. 国内采购商在××达成商品采购交易的时间
3. 国内采购商在×博会期间在××小商品市场的采购量
4. 国内采购商在非×博会期间在××小商品市场的采购量
5. 国内采购商年营业额调查
6. 国内采购商获知×博会的有效信息渠道
7. 国内采购商对本届×博会提供的贸易与合作机会的评价
8. 国内采购商的参展目的
9. 国内采购商参加×博会的方式
10. 国内采购商感兴趣的小商品类别
11. ×博会期间国内采购商接触的新老客户比例

12. 本届×博会参展商的数量是否达到国内采购商的预期
13. 本届×博会参展商的质量是否达到国内采购商的预期
14. 国内采购商参加本届×博会的预期目标实现程度
15. 国内采购商对本届×博会与上届相比的评价
16. 本届×博会的国内采购商的决策者比例
17. 本届×博会的国内采购商所在公司从业人数规模
18. 非××的国内采购商计划在义乌停留时间长度
19. 国内采购商参加本届×博会总花费调查
20. 国内采购商每天人均用于住宿、餐饮、客户招待等费用
21. 国内采购商参加×博会花费最多的三个项目
22. 国内采购商展会结束后是否计划参观××小商品市场和购物调查
23. 国内采购商在×博会期间在××小商品市场的个人采购计划
24. 国内采购商为参加本届×博会准备的时间长度
25. 国内采购商参展后处理展后后续事务时间长度
26. 国内采购商在参展商展台停留时间调查
27. 国内采购商对参展商产品布置满意度
28. 国内采购商对参展商展台形象满意度
29. 国内采购商对参展商展台人员素质满意度
30. 国内采购商对参展商展台宣传资料满意度
31. 国内采购商对参展商展台礼品满意度
32. 国内采购商对接待服务的评价
33. 国内采购商对运输服务的评价
34. 国内采购商对证件和安检满意度
35. 国内采购商对展场环境卫生的满意度
36. 国内采购商对商务洽谈环境的满意度
37. 采购商对展场交通疏导满意度
38. 国内采购商对展场治安秩序满意度
39. 国内采购商对展场引导服务的满意度
40. 国内采购商对通道、紧急出口满意度
41. 国内采购商对防火、防暴安全的满意度
42. 国内采购商对医疗救护服务的满意度
43. 国内采购商认为参展商展台有用的资料调查
44. 非××国内采购商到达××乘坐的交通工具调查
45. 国内采购商对交通状况的满意度
46. 国内采购商对住宿服务的满意度
47. 国内采购商对餐饮服务满意度
48. 国内采购商对旅游服务的满意度
49. 国内采购商对娱乐设施满意度
50. 国内采购商对金融服务的满意度
51. 国内采购商对××治安状况的评价
52. 国内采购商对××休闲购物环境的满意度
53. 国内采购商对×博会的整体组织管理及服务水平的评价

54. 本届×博会留给国内采购商的总体印象
55. 国内采购商对本届×博会专业化程度的评价
56. 国内采购商对×博会配套活动安排水平的评价
57. 国内采购商是否参加下届×博会的调查
58. 国内采购商对××市场状况的评价
59. 国内采购商对××城市建设的评价
60. 国内采购商对××整体服务水平的评价
61. 国内采购商认为×博会需要重点改进的方面

分报告三:20××年×博会参展商调查分析报告

1. 参展商参加×博会的次数调查
2. 参展商公司类型
3. 参展商公司从业人数规模
4. 参展商公司参加本届×博会的人数
5. 非××参展商在××停留时间
6. 参展商对展位位置的满意度
7. 在××有摊位的参展商比例
8. 参展商对×博会的促进商品销售作用的评价
9. 参展商在×博会期间达成的交易量
10. 参展商年营业额抽样调查
11. 参展商获知×博会的信息渠道
12. 参展商的参展目的
13. 参展商对×博会提供的贸易与合作机会评价
14. 参展商的参展方式
15. 参展商主要经营产品类别
16. ×博会期间光顾参展商展台的新老客户比例
17. 采购商数量达到参展商的预期程度调查
18. 采购商质量是否达到参展商的预期程度调查
19. 参展商日接待采购商数量人次
20. 参展商实现参展预期目标的程度
21. 参展商对本届×博会与上届相比的评价
22. 参展商中决策者的比例
23. 参展商报名参加本届×博会的时间
24. 参展商是否参加下届×博会调查
25. 参展商对本届×博会专业化程度的评价
26. 参展商对本届×博会配套活动安排水平的评价
27. 参展商参加本届×博会总成本调查
28. 参展商×博会期间在××人均住宿、餐饮、客户招待等生活费用
29. 参展商花费最多的三个项费用调查
30. 参展商在×博会期间在××小商品市场的个人采购计划
31. 参展商为参加本届×博会准备的时间长度
32. 参展商参展后处理展后后续事务的时间长度
33. 参展商估计采购商平均在其展台停留时间

34. 参展商展台布置方式
35. 参展商对的接待服务满意度
36. 参展商对展位用品提供服务满意度
37. 参展商对运输服务评价
38. 参展商对证件和安检满意度
39. 参展商对展场环境卫生满意度
40. 参展商对商务洽谈环境满意度
41. 参展商对展场治安秩序的满意度
42. 参展商对展场引导服务满意度
43. 参展商对展场通道、紧急出口满意度
44. 参展商对防火、防爆安全满意度
45. 参展商对医疗救护满意度
46. 参展商展后处理剩余展品的方式
47. 参展商到达××的交通方式(非本地参展商)
48. 参展商对交通状况满意度
49. 参展商对住宿满意度
50. 参展商对餐饮服务满意度
51. 参展商对旅游服务满意度
52. 参展商对娱乐设施满意度
53. 参展商对金融服务满意度
54. 参展商对××治安状况满意度
55. 参展商对休闲购物满意度
56. 参展商对设备租用满意度
57. 参展商对×博会的整体组织管理及服务水平的评价
58. 参展商认为×博会需要重点改进的方面

分报告四:××小商品市场商户抽样调查

1. ××小商品市场商户租赁的摊位数量抽样调查
2. 被调查的商户经营的产品类别
3. ××小商品市场商户的年营业额抽样调查
4. ××小商品市场商户是否作为参展商参加本届×博会调查
5. ××小商品市场商户是否计划参加2006年的×博会抽样调查
6. ×博会期间商户营业额增减情况调查
7. ×博会期间光顾小商品市场商户的客户数量增减情况调查
8. ×博会期间光顾小商品市场商户的新客户数量增减情况调查
9. ×博会期间光顾小商品市场商户的新国外客户数量增减情况
10. 商户从总体上评价×博会对商户小商品市场交易的影响

分报告五:20××年×博会组委会调查分析报告

1. 组委会人员对组委会人力资源管理制度中的激励措施的认知调查
2. 组委会人员认为需要改进的配套设施调查
3. 组委会人员对本届×博会宣传经费支出较上届增减情况的了解
4. 组委会人员认为本届国外招商招展的力度较上届有何变化调查
5. 组委会人员认为本届×博会组织专业观众运用的方法调查

6. 组委会人员认为可以成为×博会专业观众的各种人员调查
7. 组委会人员对组委会的宣传广告和公关的评价
8. 组委会人员对组委会招采购商工作的评价
9. 组委会人员对组委会招参展商工作的评价
10. 组委会人员对组委会自身行政工作的评价
11. 组委会人员对安全保卫工作的评价
12. 组委会人员对交通疏导工作的评价
13. 组委会人员对展区划分、展位分配工作的评价
14. 组委会人员对客户服务工作的评价
15. 组委会人员对卫生防疫工作的评价
16. 组委会认为××市政府对×博会的支持力度
17. 组委会认为中央政府对×博会的支持力度
18. 组委会人员如何看待对中央政府和省级政府部门的接待工作

【评析】

这份评估报告内容较多,篇幅较长,这里只列出详细目录供参考。仅从目录便可看出,这份评估报告内容非常详尽,评估的指标系统十分完善,是一份写得较好的展览评估报告。

第四节 会展工作总结

一、会展工作总结的含义和作用

(一) 会展工作总结的含义

会展工作总结是指会展工作(包括会展管理工作、会展组织工作、参展工作等)告一段落后,进行回顾、分析和评价而形成的文书。

会展工作总结和会展评估都是具有回顾、分析的性质,都是实施会展管理的必要手段,这是它们的共同点。二者的主要区别在于:会展工作总结偏重于总结会展管理和组织实施的具体做法、体会、经验和教训,提出改进的具体的措施和下一步的工作方向,属于自我总结,在方法上较多地运用定性描述和分析;会展评估则偏重于对会展活动的各项要素及其社会经济效益进行质和量的评价,既可自我评估,又以由第三方评估,较多地采用定量分析评估的方法。

(二) 会展工作总结的作用

1. 总结经验教训。通过会展工作总结,可以找出会展工作的规律和成功的经验,发现问题并提出改进措施,为以后的会展工作提供借鉴,提高工作效率。

2. 相互学习交流。会展工作总结还常常是会展工作总结表彰大会的交流材料,可以起到相互学习、取长补短、促进共同发展的作用。

3. 作为申办材料。目前,展览会项目的申报需要同时上报上届展会的总结材料,作为主管部门审批的参考依据之一。

二、会展工作总结的结构和写法

(一) 标题

会展工作总结的标题有三种写法:

1. 由单位名称、时限、主题、文种构成。这类标题主要用于总结单位内部定期性的工作,如:《上海市××展览有限公司 2014 年工作总结》。

2. 由总结对象(如会展活动)名称和总结二字组成。这类标题通常用于一项具体会展工作的专题总结,如:《第××届××国际汽车工业展览会总结》。

3. 由正题和副题组成。正题揭示总结的主题,副题说明总结的单位、期限、种类等。这类标题主要用于宣传、交流,如:《科学公正,扶优汰劣——2014 年××市会展评估工作总结》。

4. 文章式标题。即用一个或两个短语概括总结的主要内容或基本观点,不出现总结字样。如:《坚持服务理念,培育灯博品牌》。这类标题主要用于在媒体上发表的会展工作总结。

(二) 署名

标题之下写明进行会展总结工作的单位名称。

(三) 正文

1. 开头。针对会展项目的工作总结,开头部分一般概括说明举办会展的背景、依据和指导思想、基本情况(名称、届次、主办单位、时间、地点、出席人数和规格、参展商以及观众的数量和质量、总成交额等等)。针对某项具体工作的总结或年度(季度)总结,开头要概括介绍工作的目的、指导思想和主要成绩。开头写作力求简洁,开门见山。

2. 主体。主体部分的写法主要有三种:一是按具体做法和成绩、经验和体会、问题和教训或努力方向的模块来写;这种写法比较符合人们的阅读和思维习惯,使用较为广泛,具体写作时也可将做法和经验或者经验和问题揉在一块来写,夹叙夹议;二是按工作的时间阶段安排结构,适合于工作周期长、阶段性较强的会展工作进行总结;三是按所做的工作项目安排结构,比如,综合性总结涉及的方面较多,各项会展工作之间的特点不一,就可将每一方面的会展工作排列起来,逐项加以总结。

主体部分立意要高,经验和体会的提炼和概括既要深刻、又要恰当;问题要讲透,措施要扎实;材料要生动、翔实,但必须紧紧围绕主题,为主题服务,重点突出,切忌报流水账;结构要严谨,层次要分明,具有较强的逻辑性;语言要平实,尤其是要写好概括特色、经验的段旨。

3. 结尾。或照应开头,或归纳主题,或指出努力方向和目标,或提出下一阶段的工作思路。

(四) 日期

在正文右下方写明定稿的具体日期。

实例评改

20××年××市会展工作总结

20××年,我市会展工作在市委、市政府的支持、关心和市会展工作领导小组的具体领导下,认真贯彻落实市委、市政府《关于进一步加快××会展业发展的意见》的精神,求真务实,开拓创新,各项工作取得了积极成效,为我市的经济社会发展作出了新贡献。

20××年,我市共举办会展活动×××个,同比增长××%。其中,举办展会××个,同比增长××%;展览总面积达××万平方米,同比增长××%;展览面积×万平方米以上的展会××个,同比增加一倍。全市会展业出现了总量扩大、结构优化、水平提升的良好态势。20××年,我市荣获"中国十大会展城市"和"中国十大节庆产业城市",一批大型会展活动进入全国先进行列,圆满完成了年初确定的各项目标。

(一) 会展工作合力不断增强,公共服务水平有了新提高

为促进我市会展业的快速发展,市政府将会展工作纳入重要议事日程,多次召开专题会议,研究和部署会展工作重大事宜。年初,我市召开了市会展工作领导小组会议,进一步明确了年度工作目标和思路,出台了《××市会展业发展十年规划》。市各有关部门相互配合,认真贯彻《××市展览业管理办法》,加强工作协调和监管,基本杜绝了骗展和重复办展现象。市会展行业协会顺利完成了换届选举工作,协会"服务、代表、协调、自律"的职能作用进一步发挥。市外贸委、市旅游委等部门在引进展会方面做了大量工作。市工商、公安等部门在展会申报、审批方面给予了大力支持。在展会举办期间,市公安部门做到了检查、措施、警力三到位;市城管部门千方百计美化城市,优化环境;市卫生部门加强了卫生保障工作;市文化部门精心办好会展文化活动;市接待部门会同侨、台、外及其他对口部门出色完成了海内外重要来宾接待任务;市财政部门在会展资金方面给予了大力支持;市发改委、经委、交通、海关、检验检疫、质监、农林、经济协作、信息、金融等部门,积极做好会展活动的各项服务工作。各部门的通力合作,保证了我市各类会展活动安全、顺利举行,为我市会展业发展创造了良好环境。

(二) 会展结构进一步优化,务实办展实现新突破

一是展会结构进一步优化。为鼓励办展单位培育品牌展会,促使其做强、做大、做精,对20××年在××国际会展中心举办的1000个国际展位以上且运作规范的展会和展位数2000个以上的展会场馆收费,仍按20××年收费标准给予优惠,并在国内重点专业媒体和有关网站进行大力推介。××会、××会等一批原有展会的标准展位数均在20××年的基础上,规模继续扩大;××展、××展等展会进入了全国先进行列。20××年,引进举办了中国××展和中国××展等专业展会;新办的××博览会、×××博览会等展会,都取得了较好成效。二是多种形态的会展活动同步发展。我们在重视发展展会的同时,也注重培育节庆、会议(论坛)。20××年,全市共举办有文化内涵和产业特色的节庆活动××个,同比增长××%;××节、××周等节庆活动影响不断扩大。其中,××国际服装节荣获"中国十大节庆活动"之首和"中国最具国际影响力十大节庆活动",×节、×节跻身"中国十大最具潜力节庆活动"。

20××年,以展引会、以会促展工作取得了新发展,全年共举办有影响的会议(论坛)××个,其中,×港经济合作论坛、亚太××联盟成立大会、跨国公司总裁××经济国际化论坛、中国××论坛等,都在一定范围内引起较大反响。三是务实办展取得新突破。认真贯彻落实市领导"少请客、多请商"的要求,引导各类展会减少务虚活动,集中精力做好招展、招商工作。20××年,我市对不举办专场开幕式的1000个标准展位以上的展会,实行免费刊登招商广告的奖励,并通过市会展办的资源给予重点宣传推介。×洽会与消博会、服装节、家博会、住博会等主要大型会展活动都取消了专场开幕式、招待酒会、文艺活动晚会,做到三者合而为一。务实办展迈出了坚实步伐。

(三)会展联动机制逐步完善,联合办展取得新进展

为打造国际贸易平台,促进常年展和临时展有机结合,第五届××会专门分设常年展。11月份,国际贸易平台××常年展示中心开业后,加强与临时展互动,引导参加临时展的客商参观家××年展示中心。发挥市有关部门、行业协会的职能和行业优势,创办或引进新的会展活动,全年引进和新办会展活动××个。民航机场充分发挥窗口和运输优势,主动与会展部门联系,为展会招展招商提供全方位服务。市旅游部门加强对酒店、宾馆的规范管理,为会展客商提供价廉质优的服务。市会展行业协会与××大学合作,在××建立了"产学研合作教育基地",并把×博会作为首个考察和研究对象,进行整体形象包装设计。为鼓励联合办展,扩大我市会展活动的规模效应,我办加强协调,先后将××个展会整合为中国××人才科技周、优势工业展、汽车展等5个大中型展会,会展资源得到了有效的整合,联合办展取得了新进展。展会之间的互援机制逐步形成,在上海举办的第八届中国国际展览和会议展示会上,我市×洽会、×博会、×节等××个品牌展会集体亮相,进行整体宣传推介;部分大型展会赴外地召开新闻发布会或招展、招商时携带其他展会资料,进行互动宣传;加强与长春、威海等会展工作友好城市合作,在其举办大型会展活动时,宣传我市会展活动。

(四)会展举办水平不断提高,策划创意内容得到新强化

为增强各类展会实效性,吸引更多的境内外中小企业参展,第十届×交会限制单个企业展位面积,规定一般品牌展位面积不超过200平方米,国家级品牌展位面积不超过360平方米,收到了较好的效果,参展企业达600余家。引导办展单位扩大展会规模的同时,加大了对重点展会招商工作的支持力度,通过新闻宣传、广告投放、网络推介、上门招商、邮寄请柬、展会发帖等方式,多渠道、宽领域开展招商工作。重视展会以商引商工作,引导办展单位通过为展商提供各种优质服务,招引更多的国内外客商来××参展交易。如第八届×洽会、第五届×博会期间,共有×万名中外客商、来宾参会,其中,境外×××个国家和地区的客商××××××人。第十届×交会简化开馆仪式,开展创新服务,免费为各国采购商提供意、德、法、俄、阿拉伯、西班牙、日、韩等9种语言的现场翻译和网络服务,受到了与会者的欢迎。加强展会现场服务工作,指导办展单位建立科学的展会管理系统,改进安保、餐饮、卫生、交通、咨询、统计等工作,为展商和客商提供一流服务。为了促进我市办展水平的提高,市会展办或市会展行业协会组织相关办展单位赴北京、上海、广州、郑州、长春等地考察学习。落实安全工作责任制,各项大型会展活动都制定了应急预案,确保了大型

会展活动的安全有序。重视会展队伍建设,市会展行业协会与市人事考试中心启动了会展业岗位能力认证工作,首次对业内×××名从业人员进行系统培训。强化创意策划,不断创新载体,会展活动国际化呈现新亮点。如第十届××国际服装节的大卫雕像落户××事件,被有关专家、学者誉为中国城市营销策划经典之作和中国节庆代表性事件,引起了海内外广泛关注。×博会已成为国家商务部主办的仅次于广交会的第二大涉外展会。

(五)会展宣传推介更加广泛,对外影响得到新扩大

为推动我市会展业发展,市委宣传部和市各有关方面通过各种形式,加大了会展工作宣传力度,积极推介我市重要会展活动。举办了"中国会展媒体记者××行"活动,加强了中国××会展网管理,创办了《××会展》杂志、《××会展报》,全面推介××会展业发展情况和工作举措。多次在北京、上海、广州等地召开×洽会、×博会、×交会等新闻发布会,还在郑州、长春、威海等地推介我市会展活动、宣传我市会展工作环境。据不完全统计,20××年全市召开有关会展活动内容的新闻发布会达19余场,在市区设置大型会展活动公益广告牌××××多块/次,被境内外媒体报道的我市会展活动消息达1万余条。十多个城市的会展工作部门来我市考察交流。为鼓励在××各类媒体宣传我市会展业和会展活动,开展了"××会展好新闻"评比活动,收到了较好的效果。由于加强了宣传推介,有力推动了我市会展业的发展,扩大了对外影响。××节期间,十省市国际展览公司在××联手成立中国国展联盟,并发表《××宣言》。

20××年,我市会展工作虽然取得了很大的成绩,但也存在着不少薄弱环节,主要是:办展主体发展不快,会展业扶持政策力度有待于进一步加大,各类会展人才紧缺,会展业统计工作薄弱,展会招商招展渠道不宽,部分会展活动实效不够明显,等等。这些问题亟待认真研究解决。

××市会展工作办公室

20××年×月××日

【评改】

这是一份某市会展工作的年度总结,有两大写作特色:

一是材料典型,组织合理。总结写作,材料取胜。所谓材料取胜,就是材料典型、有说服力,材料的组织和归类符合主题表达的需要,能体现材料之间的逻辑关系。这份总结的写作范围是全市性的会展管理工作,可列举的材料不可谓少,但如果不加选择地罗列,势必造成材料堆砌、杂乱无章、观点苍白无力,这也是许多总结写作常常容易犯的通病。该总结的独到之处就在于能够对众多的材料加以梳理,从中精选出能够充分表现主题的典型材料,合理组织,为本年度全市会展管理工作五个方面的成果和特色提供了强有力的支撑。

二是段旨写作力求工整,对成果和特色的概括较为恰当。总结写作中,段旨(即置于一个段落开头、用于概括该段落主旨的语句)是对成绩、做法、经验和问题的高度概括,也常常是一份总结中最精彩、给人印象最深刻的地方。这份总结分别用了五个段旨概括了20××年度全市会展工作的成果和特色:"会展工作合力不断增强,公共服务水平有了新提高"、"会展结构进一步优化,务实办展实现新突破"、"会展联动机制逐步完善,联合办展取得新进展"、"会展

举办水平不断提高,策划创意内容得到新强化”、“会展宣传推介更加广泛,对外影响得到新扩大”。这五句段旨均采用复句形式,每一复句的两个分句均采用主谓结构,基本上做到了句法结构的工整。每一复句的后一分句,作者还刻意写了一个“新”字,尽管有些牵强和生硬(如“新强化”、“新扩大”),但至少显示了作者力图表达成果新、特色新的努力。

需要改进的地方有以下三方面:

一、开头与主体之间缺少过渡。在会展文案写作中,凡存在总分结构关系的地方,从总到分应当有适当的过渡,使上下文之间的衔接显得比较自然。从结构上看,上述总结第一和第二自然段属于开头部分,概括介绍20××年度会展工作的主要成绩;第三自然段到倒数第二自然段为主体部分,分五个方面总结会展工作的成果和特色,和开头之间存在明显的总分关系。由于未设过渡句,开头与主体之间的转换显得很唐突。

二、结尾部分对找出薄弱环节没有作适当的分析,也未提出改进的措施。当然,不是每份总结都需要对存在的问题展开全面的分析,提出详尽的对策,但至少应当作简要分析,或提出改进初步的意见,否则会给人一种轻描淡写的感觉。

三、个别地方用词不当、语法不规范和意思前后矛盾。

1. 开头第一段是个简单句,但却出现了“我市会展工作”和“各项工作”两个主语。“各项工作”属于多余的成分,应当去掉。

2. 第二自然段“我市荣获‘中国十大会展城市’和‘中国十大节庆产业城市’,一批大型会展活动进入全国先进行列,圆满完成了年初确定的各项目标”一句有两处搭配不当:一是“荣获”一词应当与“称号”搭配;二是“完成”与“目标”不能搭配,因为“目标”只能“实现”,不能“完成”。

3. 第四自然段“基本杜绝了骗展和重复办展现象”一句中的“基本”与“杜绝”搭配不当。“基本”一词是有保留、不一定全部、彻底的意思,而“杜绝”一词则指全部彻底,二者不能搭配使用。

4. 第六自然段“其中,××国际服装节荣获‘中国十大节庆活动’之首和‘中国最具国际影响力十大节庆活动’”一句,“荣获”一词不能与“之首”、“中国最具国际影响力十大节庆活动”搭配,全句可改为“其中,××国际服装节名列‘中国十大节庆活动’之首并荣获‘中国最具国际影响力十大节庆活动’称号。”

5. 第六自然段“×洽会与消博会、服装节、家博会、住博会等主要大型会展活动都取消了专场开幕式、招待酒会、文艺活动晚会,做到三者合而为一”一句的表述存在前后矛盾。既然“开幕式、招待酒会、文艺活动晚会”都取消了,怎么还会有“三者合而为一”?实际上“开幕式、招待酒会、文艺活动晚会”并不是取消,而是三场活动合并为一场活动。

6. 第十自然段“为增强各类展会实效性,吸引更多的境内外中小企业参展,第十届×交会限制单个企业展位面积,规定一般品牌展位面积不超过200平方米,国家级品牌展位面积不超过360平方米,收到了较好的效果,参展企业达600余家”一句的意思前后矛盾。“为增强各类展会实效性,吸引更多的境内外中小企业参展”,这是市会展工作办公室的工作思路,是针对全市会展工作而言的,因此下面出现的行为主体(主语)应当是“会展办”,而不是“第十届×交会”。这句话可修改为:“为增强各类展会实效性,吸引更多的境内外中小企业参展，从第十届×交会开始，对单个企业的展位面积实行限制，规定一般品牌的展位面积不超过200平方米，国家级品牌的展位面积不超过360平方米。这一措施收到了较好的效果，第十届×交会参展企业达600余家。”

7. 第十二自然段“20××年全市召开有关会展活动内容的新闻发布会达19余场”一句中的“余”字使用不当。“余”在表示余数的概念时，应当同逢十及以上的整数搭配，如“10余场”、“200余场”等。“9”是个位数，因此“19”不可能还有余数。

8. 第十二自然段最后两句话“由于加强了宣传推介，有力推动了我市会展业的发展，扩大了对外影响。服装节期间，十省市国际展览公司在××联手成立中国国展联盟，并发表《××宣言》。”的次序应当对换。“由于加强了宣传推介，有力推动了我市会展业的发展，扩大了对外影响”这句是对整段话的概括，与段旨“会展宣传推介更加广泛，对外影响得到新扩大”前后照应，作为这一段的结尾十分有力。后面再续写的一个材料“服装节期间，十省市国际展览公司在××联手成立中国国展联盟，并发表《××宣言》”就很不合适，有画蛇添足之嫌。处理的方法可将后一个材料转移到前面适当的位置。